国家社科基金
GUOJIA SHEKE JIJIN HOUQI ZIZHU XIANGMU
后期资助项目

上市公司
资本误配置多维度
监测体系研究

Study on the Multi-Dimensional Monitoring
System for Capital Misallocation of Listed Companies

朴哲范　著

中国财经出版传媒集团
经济科学出版社
Economic Science Press

国家社科基金后期资助项目
出版说明

后期资助项目是国家社科基金设立的一类重要项目，旨在鼓励广大社科研究者潜心治学，支持基础研究多出优秀成果。它是经过严格评审，从接近完成的科研成果中遴选立项的。为扩大后期资助项目的影响，更好地推动学术发展，促进成果转化，全国哲学社会科学规划办公室按照"统一设计、统一标识、统一版式、形成系列"的总体要求，组织出版国家社科基金后期资助项目成果。

全国哲学社会科学规划办公室

目　　录

第一章 导 论

中共十八届三中、四中全会提出经济体制改革的核心问题是处理好政府和市场的关系，使市场在资源配置中起决定性作用和更好地发挥政府的作用。强化市场机制在资源配置中的决定作用、提高资本配置效率是促进我国实体经济发展的重要突破口。由于与政府之间存在的天然的密切联系，上市公司获得了更多的信贷、权益融资等，但债务不断提升、权益融资盲目性、资本运营低效性和投资低效益等，导致资本误配置（capital misallocation）。近年来，相关研究在资本误配置的影响因素及其对全要素生产率的影响等领域取得了突破性的进展，但却忽视了"融资、资本运营和投资"多维度下资本误配置形成机理及监测体系研究。基于此，本书以我国上市公司资本配置效率提升机制为目标，从"融资、资本运营和投资"视角，以理论论证、上市公司资本配置相关资料汇总、模型构建、实证分析等研究范式，围绕上市公司资本误配置形成机理、度量、影响因素和多维度关联性分析及监测体系构建等问题，对上市公司资本误配置多维度监测机制的理论与实践进行了深入研究。

第一节 研究背景和研究意义

一、研究背景

随着中国证券市场的发展，上市公司在国民经济中的地位日显重要（见图 1 - 1 和图 1 - 2）。截至 2016 年 6 月，上市公司达到 2970 多家（共有 18 个行业，其中制造业企业数量最多）（见图 1 - 3），总股本达到 53542.74 亿股，总市值达到 507824.59 亿元①，2015 年成交量达 169725.76 亿股，成

---

① 数据来源为 Wind 数据库和同花顺数据库。

交额达 2532968.38 亿元①。

与非上市企业比较而言，我国上市公司融资渠道比较宽，资产质量比较高，企业制度比较健全，经营行为比较规范，很多已成为行业的领头羊。但上市公司融资、资本运营和投资领域几个问题值得我们关注。

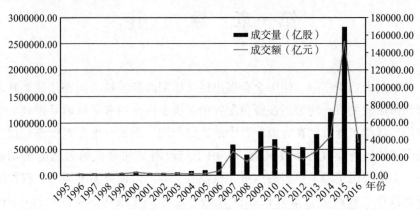

图1-1　我国证券市场交易额与交易量趋势图（1995年~2016年6月）

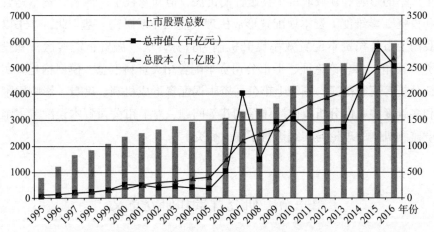

图1-2　我国上市股票数、总市值和总股本趋势图（1995年~2016年6月）

资料来源：Wind 数据库。

---

① 2015年7月至2016年6月间，股市大幅震荡的背景下，2016年上半年成交量为47371.52亿股，成交额为641727.24亿元。

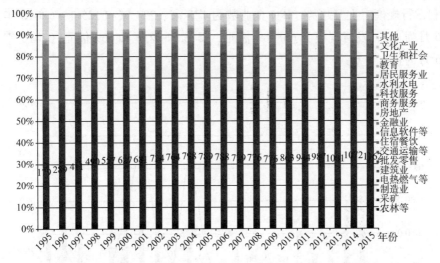

图 1 - 3　我国上市公司企业数按行业分布图（1995 ~ 2015 年）

资料来源：Wind 数据库。

（1）上市公司普遍偏好股权融资。从理论上来说，内源融资的成本最低，股权融资的成本最高，债务融资的成本介于两者之间，企业正常的融资方式选择顺序应该是内源融资、债务融资、股权融资即优序融资理论。然而众多研究发现，我国上市公司具有强烈的股权融资偏好。究其原因，其中很重要的一点是我国现阶段较低的股权融资成本和较少的股利分配①。

（2）IPO（Initial Public Offerings）② 制度不够完善③，IPO 发行易受政策和发行时机的影响（见图 1 - 4）。2005 年 1 月起，实行询价制度以后，2005 ~ 2007 年 IPO 企业数和发行规模大幅上升，但受 2008 年金融危机和证券市场行情的影响④，IPO 企业数和发行规模为 76 家和 1034.38 亿元。2013 年 IPO 企业数仅为 2 家，发行规模为 0 亿元。2014 年起，IPO 企业数

① 一般而言，发行股票的融资成本包括筹资费用、资金占用成本、负动力成本和信息不对称成本。

② 首次公开募股：是指一家企业或公司（股份有限公司）第一次将它的股份向公众出售（首次公开发行，指股份公司首次向社会公众公开招股的发行方式）。

③ 以保护中小投资者合法权益为宗旨，着力保护中小投资者的知情权、参与权、监督权、求偿权。调整新股配售机制，更加尊重中小投资者申购意愿，约束发行人定高价，抑制投资者报高价，遏制股票上市后"炒新"行为，近几年进行了三次改革（2009 年 5 月 22 日、2010 年 8 月 20 日和 2012 年 4 月 1 日）。2014 年 9 月 28 日，《证券法》修改案中，首次引入了注册制。

④ 2008 年 10 月 ~ 2014 年 11 月间，我国股市一直低迷。上证指数（000001）在 1782 ~ 2682 点之间波动。2009 年曾经达到 3267 点。

和发行规模有上升趋势，IPO 企业数为 125 家、224 家和 125 家（2016 年 6 月为止），发行规模为 668.89 亿元、1578.28 亿元和 669 亿元（2016 年 6 月为止）。

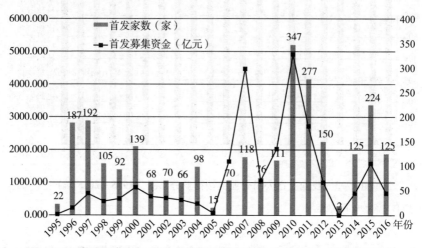

图 1-4 我国证券市场 IPO 企业数和募集资金（1995 年~2016 年 6 月）

资料来源：利用 Wind 数据库，汇总整理。

（3）上市公司融资方式选择带有很大的政策导向性。在证监会推出增发和可转债等融资方式之前，上市公司的再融资以配股为主，而由于推出了准入门槛相对较低的增发，上市公司纷纷转增发，但随着增发条件的提高和股市熊市的开始，上市公司的融资开始转向了可转债（见图 1-5）。2005 年之前，配股企业数和募集资金数额较大，成为再融资的主要手段，2005 年以后，增发企业数和募集资金数额较大，成为再融资的主要手段。但不论上市公司如何选择，其权益融资偏好并没有发生变化。

（4）2008 年以来，国际金融危机给世界各国的最大教训是一味扩张需求不但不能解决经济增长问题，反而可能导致经济结构的失衡和负债式增长。IMF 数据显示，2005~2012 年，中国非金融部门（居民部门、非金融企业部门和政府部门）债务占 GDP 比率整体呈上升趋势，杠杆率由 139.3% 升至 176.3%，近两年又继续升至约 210%，上升了 60 多个百分点。根据标准普尔（Standard & Poor's）数据，2013 年底，中国非金融类公司的债务总额共有 12 万亿美元，为 GDP 的 120%。截至 2014 年底，中国非金融企业债务规模将为 13.8 万亿美元，超过美国的 13.7 万亿美元。2008 年金融危机后，我国上市公司债务规模也不断增加，值得注意的是，

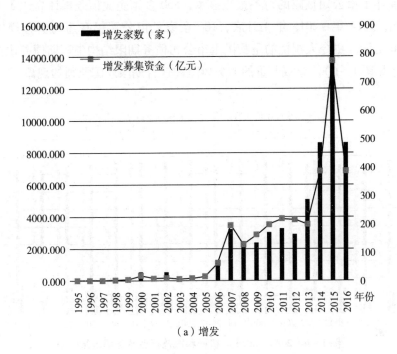

（a）增发

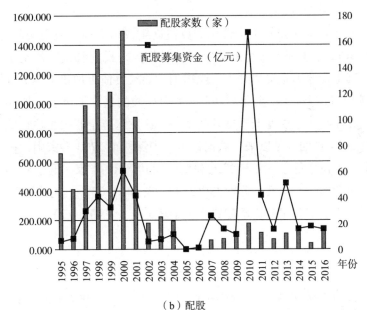

（b）配股

图 1 - 5　我国证券市场增发、配股企业数和募集资金（1995 年 ~ 2016 年 6 月）

资料来源：根据 Wind 数据库汇总整理。

2014 年上市公司披露的财务报表显示，560 多家企业债务累计高达 3 万多亿元，2014 年~2015 年 4 月底，100 余家上市公司仍有违约资金规模达 1226 亿元。更令人担忧的是我国上市公司债务期限结构中短期债务比重过大（见图 1-6），导致严重的财务风险和违背期限匹配原则的现象。

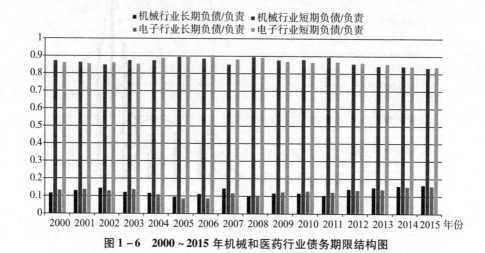

图 1-6　2000~2015 年机械和医药行业债务期限结构图

（5）中国非金融类上市公司的负债逐年快速走高，但是盈利在下滑，尤其是 2012 年盈利下滑至近几年来的最低点，投资收益率甚至小于贷款利率。其主要原因是资本开支大幅增加，导致负债更加集中，更加剧了产能过剩①，进一步拖累企业利润②。更为严峻的是，上市公司加权投资回报率已经连续 4 个季度低于贷款利率——这意味着企业扩张往往意味着亏损，自 2014 年四季度以来，数据显示，沪深两市 2700 多家中，截至三季度净资产收益率低于一年期贷款利率公司达到 1274 家，低于一年期存款利率公司竟然达 684 家，分别占比近 47.2% 和 25.33%。尤其是 2010 年以后，制造业上市公司的资本配置率③持续低迷（见图 1-7）。

---

①　由于部分行业终端需求对应的是基建、地产等投资性需求，所以相关产业的产能过剩问题就变得非常突出。在企业高负债和企业产能过剩对应的"造血能力不足"的情况下，投资收益率甚至小于贷款利率（意味着投资就是亏损）。

②　世界投资银行报告认为，近几年中国的工业企业盈利能力（利润销售收入）只有 5% ~ 6%，仅为全球平均利润水平的一半。

③　沃格勒（2000）提出的直接测算资本配置效率的方法。沃格勒指标也是资本配置效率指标。该指标越大，表示投资增长对增加值的贡献越大，反之则越小。

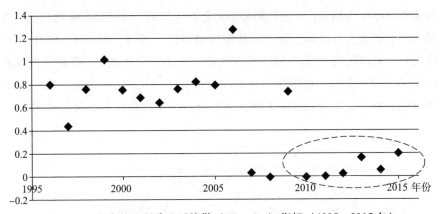

图 1 - 7　上市公司制造业沃格勒（Wurgler）指标（1995～2015 年）

（6）股权融资是我国上市公司普遍采用的融资方式，但融资资金的投向一直是理论和实务界关注的问题。从上市公司每年平均投资趋势分析中发现（见图 1 - 8），除 2013 年和 2014 年外，权益减少的上市公司平均投资额高于权益增加的上市公司。1995～2006 年间，整个上市公司平均投资是处于增长趋势，但 2007 年开始，上市公司平均投资明显下降。

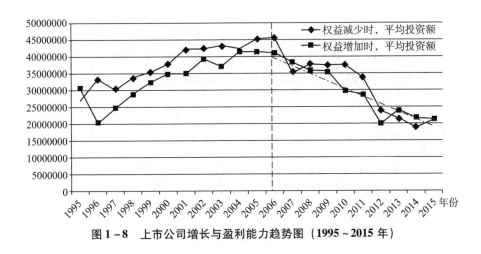

图 1 - 8　上市公司增长与盈利能力趋势图（1995～2015 年）

（7）500 多家上市公司制造业企业的增长能力（Sales Growth，SG）① 和盈利能力（净资产收益率和资产收益率②）趋势分析中发现（见图 1 - 9），

① 企业增长（Sales Growth）公式为：企业增长 =（本年与前一年度净销售额差值）/前一年度净销售额。

② 净资产收益率（ROE，Rate of Return on Common Stockholders' Equity）和资产收益率（ROA，Return on Assets）。

特定年份存在正相关，但整体趋势中不存在正相关。尤其是企业增长能力波动大，盈利能力可持续性差，资源配置效率低。同时，由图 1 – 10 中（a）图可知，资本运营状况中 55% 左右企业处在非安全区域①，面临着较大的偿付能力和财务流动性的压力。由图 1 – 10 中（b）图中可知，虽在 2009 年以后，整体资本误配率②下降，但大部分企业仍存在资本误配情况③。

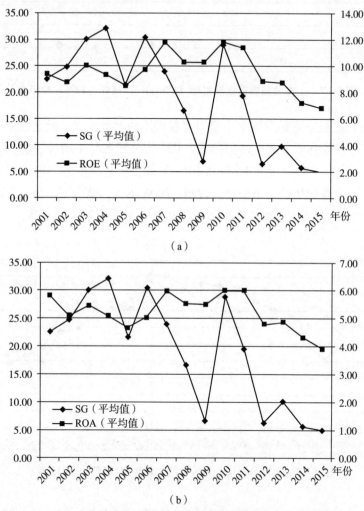

（a）

（b）

图 1 – 9　制造业上市公司增长与盈利能力趋势图（2001～2015 年）

资料来源：Wind 数据库和同化顺数据库。

---

① 左图为偿付能力/流动性组合图，除了区域 1 和区域 4 外，都存在着资本运营风险。详见第三章第三节。

② 包括资本成本、财务信用级别和财务流动性。

③ 资本误配置率频数分布图发现，50% 以上企业是右偏分布。详见第五章第三节。

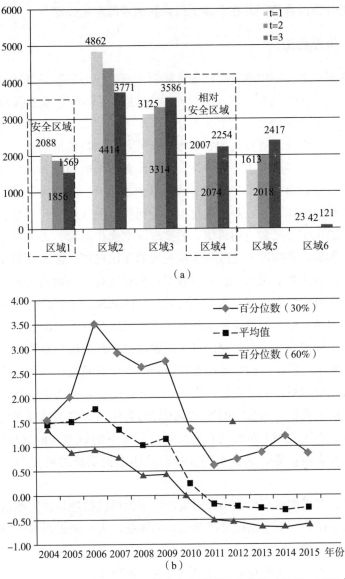

图 1 - 10　上市公司样本资本运营分布和误配置趋势图（2004 ~ 2015 年）

　　要提升我国上市公司资源配置效率，一方面要靠技术的提升，另一方面要靠结构调整和要素的合理配置。其中，核心是提高资本配置效率。由于各种制度性障碍和要素价格扭曲的存在，资源的配置将不会是最优的。通过纠正扭曲，可以改进资源配置效率。因此，如果能够深入研究我国上市公司的资本误配置形成机理、误配置类型和影响因素，并在此基础上提出多维度监测体系，将有利于提高上市公司资本配置效率、提高风险防范水平、提升公司价值，并在总体上提高我国资源配置效率。

二、研究意义

十八届三中、四中全会提出经济体制改革的核心问题是处理好政府和市场的关系，使市场在资源配置中起决定性作用和更好地发挥政府的作用。我国上市公司相比非上市公司获得了更多的信贷、权益融资等，但债务不断提升、权益融资盲目性、资本运营低效性和投资低效益等，导致资本误配置。学术界研究主要集中在资本误配置的影响因素和对全要素生产率的影响，但普遍忽视了"融资、投资和资本运营"多维度下资本误配置形成机理和监测体系。它对于优化上市公司资本配置效率和市场经济发展具有积极的现实意义和应用价值。要实现资本优化配置，必须明确资本误配置判断区间、多维度下导致资本误配置的作用机制，进而分析在哪些层面上可以实现重新的优化配置。只有对这些问题有了全面的了解，在现实操作中，才可能制定出有针对性的对策。具体来说，上市公司资本误配置多维度监测体系研究的理论和实践意义主要表现在以下方面：

第一，提高我国上市公司的资本配置效率，其前提是对我国上市公司资本误配置形成机理、误配置类型和影响因素应有系统深入的研究。因资本误配置是金融系统的垄断性、资本运营和投融资效率的系统表现，要深入系统地研究我国上市公司的资本误配置监测体系，必须通过理论分析和实证检验，揭示我国上市公司在特殊制度环境下的资本误配置形成机理、动态特征和影响因素，为资本误配置监测体系提供新的解释和实证研究结果。

第二，多维度研究为上市公司资本误配置形成机理提供完整的理论体系。探索上市公司资本误配置多维度监测体系，为监测提供科学性、规范性和系统性框架。

第三，本研究为解释上市公司资本误配置形成机理、监测区间和优化路径提供了新的证据，为上市公司资本误配置多维度监测，构建了定量模型和指标体系。

第四，本研究构建的多维度监测体系基于上市公司资本误配置的实际，使用量化的手段监测上市公司融资、资本运营和投资维度上资本配置状况，有助于预防资本误配置。

第五，系统梳理上市公司资本误配置类型和动态特征、形成机理和影响因素，科学合理地构建多维度监测体系，为政府正确引导上市公司投融资行为、上市公司的监管、规范公司治理等方面提供理论依据。

第六，经过20多年的时间，我国上市公司取得了前所未有的大发展，但由于投资活动的复杂性、外部环境的变动性以及较低的资源配置等，严重影响了企业的可持续发展。在实证分析的基础上，构建的上市公司资本误配置多维度监测体系，有助于上市公司的资源优化配置和健康发展。

正是有鉴于此，本书基于我国上市公司资本误配置特征事实，从"融资、资本运营和投资"维度，实证研究上市公司资本误配置形成机理、影响因素和特征，科学合理地确定多维度指标体系和关联性，系统构建资本误配置多维度监测体系为上市公司资本配置效率与监管机制关系理论添砖加瓦。在实践上，为提高我国上市公司资本配置效率提供有价值的对策建议和指导。

第二节　国内外研究文献综述

自从德米尔古克（Demirguc. K. ，1998）等研究开始，企业资本结构、资本运营、投资绩效、融资约束和外部融资依赖程度（Betnanke et al. ，1996）对资本误配置的影响问题已成为公司金融研究的主流领域，也是企业面临的重要现实问题。资本市场的各种不完美性会导致资本流动存在障碍、地区或产业间资本拥挤和稀缺，不能以边际产出相等原则进行，从而产生了资本误配置（capital misallocation）（Hsien et al. ，2009；嫣萍，2012），它包括企业内部和外部资本市场误配置（钱雪松，2013；Midriganet al. ，2014）。本节将从上市公司资本误配置现象检验、上市公司财务活动①领域实证、上市公司资本误配置影响因素和上市公司资本误配置监测方法四个层面的文献进行概述（见图1－11）。

一、上市公司资本误配置现象检验

近年来，中国上市公司资本误配置现象及影响因素等领域均取得了突破性的进展。赫森和柯莱诺（Hsien and Klenow，2009）发现，如果按照等边际收益对中国和印度的劳动及资本进行重新配置，则中国的TFP可以提升25%～40%。李（Li，2009）和李青原（2013）等认为，中国市场化改革过程中遗留下来的一个突出问题是要素市场的市场化进程严重滞后于产品市场，导致扭曲把资本按照边际产出相等进行企业间利润配置的原

---

① 公司财务活动过程主要包括：融资决策、投资决策、经营决策和留存分配决策。

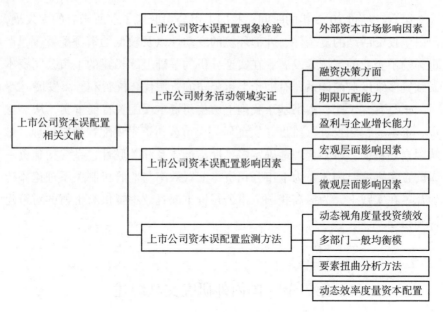

图1-11 上市公司资本误配置相关文献

则。制度层面的因素可能是影响企业融资决策的最主要因素。宋等（2011）研究发现，在资本市场不完美的大环境下，低生产率的国有企业因为信用易获得而得以继续生存，但高生产率的民营企业只能依靠自身的内部积累而进行发展[①]。李等（2012）研究发现，国有企业比非国有企业更易获取资本，但投资绩效不如非国有企业，在中国存在着国家控制导致资本误配置的现象。嫣萍（2012）实证研究发现，民营企业的边际利率远远高于国有企业，但国有企业易获得信贷资本。陈永伟等（2011）发现，中国制造业内部各行业之间的资源误配置大约造成了实际产出和潜在产出之间15%的缺口。战明华等（2013）发现，信贷配给的扭曲导致了上市公司投资行为的变异。毛其淋（2013）发现，要素市场误配置抑制了企业内部生产率提高和跨企业资源配置效率。王林辉等（2014）发现，金融系统的垄断抑制了资本自由流动，导致产业间资本出现较大程度的误配置，引发资源配置效率下降。盖庆恩等（2015）发现，要素市场误配置抑制了企业内部生产率提高和跨企业资源配置效率。这些研究主要集中于企业资本误配置影响的宏观因素和企业外部资本市场误配置及影响因素，较少涉

---

① 近年来，经济学家开始关注企业层面的生产率异质性，发现行业内部的生产率差异在国家间差别很大。具体来说，发展中国家的行业内部生产率差异更大，表明资源错配可能在降低整体 TFP 方面起着重要作用（张佩、马弘，2012）。

及企业内部资本市场误配置问题。

二、上市公司财务活动领域实证

自从莫迪利亚和米勒（Modigliani and Miller，1958）理论开创现代企业资本结构理论研究以来，公司财务活动领域的实证研究方面出现了大量文献（Donald H. Chew，Jr，2001）。目前，上市公司资本配置视角下，该领域研究主要分为以下三个方面：

1. 融资结构、投资决策与公司价值

（1）融资结构理论的检验。该理论的检验主要集中在相互竞争的权衡理论（trade-off theory）和优序融资理论（pecking order theory）。权衡理论认为由于存在利率税盾，用债务融资代替股权融资能够增加企业的市场价值，但公司的债务水平上升导致财务成本的增加（Philosophov et al.，2005；BanyA et al.，2010）和代理冲突的激化。优序融资理论认为财务经理拥有投资者没有的信息。因此，相对于外部融资，企业更加偏好于不遭受信息不对称的内部融资。如果还存在外部融资需要，企业首先发行债券。企业不存在特定的目标资本结构。近30年来对这两大理论的有效性研究中，到目前为止，还没有得到一致的认可（姜付秀等，2008；Leary，2009；Kayo and Kimura，2011）。

（2）基于融资与动态投资决策的最优企业资产价值模型研究。上市公司资产价值是融资和投资过程的系统表现，如何聚合融资和投资维度度量资产价值是一大难点。自从利安德（Leand，1994）等的企业动态投资、营运和融资决策之间的相互作用模型开始，众多学者[①]从动态角度研究了企业融资与投资决策对企业价值的影响（郝颖等，2010）。众多研究相比较，苏雷神和王能（Suresh S. and Neng Wang，2007）构建的基于融资与动态投资决策的最优企业资产价值模型具有代表性[②]。

（3）我国上市公司动态投资问题研究。主要有两类：一是投资适度与效率。企业投资适度和效率问题上，目前理论界可以说争议非常大（岑维等，2015）。一方面，很多学者认为，我国企业存在着严重的过度投资行为，并从自由现金流假说、管理者机会主义等不同角度入手进行原因探讨。另一方面，一些学者却通过经验证据证明，我国企业目前存在的主要

---

① 该领域研究始于实物期权模型（Merton，1974）和投资与融资决策模型（investment and financing）（Dotan and Ravid，1985）。

② 该模型为本研究提供了定量方法，但该研究未能处理好损失率和波动率的范围。

非效率投资行为是投资不足，而非过度投资（黄玖立等，2016），并从信息不对称、融资约束（刘瑞明，2010；洪功翔，2010）等多种角度寻求理论依据；二是影响投资效率的因素。众多学者发现，我国生产型国有企业的投资行为会对资本成本的变动有积极的响应，但公司治理（郝颖等，2010）、软预算约束、经济周期、技术变迁、融资约束、现金流量、股权结构（李楠，2010）等是影响企业投资动态效率的主要因素。我国上市公司的融资结构、企业价值及影响因素的研究文献虽很多，但基于融资与动态投资的企业资产价值有效性的实证研究十分少见。

2. 债务期限结构相关研究

随着资本结构理论的不断发展和创新，研究焦点逐渐从资本结构中基本杠杆选择转向债务结构特征方面。在资本结构理论发展基础上，产生了债务期限结构的权衡理论、代理成本理论、信息不对称假说和税收假说。在这些理论的基础上，引出了一系列影响债务期限结构①的决定因素（Titman and Wessels，1988）。主要集中在以下两个方面：

（1）债务期限结构理论研究。根据目前已有的研究文献，债务期限结构主要有代理成本理论（Jensen，1976；Myer，1977）、期限配套理论（Morris，1976；Myer，1977；Hart - Moore，1994）、信息经济学理论（Flannery，1986；Kale，1990；Diamond，1991）三种。代理成本理论认为，现代企业存在着负债经营而引起的债权人与股东之间的冲突，伴随这一冲突的是负债的代理成本。代理成本理论的主要观点：一是短期债务有利于企业避免投资过度问题和解决投资不足的问题。二是债务期限随着企业规模变大而增加。期限配套理论的主要观点：一是应将债务期限与企业资产的期限对应起来。二是债务期限与资产折旧速度呈反相关关系。信息经济学理论的主要观点：一是借款人风险与债务期限呈正相关关系。二是企业一般倾向于发行短期债务。三是债务期限是企业风险的非单调函数，风险最低和风险最高的借入者都拥有较多的短期债务，而风险适度的借入者则拥有长期债务。

（2）债务期限结构的影响因素。已有的文献中发现影响债务期限结构的因素主要有企业规模（Chen and Strange，2005；李增福等，2012）、盈利能力、非债务税盾、有形资产（Gaud 等，2006）、应付账款、税率、所有权性质、银行依存度（Konstantions V 等，2011）等，但这些因素的正负影响程度有较大的争议（靳庆鲁，2012）。

---

① 我国上市公司期限匹配能力研究中，众多文献主要集中在债务期限结构方面。

3. 盈利与企业增长能力动态关联研究

从歌达德（Goddard，2004）等实证研究开始，企业增长和盈利能力影响因素、两者动态相互关系等领域出现了许多文献。目前该领域的研究，主要集中于以下三个方面：

（1）比例效应法则（LPE，Law of Proportionate Effect）和持续盈利能力（POP，Persistence of Profit）理论检验。比例效应法则（Gibrat，1931）认为，当规模和增长相互独立时，意味着企业增长遵循随机游走，因此企业过去的增长并不能描述未来的增长情况（Goddard 等，2006）。近几年，众多学者实证研究认为，有的企业成长与企业规模之间是反比关系，拒绝了比例效应法则。众多研究中普遍使用了 AR（1）自回归模型，但这些模型的滞后期选择受到质疑（Goddard 等，2006；Akihko Nakno，2011）。虽米勒（Mueller，1977）提出公司的收益会由于市场竞争收敛于某一水平的可持续理论假说，但歌达德等（2006）认为，利润率趋同假说为了找到平稳的利润率面板单位根检验的时间序列。假定企业盈利能力是非平稳序列，检验比例效应法则时，有待探讨滞后阶段的影响（Frederic Delmar，2013；Giorgio Canarellaa，2013）。

（2）企业增长速度与盈利能力相互关系。企业成长与生存是并存的，如果企业缺乏活力就会失去市场份额，无法获取适度利润，只能选择发展机制。因此，利润率是反映公司增长的指标。管理目标最大化认为，企业管理的目标是利润最大化而不是增长。因此，增长和利润是相互竞争的关系，这表明可能牺牲利润增长（Alchian's，1950）。此外，融资约束假设认为因留存利润很容易用于投资，所以盈利能力较低的公司即使有成长机会也不愿意成长，即使它们有积极的增长机会。众多研究认为企业增长与盈利能力是相互关联的（Goddard 等，2004；Coad，2009），但这种关系的方向和影响是不明确的（杨林岩等，2010；赵晨等，2010）。

（3）动态相互作用度量模型研究。该领域研究中主要采用面板单位根检验和动态面板 GMM 系统估计（张福明等，2011；Akihko Nakno.，2011）。面板单位根检验适合研究企业成长和盈利率的收敛假说。简单的自回归模型中能查找滞后项的意义（Levin 等，2002），但它难以控制内源性作用、不能直接检验企业的增长和盈利能力之间的相互关系（Baltagi，B. H. 等，2007）。动态面板系统 GMM 估计可以控制内生性和测试间的相互关系，但确定的数量的滞后方面仍然含糊不清。增长与利润率之间的滞后关系是比较复杂的。歌达德（2004）和 Coad（2007）等学者选取利润率的不同滞后期后，对企业增长显著性影响得到了不同的结果。但增长与盈利率滞后期的动态关联性研究十分少见。如何确定利润率的滞后阶影响是企业增长和盈利能力相互研究的关键（Giorgio C，2013）。

三、上市公司资本误配置影响因素

中国的转型经济特征使得资本市场虽然初具规模，但仍然存在结构性缺陷，如股市缺乏有效性、公司债券市场畸形发展、政策干预过多、银行贷款的信贷歧视等。这使得生存于其中的上市公司往往面临融资约束，影响资本误配置的因素更加复杂（盖庆恩等，2015；李君平等，2015）。已有国内外文献发现，企业资本误配置影响因素主要归纳为企业外部和内部资本市场误配置影响因素。企业资本误配置影响因素研究主要有理论和实证层面。本小节主要从实证文献角度汇总整理。

1. 企业外部资本市场误配置影响因素

自从多拉尔和魏（Dollar and Wei，2007）、赫斯尔（Hsieh，2009）等研究开始，众多国内外学者以我国要素市场和上市公司为样本，实证分析了资本误配置（错配）程度和影响因素[①]。企业外部资本市场误配置影响因素实证文献主要有：

多拉尔和魏（2007）对中国企业的研究发现，中国存在系统性的资本配置扭曲，制度性障碍和要素价格扭曲的存在使得资源配置无法实现最优，在不增加投入的前提下，单单消除资本扭曲，能使中国的 GDP 上涨 5%。陈永伟等（2011）发现，目前中国制造业内部各行业之间的资源错配大约造成了实际产出和潜在产出之间 15% 的缺口，并且在这些年中，扭曲并没有得到显著的纠正。张佩等（2012）发现，中国的 TFP 损失并非因为缺乏充足的廉价信贷，而是源自微观层面上的信贷错配。因为中国的银行系统未实现利率市场化，而银行贷款的成本低于非正式渠道融资，所以更容易从银行获得贷款的企业总是获益并过度投资，从而造成资本错配，降低了整体 TFP 水平。

陆正飞等（2013）研究表明，宏观经济政策主要是通过投资机会路径影响企业现金持有[②]的市场竞争效应和价值效应。由于经济稳定和产业结构调整的需要，中国企业面临着国家较为强势的宏观经济调控政策的影响。饶品贵等（2013）研究表明，我国银行体系的信贷资金配置没有达到

---

① 资本配置效率角度研究中，宏观层面影响因素主要有金融市场发展规模、金融自由化、市场信息效率、货币政策和机构投资者持股比例等。

② 企业持有现金的动机是交易性动机、预防性动机、税务动机和代理动机。

最优，微观企业行为是宏观经济政策达成目标的途径和渠道，而宏观经济政策是微观企业行为的大背景，两者结合研究可能产生出更好的成果。李青原等（2013）认为，中国市场化改革过程中遗留下来的一个突出问题是要素市场的市场化进程严重滞后于产品市场，导致资本未能按照边际产出相等进行企业间利润配置的原则。制度层面的因素可能是影响企业融资决策的最主要因素。申香华（2014）发现，银行信贷是我国企业最重要的资本来源，国有和非国有企业间信贷资金配置差异主要源于禀赋差异。孔东民等（2014）发现，国有企业改革政策效应和市场环境的变化，有助于提高国有企业生产效率。王文等（2014）发现，在控制住融资约束等因素的影响后，产业政策对企业资源错配的降低作用不仅取决于企业所在行业的市场竞争程度，同时还与产业政策对产业内各企业的覆盖范围密切相关。李君平等（2015）认为，在资本市场①存在摩擦、公司面临较高融资约束情况下，股价高估可以通过放松融资约束的途径促进公司投资，改善资源配置。

众多学者发现，我国上市公司的投资行为总体上符合新古典经济理论的利润最大化原则，公司的投资行为会对资本成本的变动有着积极的响应，投资规模与盈利水平关系密切，但宏观经济政策、系统性错配、产业政策、融资约束、要素市场和现金流量等是影响我国上市公司资本配置效率的主因，但影响因素规范指标和科学化问题有待探讨。

2. 企业内部资本市场误配置影响因素

艾伦等（Allen et al. , 2011）发现，虽然我国证券市场经过多年的快速发展已经取得了巨大成就，但其融资规模与银行信贷相比还较少，银行贷款依然是我国非金融公司最主要的资金来源。邵挺（2010）发现，国有企业的资本回报率要远远低于其他所有制类型的企业，私营企业的资本回报率最高。另外，本文的数值模拟结果显示，如果消除了金融错配的现象，把更多的金融资源配置给资本回报率更高的私营企业，我国的 GDP 增长量就可以比目前提高 2% ~ 8%。嫣萍（2012）发现，国有企业资本误配置影响因素主要有投资的不可逆性、企业借贷约束差异和资本调整成本。段云等（2012）研究表明，不同货币政策条件是否对政治关系与企业债务结构作用效果产生影响具有重要意义。我国企业债务期限结构不合理，企业整体而言长期债务比率均小于固定资产比率；短期债务主要来自

---

① 市场理论认为，资本市场错误定价会妨碍资本的有效配置，从而扭曲公司的投资行为，降低资源配置效率。这一结论是以市场无摩擦、公司不存在融资约束为假设前提的。

于商业信用和银行短期借款，短期借款比率波动较大。钱雪松（2013）认为，融资歧视和公司治理缺陷是引起资本误配置的内因。

布兰登等（Brandon N. C. et al.，2013）认为，内部资本市场（ICMs）为公司提供了一个替代昂贵外部融资的选择；同时也提供一个避免外部资本发行带来相关监控的途径。内部资本市场操作效率低下的公司将会避免外部融资。与这一观点相符合的是，交叉补贴或参与破坏性价值投资的企业集团通过限制发行债券和股票避免外部资本市场监管。李汇东等（2013）研究表明，外源融资对创新投资的存进效应显著大于内源融资，在股权融资、债权融资、政府补助三种外源融资对公司创新的影响中，债权融资不明显。布拉克（Burak R.，2014）认为，企业资本误配置来自于融资决策、财务结构和投资效率。投融资期限不匹配是内部资本误配置的主因。邵军等（2014）认为，公司治理问题是导致内部资本市场不能有效运行的根源。且公司治理中的内部代理冲突是内部资本配置效率的主要影响因素。研究结论表明，国有集团控股公司的内部资本配置效率较低；民营集团控股公司内部资本配置效率较高。民营集团控股公司的第一大股东持股比例与内部资本配置效率呈显著负相关关系；国有集团控股公司的第一大股东持股比例与内部资本配置效率呈显著正相关关系；管理层持股比例与内部资本配置效率之间呈显著正相关关系。周煜皓等（2014）发现，金融错配对上市公司资产专用性与资本结构的关系的影响呈现所有制上的差异性。国有上市公司存在的金融错配问题，引发其资产专用性治理结构属性变迁，资产专用性与资本结构正相关；民营上市公司不存在金融错配问题，资产专用性与资本结构负相关。李延喜等（2015）认为，资源禀赋、经济发展的不平衡，导致我国各地区的外部治理环境存在较大差异。在我国经济转轨初期，当上市公司产权性质为国有企业时，政府干预、金融发展水平和法治水平与上市公司投资效率负相关。刘瑞等（2015）认为，由于内外融资具有不确定性，可能导致企业投资支出发生波动。而投资支出的变化引发高昂的调整成本，因此企业有必要保持投资支出的相对稳定①。

这些研究中，选用变量主要有企业的所有制性质、行业、企业规模、负债、长期负债、固定资产净值、利息费用、净利润、营业收入增长率、

---

① 企业投资具有长期性，在投资计划实施的过程中，投资支出的变化会导致高昂的调整成本，如人工成本、存货成本、终端成本、项目不可逆相关成本。面对高昂的调整成本，在投资计划实施的过程中，企业倾向于保持投资支出的相对稳定，这样就产生了投资平滑（investment smoothing）动机。

第一大股东持股比例、每股现金股利与每股收益比率、累计折旧与总资产比率、企业年龄、资产增加值、本年应付工资总额、资本回报率、成长性、股权结构、股利支付率、非负债税和年份等。

四、上市公司资本误配置监测方法

（1）资本配置效率①指标。沃格勒（Wurgler，2000）提出了直接测算资本配置效率的方法②。以资本形成对于盈利能力的弹性或依赖程度，或者是投资增长率对增加值增长率的反应系数衡量资本配置效率。阿比阿德和奥美拉（Abiad A，Oomes N and Ueda K，2008）利用托宾 Q③ 来衡量投资的预期收益，然后用各个企业托宾 Q 的离散程度来衡量资本配置效率。主要用 Gini 系数、平均对数离差、Theil 指数和变异系数度量资本配置的离散程度。

（2）利用边际贡献率分析要素扭曲。检验各产业边际生产率的差异程度可以判断资本配置效率的变化情况。赫斯尔等（Hsieh et al.，2009；Jae，2013）等利用 CES 生产函数推导的全要素生产率和方差分布，判断是否造成全要生产率损失。但这种方法无法测算资本配置效率水平值。

（3）构造多部门一般均衡模型。通过引入摩擦因子将全要素生产率分解得到资本配置效率，通过要素配置效率考察要素误配置水平。该方法将资本配置效率直接从生产率中分解准确性更高，且可定量测算其对 TFP 的影响方向和贡献度（王林辉等，2014）。

（4）动态视角度量投资绩效。整合企业动态投资、营运和融资决策的模型。该领域最具有代表性成果是基于动态投融资决策的最优企业资产价值模型（Leary，2009）。

（5）利用投资动态效率度量资本配置。主要有 DEA 扩展模型、Factor - DEA、SFA 扩展模型和自由折现现金流量敏感性分析等。

---

① 资本配置效率是对一国或地区资本市场运行效率的事后预测和评估。如果投资者能够对市场上的获利机会进行充分响应，则资本配置有效。反之，如果投资与获利机会之间的关联度弱化，则资本市场的配置效率必然较低。

② 目前，学者们大多采用沃格勒（Wurgler）指标测算资本配置效率。

③ 托宾 Q 综合反映了公司的股价是基于未来的收益率和风险水平折现因子，所以托宾 Q 综合反映了资本的收益和风险状况，比沃格勒（2000）弹性系数法的指标体系更加的符合实际。并且，托宾 Q 可以放映资本配置效率的静态度量。即托宾 Q 的离散程度越小，资本的配置效率越高；相反，托宾 Q 的离散程度越大，资本的配置效率越低。

五、该领域未来发展趋势

1. 已有文献存在的问题

（1）上市公司财务活动影响因素方面。中国上市公司资本结构的研究文献虽很多，但债务期限结构、财务流动性、外部融资依赖程度、调整资本成本、盈利与企业增值能力等领域仍缺乏影响因素的系统梳理和滞后影响的研究。

（2）没有全面厘清上市公司资本误配置影响因素。已有实证研究表明，中国上市公司微观因素影响资本误配置，但影响因素和程度有较大争议。一是财务结构对资本误配置影响问题。国内学者普遍认为，企业借贷约束差异、资本调整成本、债务期限结构不合理、公司治理和投融资期限不匹配等是重要影响因素。但国外学者认为，企业财务的流动性和财务信用评级是引起资本误配置的主因。二是融资约束对上市公司现金持有的投资效率影响问题。众多学者发现，融资约束公司的现金持有边际价值显著高于非融资约束公司的现金持有边际价值，投资于 NPV 为正的项目，会提升公司价值。但也有众多学者发现，企业性质和行业不同，融资约束的公司其现金持有的投资效率显著高于融资不受约束的公司，资本误配置率更低。

（3）上市公司资本误配置评价和监测方面。上市公司资本误配置是融资、资本运营和投资过程的系统表现，如何聚合融资、资本运营和投资维度度量是一大难点。一是已有评价研究中未能考虑期限匹配能力、创新绩效、财务信用、投资效率和多阶段资本配置问题（Xua，2013；Jo，2013）。二是众多学者基于误配置是偏离帕累托最优状态程度的理论，用边际贡献率、投资效率、资本成本监测资本误配置，但李（2013）和布拉克（2014）等认为目前使用的方法没有涵括企业内外资本误配置率和各因素相互影响机理。

2. 未来研究趋势

（1）当前研究难以监测资本误配置判断区间。当前资本误配置监测主要用动态 TFP 模型、一般均衡模型、投资绩效和资本流动系数等。但这些监测方法没有全面厘清投融资相互影响机理，未能提出融资、资本运营引起的误配置判断区间。

（2）多维度研究是资本误配置监测的关键。在市场经济中，上市公司资本误配置是融资、资本运营和投资决策的系统表现。将上市公司资本误配置看成一个"融资、资本运营、投资"的动态整体，通过"多维度"

系统建模和优化，才能系统地监测出资本误配置环节。

（3）上市公司资本误配置防范对策实证研究十分匮乏，如何提高上市公司资源配置效率是当前政府和理论界急需解决的问题。现有文献未能从"融资、资本运营和投资"整体维度进行实证研究，这为资本误配置形成环节监测和防范策略从理论研究过渡到现实应用带来一定的难度。

（4）如何构建上市公司资本误配置多维度监测体系问题。虽基于熵权的多层次模糊综合评价方法和企业全要素生产率指标监测方法等，实证研究过监测体系和指数，但仍有待研究权重合理性、模型参数的科学性、财务信用级别和财务流动性的动态影响等问题。

第三节　研究方法和创新之处

一、研究方法

本书研究目标主要有：一是客观评价资本误配置行业和企业。以上市公司为样本，研究资本误配置程度与特征、形成机理、影响因素、判断区间和监测体系构建。二是确定多维度指标及关联性。确定"融资、资本运营和投资"三个维度的指标，实证研究三个维度的关联性及资本误配置的影响机理。三是具体化监测数理模型所涉及的函数形式。量化数理模型中的目标函数、约束条件、各种因素、时滞性影响和参数，借助于稳健性检验，科学合理地确定误配置监测置信度区间、最优临界值和参数。四是构建上市公司资本误配置多维度监测体系。基于实证和验证性结果为基础，利用基于熵权的多层次模糊评价模型和全要素生产率指标的监测方法，构建聚合"融资、资本运营和投资"维度的监测体系和监测指数。所以针对以上目标，本研究中采用的方法如下：

（1）界定资本误配置判断区间。以上市公司为样本，利用多变量分布法、"非均衡"指标体系、动态全要素生产率（Total Factor Productivity，TFP）模型，系统梳理资本误配置类型和动态特征，探究置信水平的判断区间。

（2）检验影响因素。系统梳理影响因素研究的基础上，设计创新绩效、财务信用级别和流动性等指标，利用动态面板分析，以资本误配置为因变量，实证研究显著性影响因素及时滞性影响、因素变动的作用机理。

（3）建立多维度指标。结合显著性因素，运用"目标距离"、交叉相关性和主成分分析，构建"融资""资本运营"和"投资"三个维度的指标；利用灰色关联性方法，对三个维度的关联性进行有效性识别和参数估计，并对影响因素进行校准。

（4）模型估计和稳健性检验。通过稳健性检验和模拟矩阵法，科学合理地确定资本误配置度量辨识参数（融资成本、折旧率、损失率、调整成本和信用评级）、系数和时滞性影响。

（5）多维度监测体系及监测指数设计。利用熵（entropy）权的多层次模糊综合评价方法，通过多目标函数的检验，系统构建国有企业资本误配置多维度监测体系（判别等级和各维度临界值）。运用全要素生产率指标（TFPR）的监测方法，构建上市公司资本误配置多维度监测指数并进行实证检验。

二、创新之处

本书在现有研究成果的基础上，对上市公司资本误配置多维度监测体系进行较为系统的研究，研究的创新之处主要体现在以下四个方面：

（1）提出"多维度监测"概念。在市场经济中，上市公司资本误配置是融资、资本运营和投资决策的系统表现。将上市公司资本误配置看成一个"融资、资本运营、投资决策"的动态整体，通过"多维度"系统建模和优化，这将有助于提高监测资本误配置模型的实际应用效果。

（2）探究上市公司资本误配置影响因素的关联性。监测方法是提高资本配置效率的重要基础，而影响因素是构建监测方法的重要前提。本研究以上市公司为样本，设计创新绩效、财务信用级别和财务流动性等指标并整合宏微观影响因素，分析各变量间内在关系和相互作用，揭示宏微观因素时滞性影响和因素变动的作用机理。

（3）检验"多维度"指标的有效性。多维度指标设计是解决监测体系现实应用性的重要基础，而检验多维度指标有效性是解决监测体系应用的重要前提。本研究将应用数理模型，检验多维度指标和关联性的有效性，并求出最优临界值对资本误配置监测的影响，更加客观地量化出各维度的影响。

（4）构建上市公司资本误配置多维度监测体系和监测指数。本研究基于"多维度"指标，通过模拟演绎、修正、参数校准等，对多维度监测系统建模和优化。该体系的构建全部依托我国上市公司数据，因而相关结论更符合资本误配置监测的实际需要，所得到的监测体系具有较明显的理论及实践应用创新特征。

第四节　研究思路和研究框架

一、研究思路

本研究以上市公司资本配置优化机制为目标，从"融资、资本运营和投资"视角，采用理论论证、上市公司资料汇总、模型构建、实证分析等研究方式，围绕上市公司资本误配置形成机理、度量、影响因素和多维度关联性的分析及监测体系研究等问题，按照立足于理论分析和实证结果、着眼于实践运行、加强模型验证、借鉴国外先进经验的基本要求，对上市公司资本误配置多维度监测机制的理论与实践进行深入、系统的研究。本课题研究的基本思路如下：

（1）利用上市公司面板数据，实证分析资本误配置类型、误配置率和变动趋势，研究置信水平的误配置判断区间和影响因素。

（2）系统梳理、归纳和总结上市公司内外资本误配置类型和影响因素，探究上市公司资本误配置形成机理，构思多维度监测论证技术和分析方法。

（3）建立"融资、资本运营和投资"维度指标，分析各指标因素间内在关系、维度关联性和影响机理，并进行单一维度和多维度数理模型构建及优化求解。

（4）构建上市公司企业资本误配置多维度监测体系，对典型样本深入剖析，探究实证结果与现实情况可能存在的偏差，为进一步理论研究和监测体系提供参考。

（5）科学合理地确定资本误配置监测区间、辨识参数和时滞性影响，通过多目标函数的检验，系统构建上市公司资本误配置多维度监测体系和监测指数。

二、研究框架

本研究基于我国上市公司资本误配置特征的事实，从"融资、资本运营、投资决策"维度，实证研究资本误配置形成机理、影响因素和特征，科学合理地确定多维度指标体系和关联性，系统构建上市公司资本误配置多维度监测体系。本课题总体研究框架（见图 1 - 12）由四个部分构成：一是上市公司资本配置总体状况、误配置现状和形成机理实证研究。二是上市公司资本误配置多维度监测理论与方法研究。三是"融资""资本运营"和"投资"维度指标体系和关联性研究。四是上市公司资本误配置多维度监测体系稳健性和合理性研究。

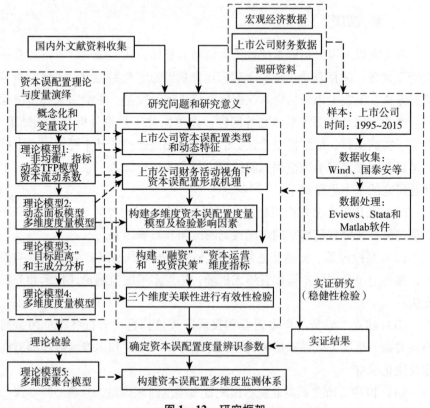

图1-12 研究框架

本书的主要内容共分为八章,各章的研究安排具体如下:

第一章为导论,主要对本书的内容作一个简要介绍,具体包括研究背景和研究意义、国内外文献综述、研究方法和创新之处、研究思路和研究框架。

第二章为上市公司资本误配置相关理论与度量方法。首先,介绍了上市公司资本误配置相关理论,具体包括公司财务传统理论、融资效率理论、期限匹配理论、配置效率理论和投资效率理论;其次,介绍了企业资本误配置度量方法。重点介绍了沃格勒和 AOU 指标、全要素生产率的分解模型、动态视角投资绩效的配置效率度量方法、基于"非均衡(Imbalance)"指标的度量和基于尾均值—方差模型的最优资本配置模型等。

第三章为上市公司资本误配置类型和动态特征研究。已有的上市公司资本误配置度量方法中参数和系数确定方面存在着较多争议，本章基于资本误配置是最优值偏离程度的定义，以我国上市公司为例，从非效率投资、资本结构和资本运营视角，利用面板数据分析、目标距离计算、交叉相关性等方法，实证研究了上市公司资本误配置类型和动态特征。

第四章为上市公司财务活动中资本误配置形成机理。上市公司资本误配置是金融系统的垄断性、融资、资本运营和投资效率的系统表现，在这种情况下，构建多维度监测体系的关键是实证研究我国上市公司财务活动中资本误配置形成机理。本章主要以上市公司财务活动为视角，基于融资、资本运营、盈利能力和投资绩效相关理论，利用计量方法（动态面板数据），实证研究了上市公司财务活动中资本误配置形成机理。

第五章为上市公司资本误配置影响因素研究。本章以我国上市公司为例，实证研究我国上市公司的资本误配置影响因素，探究影响资本误配置的关键因素。主要有基于"非均衡"指标的资本配置效率影响因素研究、融资结构视角下非效率投资影响因素研究和上市公司资本误配置影响的微观因素研究。

第六章为上市公司资本误配置多维度影响因素及关联性研究。各维度指标体系的构建是监测体系设计的关键，为探究各维度指标体系的合理性，本章基于上市公司资本误配置机理，利用关联性相关理论和度量方法，通过实证研究，提出了符合我国上市公司实情的"多维度"资本误配置监测体系概念，并探究了"融资、资本运营和投资"维度影响因素和指标体系。

第七章为上市公司资本误配置多维度监测体系构建。科学合理地确定了资本误配置判断区间、监测辨识参数指标数值的计算、权重的确定、通过模拟临界值等。首先，基于熵（Entropy）权的多层次模糊综合评价方法，通过实证研究，构建上市公司资本误配置多维度监测体系；其次，基于全要素生产率指标的监测方法和反事实实验，构建上市公司资本误配置多维度监测指数并进行实证检验。

第八章为结论。根据前面各章节的研究结果，笔者总结了全书的主要结论，包括主要研究结论、对策建议、研究的局限性和未来的研究方向。

第二章 上市公司资本误配置相关
理论与度量方法

　　资本配置①的最优状态是达到帕累托最优②。在资本配置的帕累托最优状态下，所有经济主体之间的边际收益率应该都相等。资本配置效率的提高，就意味着资本配置向帕累托最优的状态逼近，即对高边际资本回报率的经济主体增加投资，同时对低边际资本回报率的经济主体减少投资，直到获得资金的各经济主体的资本边际收益率相等。所以，资本配置效率③的改善意味着资本从低资本回报率的行业、区域或企业流向高资本回报率的行业、区域或企业。自从多拉尔和魏（2007）、希尔和柯蓝诺（Hsieh and Klenow, 2009）等学者研究开始④，资源错配、经济效率损失和企业资本误配置的研究已成为经济金融领域热门的课题。本章主要介绍与上市公司资本误配置相关的主要理论和资本误配置度量方法。

---

　　① 资本配置是指资本从投资回报率低的领域（行业、地区、企业）流向投资回报率高的领域的程度。资本配置的优化和提高，意味着拥有高回报率的领域可以获得资本的追逐，低回报率的领域遭受资本的削减和逃逸。这样，可以使得资源配置到经营效益好、效率高具有高成长性的领域，提高了投资的效益和生产要素的使用率，改善了行业、地区和企业内部的结构，推动了经济增长方式的改变和经济结构的调整杰弗里（Jeffrey, 2009）。

　　② 帕累托最优理论是在一般均衡理论的基础上发展起来的。帕累托最优是资本配置的一种高级状态，即假定在一定成员和资源的条件下，资源的配置状态的变化，使得在没有成员状态变差的情况下，至少有一个成员的状态得到了改善。所以资源配置效率的提高，可以减少资源的浪费。如果在经济体中，一个企业在不使得其他企业变得更坏的情况下，使得自己的企业经营状况更好，那么这种状态就达到了企业资源配置的最优化。并且如果企业在不损害其他企业经营的同时，改善了自己的经营状况，那么企业在资源配置上实现了帕累托改进，其经济效益也会得到提高。实现帕累托最优，需要同时满足3个条件：交换的最优、生产的最优和交换与生产的最优。

　　③ 资本配置效率的分类主要有：一是把资本的配置效率分为企业、行业和国民经济三个层次；二是将资本配置效率区分为广义和狭义。狭义资本配置效率指的是资本在单个企业内部的配置效率，而广义的资本配置效率指资本在企业间的有效率的配置，使得获得资本的每家企业的边际资本回报率相同；三是将资本配置效率分为微观、宏观和国际三个层面。

　　④ 这类文献认为，由于各种制度性障碍和要素价格扭曲的存在，资源的配置将不会是最优的。通过纠正扭曲，可以改进资源配置效率。

第一节　企业资本误配置相关理论

资源配置效率理论指出，在完全竞争市场中，资本市场资源应按照边际效率最高的原则在资本市场之间进行配置，因此资本市场资源配置效率的重要衡量标准就是看资本是否流向经营效益最好的企业和行业。理论上看，效益应与资金投入相对应，行业和企业的效益应与其获得的资金份额一一对应。一方面，效益最好的行业和企业应当获得最大份额的资金投入，效益次之者获得资金次之，效益最差者获得资金最少；另一方面，获得资金份额最大的行业或企业的效益也应最好，两者都实现最优时，资金配置效率最高。前者实际上反映了资金在产业和企业间的配置情况，后者则反映了产业和企业的资金使用效率情况。如果资源可以充分自由流动，实现帕累托最优，那么就是"有效配置"，而"误配置"（Misallocation）①则是偏离了这种理想状态。不健全的市场化机制加剧了要素配置的扭曲程度，资源（资本）误配置成为制约企业生产效率提高的重要因素。目前，企业资本误配置相关理论主要有公司财务传统理论、融资效率（financial efficiency）理论、期限匹配理论、配置效率（allocation efficiency）和投资效率（investment efficiency）理论等。

一、公司财务传统理论

经济学将投资定义为对未来回报的预期而承受瞬时成本的行为。大多数投资决策在不同程度上具有三个基本特征：一是投资是部分或完全不可逆的。投资的初始成本至少部分是沉没的，当改变主意时不能完全收回投资的初始成本。二是来自投资的未来回报是不确定的。所能做到的只是评估投资中较高或较低收益（损失）的不同结果的概率。三是投资时机上有一定的回旋余地。可以推迟行动以获得有关未来的更多信息。这三个特征之间的相互作用决定了投资者的最优决策。

投资的传统理论普遍选用净现值法（net present value，NPV），判断是否进行投资。如果 NPV 大于零，进行投资。但投资的传统理论没有认

---

① 对"Misallocation"一词，国内有部分学者如焉萍（2012）、杨振、陈甫军（2013）和聂辉华（2011）等将其译为"误配置"，袁志刚和解栋栋（2011）、陈永伟和胡伟民（2011）、史晋川（2012）等译为"错配"。微观层面上译为"误配置"更合理。本研究主要以上市公司为样本，所以译为"误配置"。

识到不可逆性、不确定性及时机选择两两之间的相互作用。在计算 NPV 时产生了一些问题。例如，如何确定投资项目的预期利润流，如何处理通货膨胀，在计算现值时应当采用什么样的贴现率，解决此类问题是公司财务课程中的重要议题，特别是资本预算，基本原理非常简单，即算出投资项目的 NPV 并检验它是否为正[①]。但 NPV 应用时，众多问题值得探讨（见图 2-1）[②]。

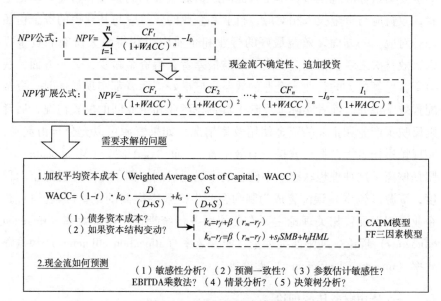

图 2-1　NPV 拟解决的问题

二、融资效率理论（financial efficiency theory）

融资即是一个企业资金筹集的行为与过程，也就是公司根据自身的经营状况、现金流状况，以及公司未来生产经营发展的需要，通过科学的估测，采用一定的方式，从一定的渠道向公司的投资者筹集资金，以保证公司正常生产经营管理需要的理财行为。融资结构（financing structure）主要包括内源融资和外源融资两部分（见表 2-1）。

表 2 −1   **企业融资方式及融资结构**

外源融资							内源融资	
债权融资					股权融资			
应交未付款	应付未交款	短期借款	长期借款	应付债券	新发行资本	原始资本	公积金公益金	未分配利润
流动负债		长期负债		实收资本				
负债				所有者权益				

前者主要来自企业正常经营活动的现金流入（主要包括留存收益和折旧），后者主要包括股权融资和债券融资。现代化的金融制度中包括以银行为主的间接融资金融机构体系、服务于直接融资的金融市场体系，对金融业实施监督管理的金融监管机构体系。各种体系发挥独特的效能为资金融通提供高效便利的中介服务。企业采取不同的融资方式形成不同的融资结构。

在现代市场经济条件下资源的使用是有偿的，因此，企业融资效率是指微观经济主体生产运营融通资金的能力及其所实现的效用，包括量与质的体现及其制度安排效率。资金运动的结果就是企业在追求自身利益最大化的过程中，来实现整个社会资源优化配置和经济效率的提高。企业融资效率的含义可以从三个方面说明：

（1）企业融资效率质的方面。从企业的角度来看，企业所取得的资金能否得到高效使用，所投资的项目能否获得最高的效益，直接决定了企业融资成本和融资效率的高低，融资成本只是一个相对而言的概念，大量微观主体的资金使用效率低，必然无益于资本资源的有效配置。

（2）企业融资效率量的方面。在给定市场约束条件下融资效率量的表现是在这个资金配置过程中，企业能否以尽可能低的成本和适度的风险融通到所需要的资金。实际效率的提高取决于市场的配合，取决于市场的资金供给情况，从这一意义上说，企业融资效率的提高是企业和市场相互影响的结果，即企业融资效率量的体现是企业与市场相互作用的结果。因此，考察企业的融资效率一方面考察企业所处的市场环境；另一方面还要对企业的规模及资产结构、融入成本、企业经营效益与成长性等影响融资能力的因素进行综合分析。

（3）企业融资制度安排效率。实现企业有效融资的融资机制与宏观经济环境的状况有关。企业融资过程是筹资者选择融资方式，利用融资工具吸引社会资金流入的过程，也是向社会提供金融投资工具的过程，这一过程既是资金的筹集与供给过程，也是资金的重新配给过程。

三、期限匹配理论（immunisation hypothesis theory）

期限匹配理论也称为免疫假设（immunisation hypothesis），它是指将企业债务的期限与企业资产的期限对应起来。资产期限是指资产产生现金流的期限模式。负债融资会带来股东和债权人之间利益冲突，进而会对企业的投资支出造成影响。如果负债在新项目投资机会所蕴含的最优期权执行时间之前到期，则新项目的部分甚至全部收益可能被债权人所攫取，结果致使管理者放弃某些投资净现值为正的项目，进而产生投资不足。另外，由于长期负债的代理成本大于短期负债的代理成本，致使企业拥有的长期债务越多，越有可能放弃净现值为正的投资机会。因此，降低债务水平或者缩短债务期限可以有效地缓解投资不足问题。期限匹配理论认为：债务与资产期限相匹配是企业安排债务融资期限结构的一项原则，即短期债务一般与流动资产相匹配，长期债务一般与长期资产相匹配（Myers，1977）。

唉莫里（Emery，2001）等认为①，由于市场对企业产品需求具有周期性，因此企业对资产的需求也具有周期性。假设企业的生产只持续两个时期，第一期为产品需求的非高峰时期，第二期为产品需求的高峰时期。面对这种情况，企业有三种债务融资方式可供选择：

（1）依据高峰期时的产品需求和资产需求进行一次性长期债务融资；

（2）依据每个时期的产品需求和资产需求分别进行短期债务融资；

（3）依据非高峰时期的产品需求和资产需求进行一次长期债务融资以供两个时期使用，再在高峰时期对超额产品需求带来的超额资产需求进行一次短期债务融资。

唉莫里证明，在债务发行成本和期限贴水同时存在时，如果长期债务期限贴水很高以至于其融资成本超过两次发行短期债务的总成本，则企业选择第二种融资方式；如果长期债务期限贴水很低以至于其融资成本低于两次发行短期债务的总成本，则企业选择第一种融资方式；如果长期债务期限贴水适中，则企业将选择第三种融资方式，并且高峰时期和非高峰时期的产品需求差异越大，企业的这种动机越强。由于第三种融资方式事实上就是将债务的期限与资产的期限匹配起来，这就表明从企业产品需求的

---

① 没有从债务融资的代理成本角度进行考虑，而是从降低企业债务融资的发行成本和利息成本这一角度进行最优债务期限结构的探讨。

周期性这一角度也能说明期限匹配原理的重要性。无论是从传统的期限匹配理论还是从现代的期限匹配理论来看，为了降低企业债务融资的风险或成本，企业应将债务期限和资产期限进行匹配。因此，企业的债务期限应与资产期限呈正相关关系。

广义上的投融资期限结构的误配，不仅会使债务治理效果弱化，企业和银行的风险加大，最终会加剧宏观经济波动风险。应不断完善法律法规，加大对债权人的保护力度；还应建立多层次、多渠道的融资市场。

四、配置效率理论（allocation efficiency theory）

（1）资源配置效率是指在一定的技术水平条件下各投入要素在各产出主体的分配所产生的效益。资源配置效率问题是经济学研究的核心内容之一，资源配置效率问题包含两个层面：一是宏观层次的资源配置效率，即社会资源的资源配置效率，通过整个社会的经济制度安排而实现；二是微观层次的资源配置效率，即资源使用效率，一般指生产单位的生产效率，通过生产单位内部生产管理和提高生产技术实现。现代经济学认为，市场是资源配置的最重要方式，而资本市场在资本等资源的配置中起着极为关键的作用。在此过程中，资金首先通过资本市场流向企业和行业，然后带动人力资源等要素流向企业，进而促进企业和行业的发展。因此，资金配置是资源配置的核心。

（2）资本市场的资源配置效率也有两层含义。一是资本市场本身的效率，指资本市场能否高效和低成本地为需要资金的企业和行业及时提供所需资金，这与资本市场的制度环境、技术环境等密切关联；二是各种资源通过资本市场流向不同效益水平的行业和企业的情况，反映资本市场将稀缺资源配置到效率最高的企业或产业部门的有效程度。

资源配置效率理论指出，在完全竞争市场中，资本市场资源应按照边际效率最高的原则在资本市场之间进行配置，因此资本市场资源配置效率的重要衡量标准就是看资本是否流向经营效益最好的企业和行业。因此，理论上看，效益应与资金投入相对应，行业和企业的效益应与其获得的资金份额一一对应。一方面，效益最好的行业和企业应当获得最大份额的资金投入，效益次之者获得资金次之，效益最差者获得资金最少；另一方面，获得资金份额最大的行业或企业的效益也应最好，两者都实现最优时，资金配置效率最高。前者实际上反映了资金在产业和企业间的配置情况，后者则反映了产业和企业的资金使用效率情况。

（3）从技术角度来看，"误配置"可以分为两种。陈永伟（2013）做了比较准确的界定：内涵型误配置和外延型误配置。内涵型误配置是指依据经济学基本原理，假定在完全竞争的市场上所有企业的生产技术水平是凸的，那么最优配置应该是生产要素在每一家企业的边际产出相等，不然就存在矫正"误配置"，提高产出的空间。外延型误配置则是指在一个经济体内所有企业的生产要素边际产出均相等的条件下，仍能够通过要素重新配置带来产量提升的情况。目前，关于资源错配的研究集中在"内涵型误配置"。

五、投资效率理论（investment efficiency theory）

从经济学的角度，投资①一般具有"金融"和"经济"双重含义。所谓金融意义上的投资也就是证券投资，即为了获取预期收益而购买有价证券并形成金融资产的行为。而经济意义上的投资是指实物资产的增加，即以新的生产设备、新的建筑物或者追加存货等形式构成新的资本物品的过程。本书所研究的企业投资是从经济学角度研究的狭义投资，也就是以获取预期收益为目的的形成企业实物资产的投资行为。从国外学者进行宏观投资效率相关研究中所使用投资效率是从以下五个不同的角度进行理解的。

（1）从资本形成的效率来理解。这类文献的思想如下：在 GDP 的四大构成即消费、投资、政府购买、净出口中，投资的功能在于将居民的储蓄转化为用于企业生产的资本，投资意味着资本的形成，因此投资效率也就意味着资本形成的效率。投资在 GDP 中的比例越高，所形成的资本越多，投资效率也就越高。

（2）从产业间资本配置效率的角度来理解。这类文献的基本思想如下：如果投资是有效的，那么资本将从投资过度的产业撤出，流向投资不足的产业。按照新古典微观经济学，这种资本流动将一直进行到各要素的边际生产率之比相等，此时经济达到一般均衡②。

（3）从投资总量是否偏离最优投资量的角度来理解。这主要是新古典增长理论的贡献。其基本思想如下：社会投资总量存在某个最优水平，使

---

① 投资有广义和狭义之分，广义的投资是指一段时间内资本存量的改变，它是一个动态的过程，只能以流量而不是存量来表示。狭义的投资就是把投资当作一种过程或者行为，《不列颠百科全书》第八卷对投资的定义是在一定时期内期望在未来能产生收益而将收入变换为资产的过程。

② 如果一国可以做到在相对增长较快的行业追加资本，而从衰退的行业撤走资本，那么该国的资本配置就是有效率的。

得稳态的人均消费水平达到最大。此时的最优资本存量也称为"黄金律"水平。如果社会总资本存量超过"黄金律"水平，则称投资过度（Over Investment），否则，称为投资不足（under investment）。

（4）从经济增长角度来理解。这类文献的基本思想如下：给定相同的投资水平如果一个国家获得更快的经济增长，那么就说该国的投资更有效率。而自索洛以来的一个衡量经济增长的指标，则是全要素生产率增长率（TFP growth，TFPG），因此 TFPG 可以用来度量宏观经济的投资效率。

（5）从微观领域的角度理解。在微观领域，投资效率主要是以企业为对象，从会计学或投资学的角度来评价企业的投资行为或为投资决策服务。指企业投资所取得的有效成果与所消耗或占用的投入额之间的比率，也就是企业投资活动所得与所费、产出与投入的比例关系。覃家琦和齐寅峰等（2009）认为企业的投资活动，不仅与资本有关，而且与劳动有关，更为准确地讲，企业投资其实是资本、劳动等诸多要素的结合，以便产生现金流。而诸多要素的结合，正是通常所说的生产活动。因此，他们的研究认为公司财务学所理解的投资行为其实等价于生产行为。由此，微观企业的投资效率等价于生产效率或生产率，可以通过全要素生产率以及全要素生产率增长率来度量投资效率，前者度量投资的静态效率，后者度量投资的动态效率①。

第二节　企业资本误配置度量方法

要实现资源优化配置，必须明确资源错配②导致效率损失的作用机制，以及资源错配究竟造成了多大程度上的效率损失，进而分析在哪些层面上可以实现重新的优化配置。只有对这些问题有全面的了解，在现实操作中，才可能制定出有针对性的政策。目前，测度资源错配和效率损失的方法主要有以下五种：

一、Wurgler 和 AOU 指标

资本配置效率是对一国或地区资本市场运行效率的事后预测和评估。

---

① 投资的动态效率分解为技术效率变化率、技术进步变化率、规模效应变化率和资本配置效率变化率。

② 众多研究表明，引起资源错配的关键是资本误配置。因此，资本误配置的度量主要借鉴资源错配的度量模型。

如果投资者能够对市场上的获利机会进行充分响应，则资本配置有效。反之，如果投资与获利机会之间的关联度弱化，则资本市场的配置效率必然较低（黄玖立、范皓然，2016；Wurgler，J.，2000）。学者们采用了多个指标衡量资本配置效率。具有代表性的指标有 Wurgler 和 AOU 指标[①]。

1. Wurgler 指标

目前，学者们大多采用沃格勒（2000）提出的直接测算资本配置效率的方法[②]。以资本形成对盈利能力的弹性或依赖程度，或者是投资增长率对增加值增长率的反应系数衡量资本配置效率。具体公式为：

$$\ln \frac{I_{i,t}}{I_{i,t-1}} = a + \mu \cdot \ln \frac{V_{i,t}}{V_{i,t-1}} + \varepsilon_{i,t} \tag{2.1}$$

其中，$I_{i,t}$ 为 t 年 i 产业的固定资本形成，$V_{i,t}$ 为 t 年 i 产业的增加值，估计系数 μ 就是投资的变动对增加值变动的敏感程度（或弹性），$\varepsilon_{i,t}$ 为随机误差项。μ 可以理解为投资增长率对增加值增长率的反应系数，揭示金融市场对正在增长的行业增加投资或对处于衰退行业撤出投资的能力，也就是资本配置效率指标。

$I_{i,t}$ 的计算有两种：

$$I_{i,t} = K_{i,t} - K_{i,t-1} \tag{2.2}$$

式中，$K_{i,t}$ 为 t 年 i 产业的固定资产原值。

$$I_{i,t} = K'_{i,t} - K'_{i,t-1} + D_{i,t} \tag{2.3}$$

式中，$K'_{i,t}$ 为 t 年 i 产业的固定资产净值，$D_{i,t}$ 为本年折旧。

图 2-2 和表 2-2 是 1996~2015 年上市公司制造业 Wurgler 指标。由图表数据中可知，Wurgler 指标存在明显差异。估计系数（μ）除了 2008

[①] 还有 DW 指标。多拉尔和魏（2007）用企业资本平均产出的离散度（dispersion）刻画资本配置效率，其中资本的平均产出定义为增加值对企业资本存量的比例（如果资本配置效率较高，则资本平均产出较低的企业将会被淘汰或者因资本撤出，其资本平均产出会上升，反之则反）。资本的平均产出测算简单、数据易得，其结果可以进行跨地区、跨行业和跨企业比较。但该指标可能更多刻画的是生产效率或技术效率，市场资本配置效率充其量只是影响资本平均产出离散程度的众多因素之一。特别地，资本平均产出中的资本为存量，受历史上的投资流量与折旧的影响。

[②] 沃格勒的测算优点：一是有可靠的逻辑基础。一国的值越大，表示该国投资增长对增加值增长越敏感，投资更容易从增长较慢的行业流向增长较快的行业，从而该国拥有更高的资本配置效率。二是针对前文提到的用资本平均产出的方法不足以代表资本配置效率问题，用沃格勒的方法得到解决。这里，排除掉其他因素的影响，单独考虑了资本的配置效率问题。三是首次提供了直接测算资本配置效率的方法，使资本配置效率更加直观。因而，这种方法也在以后的资本配置效率相关研究中被广泛采用。缺点：对数据要求较高，该指标假设投资仅仅对本期和上一期的增加值有反应。现实中，投资者可能依据更长历史数据进行更加理性的决策，也可能考虑其他因素如投资环境等。此外，该指数无法刻画预期对投资者决策的影响。

年和 2010 年外，显著为正，但 2010 年以后，估计系数较低。说明，制造业投资增长对增加值增长敏感性减少，投资可能流向增长较快的其他行业。

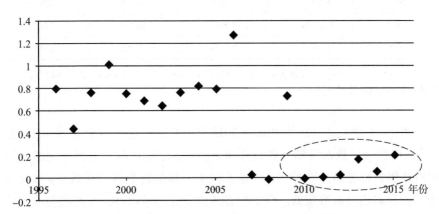

图 2 - 2　1995～2015 年上市公司制造业资本配置率值

表 2 - 2　　　　　　1996～2015 年上市公司制造业资本配置率值

年份	值	T 值	F 值	样本量
1996	0.8001 ***	4.58	21	140
1997	0.4415 ***	3.62	13.09	242
1998	0.768 ***	7.85	61.62	362
1999	1.0189 ***	9.53	90.23	440
2000	0.75606 ***	9.32	86.89	506
2001	0.6932 ***	9.79	95.83	569
2002	0.642 ***	7.63	58.18	620
2003	0.7693 ***	6.74	45.39	663
2004	0.8255 ***	5.61	31.44	702
2005	0.7967 ***	4.53	20.48	711
2006	1.2728 ***	10.29	105.87	706
2007	0.0324 ***	3.1	9.62	694
2008	- 0.00687 *	- 1.674	15.76	688
2009	0.7407 ***	4.65	21.63	670
2010	- 0.0024 *	- 1.656	19.82	661
2011	0.00922 *	1.652	26.55	740

年份	值	T 值	F 值	样本量
2012	0. 02855 **	1. 9758	31. 25	798
2013	0. 1712 **	2. 003	31. 75	829
2014	0. 0626 *	1. 692	26. 32	842
2015	0. 206 *	1. 685	31. 85	854

注：（1）*** 、** 、* 分别表示在 1%、5% 和 10% 的水平上显著；（2）因样本较大，利用稳健标准差进行估计和检验。

图 2 - 3 和表 2 - 3 是 1996 ~ 2015 年 17 个行业上市公司 Wurgler 指标[①]。由图表中数据可知，各行业 Wurgler 指标存在明显差异。交通运输和科技服务行业估计系数（μ）显著为负，其他行业估计系数（μ）显著为正，普遍估计系数较低。资本配置率值（μ）回归时，预测值与残差值散点图见图 2 - 4。估计系数较高的有水利水电和居民服务行业，其次是制造业、住宿餐饮业、建筑业和批发零售业。但 2010 年以后，估计系数较低。科技服务和建筑行业估计系数较低，但流动负债、非流动负债和权益不断增加。该现象违背了 Wurgler 指标的理论。

表 2 -3 　　　　　　　　17 个行业上市公司资本配置率值

行业	值	T 值	F 值	观测数	流动负债（观测数）		非流动负债（观测数）		权益（观测数）	
					减少	增加	减少	增加	减少	增加
农林等	0. 0495 ***	3. 41	11. 62	423	192	231	209	214	238	185
采矿	0. 0928 ***	1. 613	9. 867	389	195	194	184	205	135	254
制造业	0. 2434 ***	4. 26	18. 17	12437	6248	6189	6412	6025	5842	6595
电热燃气等	0. 07322 ***	1. 621	8. 935	893	386	507	270	623	323	570
建筑业	0. 07245 ***	1. 597	7. 844	415	127	288	151	264	181	234
批发零售	0. 01953 ***	1. 586	6. 396	1643	829	814	892	751	924	719
交通运输等	- 0. 1628 ***	1. 576	5. 351	860	460	400	258	602	331	529
住宿餐饮	0. 1611 ***	1. 5792	4. 765	138	111	27	95	43	86	52

---

① （μ）值利用稳健标准差进行估计和检验。主要原因：一是样本较大；二是由图 2 - 4 中可知，预测值与残差值散点图过于分散。

行业	值	T 值	F 值	观测数	流动负债 （观测数）		非流动负债 （观测数）		权益 （观测数）	
---	---	---	---	---	减少	增加	减少	增加	减少	增加
信息软件等	0.01889 ***	1.6132	8.624	897	558	339	518	379	493	404
金融业	0.0175 ***	1.5833	5.473	261	208	53	203	58	86	175
房地产	0.01679 ***	1.6034	6.448	1499	606	893	561	938	649	850
商务服务	0.01962 ***	1.5786	4.325	235	140	95	124	111	113	122
科技服务	− 0.728 ***	− 1.603	3.673	52	4	48	4	48	0	52
水利水电	0.6621 ***	4.05	16.36	184	84	100	75	109	87	97
居民服务业	0.7426 ***	3.8	14.44	56	31	25	33	23	36	20
卫生和社会	0.0284 ***	1.5877	4.896	119	73	46	74	45	50	69
文体产业	0.0988 ***	3.69	13.64	1025	535	490	484	541	596	429

注：（1） ***、**、* 分别表示在1%、5%和10%的水平上显著；（2）教育行业观测数过小，剔除了教育行业数据；（3）因样本较大，利用稳健标准差进行估计和检验。

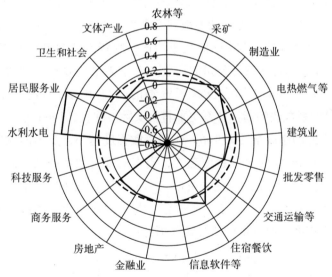

图 2 − 3 上市公司各行业资本配置率值

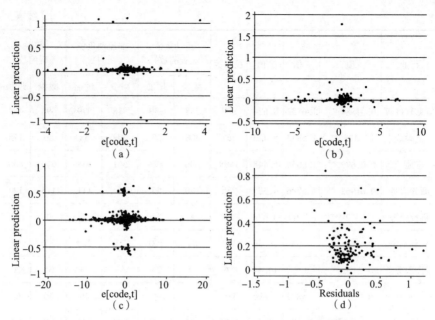

图 2 - 4　资本配置率值（μ）回归时，预测值与残差值散点图

2. AOU 指标

阿比阿德、奥美斯和艾迪（2008）用 Tobin Q 来衡量投资的预期收益，然后用各个企业托宾 Q 的离散程度来衡量资本配置效率。如果资本的配置使得各个资本的 Tobin Q 值趋于均衡，则资本的配置效率水平较高。其中，Tobin Q 综合反映了公司的股价是基于未来的收益率和风险水平折现因子，所以 Tobin Q 综合反映了资本的收益和风险状况，比 Wurgler（2000）弹性系数法的指标体系更加符合实际。并且，Tobin Q 可以反映资本配置效率的静态度量。即 Tobin Q 的离散程度越小，资本的配置效率越高；相反，Tobin Q 的离散程度越大，资本的配置效率越低。此外，通过观察 Tobin Q 离散程度的变化，可以动态分析资本配置效率的变化。AOU 指标主要用 Gini 系数、平均对数离差、Theil 指数和变异系数来度量资本配置的离散程度。四个指标的公式分别为：

$$GINI = \frac{1}{2n^2\mu} \sum_{i=1}^{n} \sum_{i=1}^{n} |Q_i - Q_j| \tag{2.4}$$

$$E(0) = \frac{1}{n} \sum_{i=1}^{n} \log\left(\frac{\mu}{Q_i}\right) \tag{2.5}$$

$$E(1) = \frac{1}{n} \sum_{i=1}^{n} \frac{Q_i}{\mu} \log\left(\frac{\mu}{Q_i}\right) \tag{2.6}$$

$$E(2) = \frac{1}{2n\mu^2} \sum_{i=1}^{n} (Q_i - \mu) \qquad (2.7)$$

式中，Q 代表公司的托宾 Q 值，n 表示项目考察的公司数，μ 表示所有公司托宾 Q 的平均值，i 和 j 为公司编号。

二、全要素生产率的分解模型

通过检验各产业边际生产率的差异程度可以判断资本配置效率的变化情况。赫希尔（Hsieh, 2009）、杰（Jae, 2013）、王林辉（2014）等利用 CES 生产函数推导的全要素生产率和方差分布，判断是否造成全要素生产率损失。该方法将资本配置效率直接从生产率中分解，准确性更高，且可定量测算其对 TFP 的影响方向和贡献度。

假定经济体由 n 个产业组成，i 产业的产出为 Y_i，产品在产业内同质但产业间异质，生产厂商使用资本 K 和劳动力 L 两种生产要素生产产品。资本总量为 $K = \sum_i K_i$，劳动力总量为 $L = \sum_i L_i$。总生产函数为 $Y = Y$ $(Y_1, \cdots, Y_n)$，i 产业产品价格为 p_i，总产出为 $Y = \sum_i p_i Y_i$。厂商在产量既定条件下追求成本最小化，则代表性厂商的成本函数满足：

$$\min_{K_i L_i} (p_K K_i + p_L L_i)$$
$$s.\,t.\ Y_i = F_i(K_i, L_i)$$

其中，p_K 和 p_L 分别为资本和劳动力的价格。

根据代表性厂商的目标函数和产量约束，构造拉格朗日函数：

$$L = p_K K_i + p_L L_i - \lambda_i [F_i(K_i, L_i) - Y]$$

依据一阶条件可得：

$$\left(\frac{p_i}{\lambda_i}\right) \cdot p_k = p_i \left[\frac{\partial F_i(K_i, L_i)}{\partial K_i} \right] \qquad (2.8)$$

$$\left(\frac{p_i}{\lambda_i}\right) \cdot p_L = p_i \left[\frac{\partial F_i(K_i, L_i)}{\partial L_i} \right] \qquad (2.9)$$

其中，p_i 为产品价格，式（2.8）和式（2.9）的右侧分别为资本和劳动的边际收益，根据利润最大化原理，资本的边际收益等于左侧资本的边际成本，λ_i 可表示产品的影子价格，$\frac{p_i}{\lambda_i}$ 表示产品价格加成。在此，我们将 $\frac{\lambda_i}{p_i}$ 记为资本的绝对流动系数 $\left(fr_{k_i} = \frac{\lambda_i}{p_i}\right)$，即以不完全市场条件下价格扭曲程度的倒数度量各产业资本的流动性。当 $fr_{k_i} = 1$，即 $\frac{p_i}{\lambda_i} = 1$ 时，资本可自由流动，不存在要素价格扭曲。当 $fr_{k_i} < 1$，即 $\frac{p_i}{\lambda_i} > 1$ 时，该产业价格扭曲程度较高，资本的流动性差。该形势下的资本流动系数 fr_{k_i} 越小，说明不完全市场条件下资本流动障碍越大，资本流动性越差。

若产业 i 的生产函数满足 C-D 生产技术：

$$Y_i = F_i(K_i, L_i) = A_i K_i^{a_i} L_i^{1-a_i} \tag{2.10}$$

因而式（2.8）和式（2.9）可转化为：

$$\left(\frac{p_i}{\lambda_i}\right) \cdot p_k = p_i \left(\frac{a_i Y_i}{K_i}\right)$$

$$\left(\frac{p_i}{\lambda_i}\right) \cdot p_L = p_i \left[\frac{(1-a_i)Y_i}{L_i}\right]$$

$$K_i = \frac{K_i}{\sum_j K_j} K = \frac{\dfrac{p_i/\lambda_i \cdot p_k K_i}{p_i/\lambda_i \cdot p_k} \cdot K}{\sum_j \dfrac{p_j/\lambda_j \cdot p_k K_j}{p_j/\lambda_j \cdot p_k}} = \frac{\dfrac{a_i Y_i p_i}{p_i/\lambda_i \cdot p_k} \cdot K}{\sum_j \dfrac{a_j Y_j p_j}{p_j/\lambda_j \cdot p_k}}$$

$$= \frac{\sigma_i a_i \cdot \lambda_i/p_i}{\sum_j \sigma_j a_j \cdot \lambda_j/p_j} \cdot K$$

其中，$\sigma_i = \dfrac{p_i Y_i}{Y}$ 为 i 产业产值在国民生产总值中所占的份额，将上式变形：

$$K_i = fr_k(\sigma_i a_i/\tilde{a}) \cdot K \tag{2.11}$$

其中，$\tilde{a} = \sum_i \sigma_i a_i$ 为以各产业产值份额为权重的资本流出弹性系数加权和，而 $f\tilde{r}_{k_i}$ 为产业 i 资本的相对流动系数，由该产业的产业份额 σ_i 和绝对流动系数 fr_{k_i} 决定，则：

$$f\tilde{r}_{k_i} = \frac{fr_{k_i}}{\sum_j (\sigma_j a_j/\tilde{a}) fr_{k_j}} \tag{2.12}$$

资本的相对流动系数 $f\tilde{r}_{k_i}$ 是产业 i 与各产业平均水平相比的相对流动水平，受该产业资本的绝对流动性和产业份额二者共同作用。其中，资本流动性水平是以各产业资本产出弹性与整体资本产出弹性的比值为权重计算的各产业绝对流动系数 fr_{k_i} 的加权平均值。

根据式（2.11），可得资本相对流动系数：

$$f\tilde{r}_{k_i} = \frac{K_i/K}{\sigma_i a_i/\tilde{a}} \tag{2.13}$$

根据资本相对流动系数计算（2.13）可知，产业 i 的资本相对流动系

数 $f\tilde{r}_{k_i}$ 表示该产业实际占用资本与资本总量的比值，除以按该产业资本产出贡献度分配的理论值。若相对资本流动系数大于1，则说明该产业 i 实际占用的资本水平 K_i/K 相对于以其对经济总体的贡献程度测算的理论资本占比偏高；反之，如果相对流动系数 $f\tilde{r}_{k_i} < 1$，则表明该产业 i 实际占用资本水平偏低；而当资本相对流动系数 $f\tilde{r}_{k_i} = 1$ 时，产业 i 实际占用资本与理论资本占比相匹配。可见，资本相对流动系数 $f\tilde{r}_{k_i}$ 能够衡量产业 i 的资本错配现象。$f\tilde{r}_{k_i}$ 并非越大或越小越好，过大或过小都表明该产业存在资本错配，产业资本的合理配置水平应是占用与其资本贡献度相匹配的水平。

依据资本错配水平的度量方法，进一步定义劳动力相对流动系数：

$$f\tilde{r}_{L_i} = \frac{L_i/L}{\left[\sigma_i(1-a_i)/(1-\tilde{a})\right]} \tag{2.14}$$

为分析要素错配对经济增长率和产出效率的影响机制，将式（2.11）和式（2.14）代入产业生产函数（2.10），并对等号两边同时取对数，可得对数形式的产业生产函数：

$$\ln Y_i = \ln A_i + \ln\left[\sigma_i\left(\frac{a_i}{\tilde{a}}\right)^{a_i}\left(\frac{1-a_i}{1-\tilde{a}}\right)^{1-a_i}\right] + \left[a_i\ln f\tilde{r}_{k_i} + (1-a_i)\ln f\tilde{r}_{L_i}\right]$$
$$+ \left[a_i\ln K + (1-a_i)\ln L\right] \tag{2.15}$$

由上式可知，产出受要素投入、技术进步、产业结构和资源配置效率的共同影响。为分析产业资本错配对产出效率的作用，将分产业产出和总产出结合，根据中值定理可得经济产出的变化量：

$$\Delta\ln Y^t = \ln Y^t - \ln Y^{t-1} = \ln\left(\frac{Y^t}{Y^{t-1}}\right) = \sum_i \frac{\partial\ln Y}{\partial\ln Y_i}\ln\left(\frac{Y_i^t}{Y_i^{t-1}}\right) \approx \sum_i \bar{\sigma}_i^t \Delta\ln Y_i^t \tag{2.16}$$

同理，可得：

$$\Delta\ln Y^t = \sum_i \bar{\sigma}_i^t \Delta\ln Y_i^t$$
$$= \sum_i \bar{\sigma}_i^t \Delta\ln A_i^t + \sum_i \bar{\sigma}_i^t \left\{\Delta\ln\sigma_i^t - \Delta\ln\left[\tilde{a}^t\right]^{a_i}(1-\tilde{a}^t)^{1-a_i}\right\}$$
$$+ \sum_i \bar{\sigma}_i^t \left[a_i\Delta f\tilde{r}_{k_i}^t + (1-a_i)\Delta\ln f\tilde{r}_{L_i}^t\right]$$
$$+ \left[\tilde{a}^t\Delta\ln K^t + (1-\tilde{a}^t)\Delta\ln L^t\right] \tag{2.17}$$

其中，$\tilde{a}^t = \sum_i \bar{\sigma}_i^t a_i$。

依据公式（2.17），t 期经济产出增长率由四部分组成：

技术进步率：$TC^t = \sum_i \bar{\sigma}_i^t \Delta\ln A_i^t$

产业结构变动率：$IS^t = \sum_i \bar{\sigma}_i^t \{\Delta \ln \sigma_i^t - \Delta \ln [\tilde{a}^t]^{a_i} (1 - \tilde{a}^t)^{1-a_i}\}$

资源配置效率：$AE^t = \sum_i \bar{\sigma}_i^t [a_i \Delta f \tilde{r}_{k_i}^t + (1 - a_i) \Delta \ln f \tilde{r}_{L_i}^t]$

要素投入变动率：$IC^t = \tilde{a}^t \Delta \ln K^t + (1 - \tilde{a}^t) \Delta \ln L^t$

一般将剔除要素投入变动率的其余三部分定义为全要素生产率。资源配置效率是用于分析要素在产业间流动引致的配置效率变化对经济产出的影响，若资源配置效率为负，则说明相对于上期资源配置状态，当期资源在各产业的配置效率并不合理，存在要素错配抑制产出增长；反之，当资源配置效率为正时，说明要素在各产业间的配置效率有所改善。

为进一步对比资源配置效率与经济产出效率的关系，明晰要素错配的影响，依据潜在产出和实际产出的关系，定义一国第 t 期产出效率为 $YE^t = Y^t / \bar{Y}^t$。其中，$\bar{Y}^t$ 为一国 t 期的潜在产出，设定为 $\tilde{f}r = 1$ 时的经济产出，即生产要素在产业间自由流动，无资源流动障碍时经济产出。结合合式（2.15），令 $t-1$ 期的实际产出为潜在产出 $\bar{Y}^t$，而技术进步率和产业结构不变，可得：

$$YE^t = Y^t / \bar{Y}^t = \prod [(fr_{k_i}^t)(fr_{L_i}^t)^{1-a_i}]^{\sigma_i} \qquad (2.18)$$

YE 一般小于1，越接近于1表明实际产出与潜在产出的缺口越小。由式（2.16）和式（2.17）可得产出效率的变化率 EL 为：

$$EL^t = \Delta \ln YE^t = \ln YE^t - \ln YE^{t-1} \approx \sum \bar{\sigma}_i^t [a_i \Delta \ln \tilde{f} r_{k_i}^t + (1 - a_i) \Delta \ln \tilde{f} r_{L_i}^t]$$

$$(2.19)$$

若 $EL > 0$，则说明经济产出效率提高，实际产出与潜在产出差距减小；而 $EL < 0$ 则说明经济产出效率降低，实际产出与潜在产出差距扩大。

由式（2.16）可知，$t-1$ 期到 t 期产出效率变化率近似等于资源配置效率的变化。其中 $AE^t = \sum_i \bar{\sigma}_i^t a_i \Delta \ln \tilde{f} r_{k_i}^t$ 为资本错配对产出效率变化的影响。$\sum_i \bar{\sigma}_i^t (1 - a_i) \Delta \ln \tilde{f} r_{L_i}^t$ 为劳动力错配对产出效率变化的影响。但这种方法无法测算资本配置效率水平值。

三、基于动态视角投资绩效的配置效率度量方法

整合企业动态投资、营运和融资决策的模型。为研究融资结构对企业价值的影响，众多学者构建了考虑动态投资、融资与营运的理论模型。该领域最具有代表性的成果是基于动态投融资决策的最优企业资产价值模型（Leary，2009）。

Geometric Brownian motion 推导得出：

$$dp(t) = \alpha p dt + \sigma p dz \qquad (2.20)$$

上式中，dz 是标准维纳过程的增量，p 为产品的市场价格，α 为漂移项。由于 $V(p)$ 存在收敛性，可以得到 $r > \alpha$，σ 为波动性。在所有股权融资的条件下，企业行使 t 期增长期权后形成的资产从如下公式中得到：

$$V_t(p) = \frac{1-\tau}{r-a}(Q_t p - k_n) \qquad (2.21)$$

上式中，$Q_t(Q_t > 0)$ 表示产量；$t(t = 1, 2)$ 表示时期，r 为无风险的市场利率，税率为 $\tau > 0$，t 期利润为 $Q_t p - k_n$。$V_1(p)$ 和 $V_2(p)$ 分别表示企业在行使第一次和第二次投资后所形成的税后资产价值。

初始资产确定后，在行使第二次增长期权或者第一次弃权期权之前，企业得到现金流量 $Q_1 p$。在行使第一次增长期权之后（$t \geq T_1^i$），让 T_1^d 和 T_2^d 分别表示企业第一次弃权时期和第二次弃权时期。债务可能会潜在地引起弃权投资的毁坏，因此也会给股权持有者带来"事后"的代价。假设企业从初始资产和第二增长期权（未行使）中恢复一小部分剩余的价值，期权时期为 T_1^d。在初始期权时期 T_1^d 的企业的总价值 $V_1(\bullet)$ 由初始资产 $V_1(p(T_1^d))$ 与 $\omega V_2(p(T_1^d))$ 代表未行使（第二）增长期权之和再乘以 $(1-\partial)$，也就是：

$$V_1^T(p(T_1^d)) = (1-\partial)(V_1(p(T_1^d)) + \omega V_2(p(T_1^d))) \qquad (2.22)$$

上式中，$V_1(p)$ 和 $V_2(p)$ 由式（2.21）得出，且 $0 \leq \omega \leq 1$。$\partial(0 \leq \partial \leq 1)$ 为损失率值。因为债务是永恒的并且不能赎回，第一期债务甚至在行使第二增长期权后仍然存在。因此，让 $D_2^s(p)$ 和 $D_2^n(p)$ 分别表示第一期债务的市场价值及第二次发行债务的市场价值。这些债务价值（在第二次增长期权行使之后）由以下公式得到：

$$D_2^s(p) = E_t^E \Big[\int_t^{T_2^d} e^{-r(s-t)} c_1 ds + e^{-r(T_2^d - t)} D_2^s(p(T_2^d)) \Big], \quad T_2^i \leq t \leq T_2^d \qquad (2.23)$$

$$D_2^n(p) = E_t^p \Big[\int_t^{T_2^d} e^{-r(s-t)} c_1 ds + e^{-r(T_2^d - t)} D_2^n(p(T_2^d)) \Big], \quad T_2^i \leq t \leq T_2^d \qquad (2.24)$$

上式中，$E_t^p(p)$ 表示在 t 时期即 $p(t) = p$ 的条件期望值。$D_2^n(p(T_2^d))$、$D_2^s(p(T_2^d))$ 分别表示在第二次弃权时期第一次债务和第二次债务的剩余价值。在行使两个增长期权后总的债务市场价值为 $D_2(p) = D_2^n(p) + D_2^s(p)$。让 $D_1(p)$ 表示行使第二次增长期权之前或是第一次弃权期权行使之后第一次债务的市场价值。我们可得到：

$$D_1(p) = E_t^p \Big[\int_t^{T_1^d \cap T_2^d} e^{-r(s-t)} c_1 ds + e^{-r(T_1^d-t)} D_1(p(T_1^d)) 1_{T_1^d < T_2^d}$$

$$+ e^{-r(T_2^d-t)} D_2^s(p(T_2^i)) 1_{T_1^d > T_2^d} \Big] \qquad (2.25)$$

接着，考虑执行第二次增长期权后企业的决策问题（$t \geqslant T_2^i$）。在债务确定后股权持有者倾向于对弃权值的确定。股权持有者选择弃权时期 T_2^d 来达到最大值：

$$E_t^p \Big[\int_t^{T_2^d} e^{-r(s-t)} (1-\tau)(Qp(s) - C) ds \Big], \quad t \geqslant T_2^i \qquad (2.26)$$

上式中，$Q = Q_1 + Q_2$ 及 $C = C_1 + C_2$。在这种假设下股权要次于债务，股权持有者选择弃权时不能得到资产。让 $E_2(p)$ 表示以上最优时的股权价值，及 p_2^d 表示内源性的（第二次）弃权临界值。让 $V_2^n(x)$ 表示 T_2^i 时期后股权价值的总量及（最新发行）的债务价值，也就是 $V_2^n(x) = E_2(x) + D_2^n(x)$。股权持有者所得到的实际价值由以下式子得到 $E_2(p(T_2^i)) - (I_2 - D_2^n(p(T_2^i))) = V_2^n(p(T_2^i)) - I_2$。股权持有者选择了第一个弃权时期 T_1^d，第二个投资时期 T_2^i 及第二次永久性债券的票面价值 C_2 来达到最大值：

$$E_t^p \Big[\int_t^{T_1^d \cap T_2^d} e^{-r(s-t)} (1-\tau)(Q_1 p(s) - C_1) ds + e^{-r(T_2^d-t)} (V_2^n(p(T_2^i)) - I_2) 1_{T_1^d > T_2^d} \Big]$$

$$(2.27)$$

让 $E_1(p)$ 表示上述最优化问题的价值方程式，x_1^d 和 x_2^i 分别表示内源性弃权临界值及投资临界值。因为 $V_2^n(x)$ 取决于第二次弃权临界值 x_2^d，所以很自然地期待弃权决策（弃权时期 T_2^d 及弃权临界值 X_2^d）最后阶段的最优化问题能从公式（2.26）中得到解决并且代入到目标函数式（2.27）。

在行使第二次增长期权之后（$t \geqslant T_2^i$），当两个增长期权都转变成资产形式时，企业得到总的现金流量值 Q，此时 $Q = Q_1 + Q_2$，总的票面值 $c = c_1 + c_2$。在两个增长期权都行使之后，该企业只有弃权的决策（用 x_2^d 表示第二次时期弃权临界值）。股权持有者最先选择弃权时期与利兰（1994）模型中选择的时期一致。x_2^d 时期的最优股权价值由以下式子得出：

$$E_2(p_2^d) = 0 \qquad (2.28)$$

$$E_2'(p_2^d) = 0 \qquad (2.29)$$

当 $p \leqslant p_2^d$ 时，股权价值为 $E_2(p) = 0$。Leland（1994）的股权价值 $E_2(p)$ 为以下公式：

$$E_2(p) = V(x) - \frac{(1-\tau)c}{r} - \Big[V(p_2^d) - \frac{(1-x)c}{r} \Big] \Big(\frac{p}{p_2^d} \Big)^\gamma, \quad p \geqslant p_2^d \qquad (2.30)$$

式中，最优临界值 p_2^d 和 γ 值如下：

$$p_2^d = \frac{r-\alpha}{Q} \times \frac{\gamma}{\gamma-1} \times \frac{c}{r} \quad (2.28), \quad \gamma = -\frac{1}{\sigma^2}\left[\left(\alpha - \frac{\sigma^2}{2}\right) + \sqrt{\left(\alpha - \frac{\sigma^2}{2}\right)^2 + 2r\sigma^2}\right]$$

$$(2.31)$$

股权价值 $E_2(x)$ 是由无杠杆作用下的企业价值 $V(p)$，减去税率为 $(1-\tau)c/r$ 企业价值，再加上弃权时期的价值 $-(V(p_2^d) - (1-\tau)c/r)$。利兰（1994）模型中，从标准的弃权价值参数可以看出弃权临界值 p_2^d 随着波动值 σ 减少而减少，且 $E_2(p)$ 是 p 的凸函数。在弃权临界值 x_2^d 及给定的票面利率 c_1 和 c_2 条件下，可以得到各种价值的方程式。当企业确定选择弃权时，可分别得到第一次和第二次债务的剩余价值 $D_2^s(x_2^d)$ 及 $D_2^n(x_2^d)$。当临界值为 x_2^d 时，可得出在 T_1^i 时期发行的最初债券价值及在 T_2^i 时期发行的债券价值如下：

$$D_2^s(x) = \frac{c_1}{r} - \left[\frac{c_1}{r} - D_2^s(x_2^d)\right]\left(\frac{x}{x_2^d}\right)^\gamma \qquad (2.32)$$

$$D_2^n(x) = \frac{c_2}{r} - \left[\frac{c_2}{r} - D_2^n(x_2^d)\right]\left(\frac{x}{x_2^d}\right)^\gamma, \quad x \geqslant x_2^d \qquad (2.33)$$

总的债务价值 $D_2(x) = D_2^s(x) + D_2^n(x)$。总的债务价值在弃权值 $D_2(x_2^d)$ 与企业弃权条件下的清算价值是相等的，因为在弃权条件下股权是无价值的。当弃权价格用标准参数时，$D_2^s(x)$，$D_2^n(x)$ 及 $D_2(x)$ 都记作关于 x 的函数。企业的价值 $V_2(x) = E_2(x) + D_2(x)$ 由以下式子得到：

$$V_2(p) = V(p) + \frac{\tau c}{r} - \left[\alpha V(p_2^d) + \frac{\tau c}{r}\right]\left(\frac{p}{p_2^d}\right)^\gamma, \quad p \geqslant p_2^d \qquad (2.34)$$

企业价值 $V_2(p)$ 是由无杠杆作用下（税后）的企业价值 $V(p)$ 加上 $\tau c/r$，这里的 τc 表示从票面支付价格 c_1 及 c_2（假设没有弃权条件下）得到的永久性税收优惠值，再减去弃权值下（前一期）的预期损失。预期损失是由产品在弃权临界值 p_2^d 时的折现价值 $(p/p_2^d)^\gamma$ 得到。弃权损失值为 $\alpha V(p_2^d) + \tau c/r$，它同时包括了清算成本 $\alpha V(p_2^d)$ 及永久的税收优惠价值 $\tau c/r$。利兰（1994）模型中的企业价值是以 p 为函数的值 $V_2(p)$。也就是说在 T_2^i 后，企业长时间处于无杠杆作用的资产价值，永久性税收优惠 $\tau c/r$ 及短期的清算期权状态。

当执行第二次增长期权时，企业资产价值是 $V_2^n(p) = E_2(p) + D_2^n(p)$，由已知公式（2.33）和（2.34）可得出：

$$V_2^n(p) = V(p) + \frac{\tau\varepsilon - \varepsilon_1}{\gamma} + \left(D_2^n(p_2^d) - V(p_2^d) + \frac{c_1 - \tau c}{\gamma}\right)\left(\frac{p}{p_2^d}\right), \quad p \geqslant p_2^d$$

$$(2.35)$$

为检验融资与动态投资对企业资产价值的影响，用下面公式分析 $\Delta V > 0$ 或 $\Delta V < 0$ 的企业的频数和百分比。

$$\Delta V_1 = V_{i,2007} - V_1(p_1), \quad \Delta V_2 = V_{i,2014} - V_1(\alpha_i, \partial_i), \quad \Delta V_3 = V_{i,2014} - V_2(p_2)$$

$$(2.36)$$

式中，$V_{i,2007}$ 为 2007 年 i 企业资产，$V_{i,2014}$ 为 2014 年 i 企业资产。

四、基于"非均衡（imbalance）"指标的资本误配置度量

埃拉特（Eilat H，2006）等认为，资源配置是一个将资源分配给不同的活动、项目和部门，并且使得其输入的资源可以获得最大的资本输出效应的过程。围绕如何使产出最大化的问题，不同的组织有一个共同的目标：资源配置的均衡。在风险度量（高风险和高收益）、内部工作和外部工作、将不同的资源分布在各个不同的行业、市场和项目类型时都需要调节上的均衡。而决策者总是声称有太多或者太少的资源分配在某一个特定的活动中而使得投资组合未能达到均衡状态[1]。但斯图尔特（Stewart T，1991）、卡拉帕（Klapka，2002）等认为，均衡问题涉及众多目标和参数不确定性，所以要解释"非均衡线"和"完美的均衡线"之间的关系，可以选用"非均衡"指标[2]。

在 AOU 模型的基础上，许多学者通过改造模型和变量的方法，使得资本配置效率的计量更加合理。其中，奥泽木咖溯和额莱克莫顿（Özlem Karsu，AlecMorton，2014）通过引入权重的方式，提出了基于四个"非均衡指标"的双目标资本配置方案，"非均衡"指标介绍如下：

指标 1：总离差百分比（The total proportional deviation from the target）

$$I_1(x) = \frac{\sum_{j \in J} d(x)_j}{\sum_{j \in J} a(x)_j} = \frac{\sum_{j \in J} \left| a(x)_j - \alpha_j * \sum_{j \in J} a(x)_j \right|}{\sum_{j \in J} a(x)_j}$$

$$= \sum_{j \in J} \left| \frac{a(x)_j}{\sum_{j \in J} a(x)_j} - \alpha_j \right| \tag{2.37}$$

这个指标是对每一个类别中实际计算出的偏离百分比和期望百分比之

---

[1] 均衡被认为是一些"设定"，在这个设定中，一个决策者面临着 m 个研发项目，并且要开始所有项目，预算约束 B 往往是不充分的。在考虑这些后，他要决定率先开始哪些项目。每个项目 i 会产生出一些费用（输入）c_i 和一些产出价值 b_i，我们认为对项目分成 n 类是可能的（例如根据技术上的或者根据他们提出的部门要求）并且每一个项目都是归属于一个（仅仅只有一个）类别。

[2] 这些指标用来衡量一个资源配置是如何不同于其理想的资源配置状态。

差的总和。如果把这个指标作为一个资本的输入，那么可以表示为非均衡资本配置的百分比。这个指标是对每一个类别中实际计算出的偏离百分比和期望百分比之差的总和。如果把这个指标作为一个资源的输入，那么可以表示为非均衡配置的资源的百分比。偏离的百分数同样也可以推断出：与均衡线有绝对相同的总距离的两个可以选择的分配，我们更倾向于选择其中一个有较大的总和（数值）而有一个更小的非均衡数值。$I_1(x)$ 在资源的均衡配置中有一个特例，就是拥有完美的平均分配，也即是每一个项目类别拥有相同比例。

指标 2：最大离差百分比（The maximum proportional deviation from the target），与 $I_1(x)$ 不同的是，这个指标仅仅关注于最大的离差。

$$I_2(x) = \frac{Max_{j \in J}\{d(x)_j\}}{\sum_{j \in J} a(x)_j} = Max_{j \in J} \left| \frac{a(x)_j}{\sum_{j \in J} a(x)_j} - \alpha_j \right| \quad (2.38)$$

指标 3：总分量离差比例（The total component wise proportional deviation），与前面提及的两个指标相比，这个指标显得更加便于计算，因为这个指标是对每一个类别中的非均衡配置百分比进行加和。

$$I_3(x) = \sum_{j \in J} \frac{d(x)_j}{\bar{r}(x)_j} = \sum_{j \in J} \frac{\left| a(x)_j - a_j * \sum_{j \in J} a(x)_j \right|}{\alpha_j * \sum_{j \in J} a(x)_j}$$

$$= \sum_{j \in J} \frac{1}{\alpha_j} \left| \frac{a(x)_j}{\sum_{j \in J} a(x)_j} - \alpha_j \right| \quad (2.39)$$

这个指标测量的是对每一个项目类别添加一个权重 $\frac{1}{a_j}$，并且计算真实比例和期望比例差的加权和。这种方法允许我们对离差很大的值赋予一个很小的权重。值得我们注意的是，为了使这种方法更有意义，我们必须假定：$a_j > 0$。

指标 4：最大的离差比例，对所有类别分配资源的相关目标的价值量中最大的离差比例（The maximum proportional deviation from the corresponding target value over all elements of the distribution）。不像指标 $I_3(x)$ 仅关注最大的离差。

$$I_4(x) = Max_{j \in J}\left\{ \frac{d(x)_j}{\bar{r}(x)_j} \right\} = Max_{j \in J}\left\{ \frac{1}{\alpha_j} \left| \frac{a(x)_j}{\sum_{j \in J} a(x)_j} - \alpha_j \right| \right\} \quad (2.40)$$

由于奥泽木咖溯和额莱克莫顿的模型适用于行业或者区域，针对宏观企业的资本配置方案，需要除掉"加总"步骤，借鉴刘彬彬（2015）等研究，上市公司"非均衡"资本配置模型设为：

$$Invest_{it} = \frac{d(x)_i}{\sum_{i \in I} a(x)_i} = \frac{ROA_{it}^* - \left(size_{it} \middle/ \sum_{i=1}^{n_i} size_{it} \right) * \sum_{i=1}^{n_i} ROA_{it}^*}{\sum_{i=1}^{n_i} ROA_{it}^*}$$

$$= \frac{ROA_{it}^*}{\sum_{i=1}^{n_i} ROA_{it}^*} - \frac{size_{it}}{\sum_{i=1}^{n_i} size_{it}} \qquad (2.41)$$

式中，模型中涉及 $a(x)_i$ 和 α_i 的确定，参考刘彬彬（2015）对于指标的选择方案，确定 $a(x)_i$ 的取值为 ROA_{it}^*，α_i 作为每个公司的权重，可以用单个企业的总资产与行业的总资产的占比表示，即 $\alpha_i = $ 资产／行业总资产 $= size_{it} \middle/ \sum_{i=1}^{n_i} size_{it}$。$Invest_{it}$ 表示 i 企业在第 t 时期的非均衡资本配置效率，$Invest_{it}$ 的绝对值越大，表明企业的资本配置效率越差，资本错配或者误配的现象较为严重；反之，则认为企业的资本配置较为合理①。

ROA_{it}^* 求出过程如下：

为了消除市场信息效率、公司成熟度、所处行业和非流通股比例等外生因素的影响，借鉴苏力勇和欧阳岭南（2009）、刘彬彬（2015）等研究，计算 ROA 离散度之前，首先对样本中每一年度的数据进行如下回归处理：

$$ROA_{it} = \alpha_0 + \alpha_1 Age_{it} + \alpha_2 Ind_{it} + \alpha_3 E_{it} + \varepsilon_{it} \qquad (2.42)$$

式中，Age 为上市年数，代表企业成熟度；Ind 代表行业，E 为企业资产规模的对数；下标 i 代表不同企业，t 为年份。式（2.42）进行 OLS 回归后，得到残差序列 ε_{it}，该残差序列捕捉到 ROA（无加权）中由企业规模、所处行业以及企业成熟度等所不能解释的部分。再考虑到宏观经济环境对 ROA 可能造成的影响，重新构造一个调整后（加权）的 ROA 指标如下：

$$ROA^* = mean(ROA_t) + e_{it} = \frac{1}{n_t} \sum_{i=1}^{n_t} ROA_{it} + e_{it} \qquad (2.43)$$

这里 ROA_{it}^* 表示上市公司调整后资产收益率，n_t 代表第 t 年内样本企

---

① 模型在优化前，对于资本配置效率的计算，是从单个企业边际产出水平与企业间边际产出水平离差的角度进行比较，考虑了资本的产出。模型优化后，引入的总资产收益率占比与总资产占比的离差，却能够反映出企业的资本投入和资本产出，这样既便于计算，而且有利于经济学解释。即当总资产收益率占比与总资产占比的离差大于 0 的时候，企业非均衡效率大于 0，表明企业过度投资；当总资产收益率占比与总资产占比的离差小于 0 的时候，企业非均衡资本配置效率小于 0，表明企业对于资本投入不足。

业数量。

继续构造一种适用于计算单个企业资产收益率离散程度的替代变量。
具体做法如下：

$$Invest_{it} = \frac{ROA_{it}^* - ROA_t^*}{ROA_t^*} + e_{it} \tag{2.44}$$

图2-5、图2-6、图2-7和图2-8是2004~2015年上市公司制造
业资本误配置情况。由图2-5和图2-6可知，制造业上市公司资本有效
配置企业比重较低，虽2011年开始有所增加，但整体比重在10%左右①。
无加权和加权的 *ROE* 计算②的频数有所不同，但趋势相近。

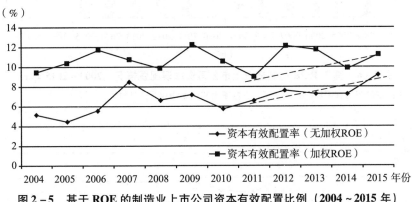

图2-5　基于 ROE 的制造业上市公司资本有效配置比例（2004~2015 年）

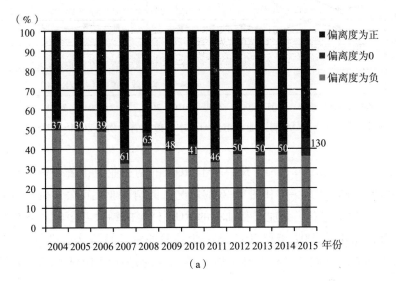

（a）

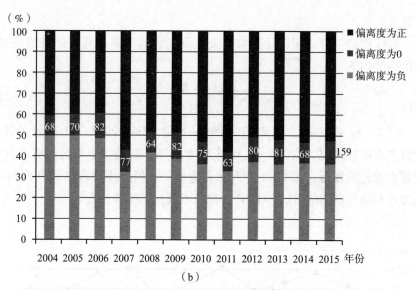

图 2-6　基于 ROE 的制造业上市公司资本误配置情况（2004～2015 年）

注：左侧图为利用加权公式计算，右侧图为利用无加权公式计算。

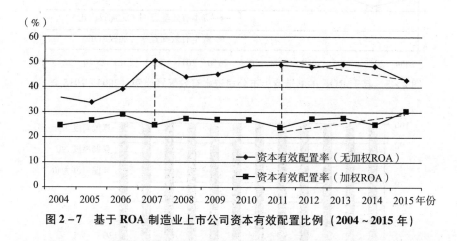

图 2-7　基于 ROA 制造业上市公司资本有效配置比例（2004～2015 年）

由图 2-7 和图 2-8 可知，基于 ROA 的制造业上市公司资本有效配置频数明显高于图 2-5 和图 2-6 的情况，但制造业上市公司资本有效配置数比重 30% 左右。无加权和加权的 ROE 计算的频数差距较大并趋势也不相近，尤其是 2007 年和 2011 年。为检验四种计算方法，进行了 ROE、ROA 与 $Invest_{it}$ 之间交叉相关性分析，得到结论是加权 ROA 的 $Invest_{it}$ 结果更符合实际判断。

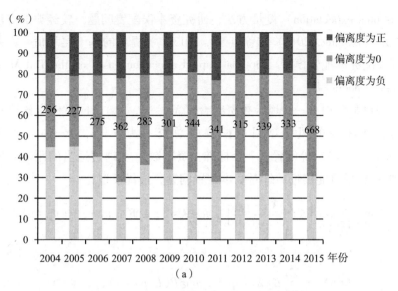

（a）

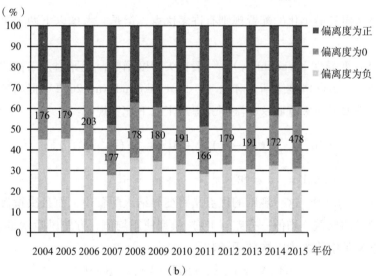

（b）

图 2 - 8　基于 ROA 的制造业上市公司资本误配置情况（2004 ~ 2015 年）

注：左侧图为利用加权公式计算，右侧图为利用无加权公式计算。

五、基于尾均值—方差模型的最优资本配置模型

近年来，学者们对研究最优资本配置表现出越来越大的兴趣。众多学者①基于风险价值（VaR，Value-at - Risk）和尾部条件期望（TCE, tail

①　迈尔斯和李德（Myers and Read，2001）、傅若斯（Frostig，2007）等和什那克（Tsana-kas，2009）。

conditional expectation）度量方法，研究资本误配置问题。较经典的方法是海德尼（Dhaene，2012）和徐（Xu，2013）等提出的基于尾均值—方差模型的最优资本配置模型（Optimal capital allocation based on the Tail Mean – Variance model）①。

假设某公司有一个风险投资组合（X_1，…，X_n），同时假定该公司希望对应于相应的风险项目所配置的总资本为 $p = p_1 + \cdots + p_n$。达那（Dhaene，2012）等设置了一个标准：资本数 p_i 与通过适当的距离测度而得到的 X_i 尽可能接近。针对资本配置问题，最优模型为：

$$\min_{p \in A} \sum_{i=1}^{n} v_i E\left[\zeta_i D\left(\frac{X_i - p_i}{v_i} \right) \right], \quad p \in A = \{p \in \mathfrak{R}^n : p_1 + \cdots + p_n = p\}$$

(2.45)

$$L(p) = \sum_{i=1}^{n} D(X_i - p_i), \quad \min_{p \in A} P(L(p) \geq t), \quad \forall t \geq 0 \qquad (2.46)$$

虽然损失最小化的配置规则有许多优点，但是它考虑以下两个重要的问题。

（1）变异性（Variability）。一般损失程度函数，变异因素未被纳入配置规则中。奥斯塔兹维斯克和徐（Ostaszewski and Xu，2012）提出了一个均值—方差框架来克服这个限制，提出了以下配置规则：

$$\begin{cases} \min_{p \in A} \{ E[\sum_{i=1}^{n} (X_i - p_i)^2] + \beta Var(\sum_{i=1}^{n} (X_i - p_i)^2) \}; \\ s.t. A = \{p \in \mathfrak{R}^n : p_1 + \cdots + p_n = p\} \end{cases} \qquad (2.47)$$

式中，$\beta > 0$。这一规则的优点是将变异纳入配置中，而且决策者可以调整变异的权重。均值—方差（MV）模型使用均值—方差风险度量方法，在金融文献中称之为二次效用函数。

$$MV(X) = E(X) + \beta TV_q(X), \quad \beta \geq 0$$

（2）尾部风险（Tail risk）。上述的配置规则式（2.45）或式（2.47）没有考虑过任何的尾部风险。借鉴如若斯蒂（Frostig，2007）等的研究，使用尾方差风险（TVP）来测量尾部的变异性。

$$TVP_q(x) = TCE_q(x) + \beta TV_q(x), \quad \beta \geq 0 \qquad (2.48)$$

其中，

$$TCE_q(x) = E(X | X > VaR_q(X))$$

①　该方法优点在于：一是根据 TMV 模型推导出总资本最优配置公式；二是在多元椭圆分布条件下给出明确的最优配置表达式；三是提供多元正则变化的渐近的配置公式。

$$TV_q(x) = Var(X \mid X > VaR_q(X))$$

VaR_q：$= \inf\{x: F(x) \geq q\}$ 是 X 或者 VaR 的 q 分位点，$F(x)$：$= P(X \leq x)$ 为 X 的分布函数。

出于上述讨论，本文设计了一种新的资本配置方法，该方法同时考虑了损失函数的变异性和尾部风险。总风险为 $S = \sum_{i=1}^{n} X_i$，我们提出以下的尾均值—方差模型（TMV），它克服了损失最小化函数的两个局限。

$$\begin{cases} \min_{p \in A} \{E[\sum_{i=1}^{n} (X_i - p_i)^2 \mid S > VaR_q(S)] + \beta Var(\sum_{i=1}^{n} (X_i - p_i)^2 \mid S > VaR_q(S))\}; \\ s.t. A = \{p \in \Re^n : p_1 + \cdots + p_n = p\} \end{cases}$$

$$(2.49)$$

其中，$\beta > 0$，$VaR_q(S)$ 是 S 所服从分布的 q 分位数。可以把这个模型看作是对模型（2.45）的扩展，当 $q = 0$ 时，它就简化为模型（2.45）。

第三章 上市公司资本误配置类型和动态特征研究

目前上市公司资本误配置度量方法①中参数和系数确定方面存在着较多争议（Burak R，2014）。本章基于资本误配置是最优值偏离程度的定义，从非效率投资、资本结构和资本运营视角，以我国上市公司 1995～2015 年数据为例，利用面板数据分析、目标距离计算、交叉相关性等方法，实证研究了上市公司资本误配置类型和动态特征。

第一节 非效率投资视角下资本误配置类型和动态特征

一、非效率投资度量模型

非效率投资是资本误配置的一种表现。自从委托代理理论②开始，融资结构与投资绩效③是公司金融领域研究的热门问题。理查森（Richardson，2006）认为，企业非效率投资中的投资指的是对企业长期性资产的相关投资支出。一般企业的总投资支出分为两部分，即维持性投资和新增投资，其中维持性投资指的是为了维持企业正常生产经营所需要的投资支出，而新增投资支出也包含两类支出，一部分是最优的投资支出，另一部分就是本书所要研究的非效率投资，非效率投资包括投资不足和投资过

---

① 动态 TFP、投资动态效率量资本误配置、均衡模型和误配置率度量等。

② 在完美的金融市场中，不存在任何的市场摩擦和交易成本，NPV > 0 的项目都能得以实施（Modigliani and Miller，1958）。然而，现实的金融市场充斥着信息不对称和代理成本，导致了选 NPV < 0，拒绝 NPV > 0 项目的行为，产生了投资低效率的现象（Myers，1977；Hubbard，1998；Bertrand and ullainathan，2003）。

③ 主要集中在融资结构、融资渠道与投资绩效、融资成本与投资绩效、融资期限与投资绩效等。

度。各项投资之间的关系见图3-1所示。

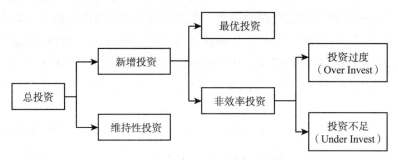

图3-1　企业非效率投资形成过程

由图3-1可知，非效率投资部分包括企业放弃了净现值为正的投资机会（即投资不足）以及投资于净现值为负的投资项目（即过度投资）。非理性投资的衡量主要有投资现金流敏感度模型（Fazzari S，1988）和残差度量模型（Richardson，2006）等[1]，但国内众多学者普遍选用残差度量模型（李延喜等，2015）。应用残差度量模型时，首先应估计出企业正常的投资水平，包括维持性投资和新增投资中的最优投资，然后用企业实际投资水平与估算的投资水平之差来表示投资不足（Under Invest）和过度投资（Over Invest），企业非效率投资程度使用模型回归残差来衡量，回归残差越大表明公司投资效率越低。具体模型如下：

$$Inv_{i,t} = \beta_0 + \beta_1 \times Growth_{i,t-1} + \beta_2 \times Lev_{i,t-1} + \beta_3 \times Cash_{i,t-1} + \beta_4 \times Age_{i,t-1}$$
$$+ \beta_5 \times Size_{i,t-1} + \beta_6 \times Invest_{i,t-1} + \beta_7 \times \sum Industry + \beta_8 \times \sum Year + e_{i,t}$$

模型（3.1）

式中，$Inv_{i,t}$代表公司新增投资水平，为长期投资、固定资产以及无形资产等的净值变化除以年度平均总资产；$Growth_{i,t-1}$为销售收入增长率；$Lev_{i,t}$为资产负债率；$Cash_{i,t-1}$代表企业的自由现金流〔（现金 + 短期投资）/平均总资产〕；$Age_{i,t-1}$为上市年限；$Size_{i,t-1}$为总资产的自然对数；Industry 和 Year 为行业和年度虚拟变量。

根据模型（3.1）中得到的回归残差，剔除不显著的中间那一组，然后，将残差为正的一组作为投资过度组，将残差较小即为负的一组作为投资不足组，并取其绝对值，作为企业非效率投资程度的度量（Over I/Under I）。

---

① 基于投资低效率的现象，目前主要有投资最优预期模型和投资—投资机会敏感系数模型（刘井建等，2015）。

目前许多研究采用敏感系数法衡量公司投资效率（Chen，2011；靳庆鲁，2012；Badertscher 等，2013）。该模型认为，公司的盈利能力或成长性越高，说明蕴含的投资机会越多，因此通常采用净资产收益率（ROE）、债务期限结构（DM）和主营业务收入增长率（Growth）。ROE 从权益资本的盈利能力反映投资机会；DM 具有治理和信号功能；Growth 从公司的成长能力反映投资机会。目前普遍采用的投资—投资机会敏感系数模型如下：

$$Inv_{i,t} = \beta_0 + \beta_1 \times Roe_{i,t} + \beta_2 \times Cash_{i,t} + \beta_3 \times Age_{i,t} + \beta_4 \times Size_{i,t} + \beta_5 \times DM_{i,t}$$
$$+ \beta_6 \times \sum Industry + \beta_7 \times \sum Year + e_{i,t} \qquad 模型（3.2）$$

二、非效率投资特征与资本误配置类型

1. 数据来源

选取 1995～2015 年的上市公司作为样本，利用同花顺和 Wind 数据库，剔除 ST 等上市公司和会计数据、股价变化百分比异常及公司资产价值无变动的公司（观测数为 12953 个）（见图 3-2）。

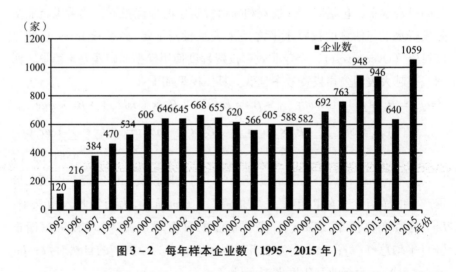

图 3-2 每年样本企业数（1995～2015 年）

由图 3-3 可知，上市公司平均投资额波动较大，通过上市公司平均投资额的邹突变点检验分析①，邹突变点为 2006～2007 年间。虽部分行业

---

① 邹突变点检验（chow breakpoint tests）中，邹突变点为 2006 年。不同于众多文献中，2008 年为邹突变点。邹突变点检验中，F - statistic 为 27.02，Prob 为 0.000；Log likelihood ratio 为 26.65，Prob 为 0.000。

邹突变点不是 2006 年（见图 3 - 4），但为研究的规范性，将时间分为
1995～2006 年和 2007～2015 年。

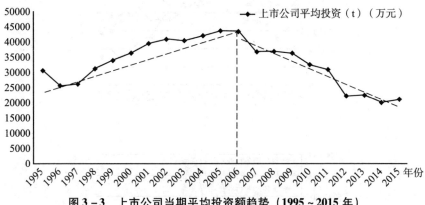

图 3 - 3　上市公司当期平均投资额趋势（1995～2015 年）

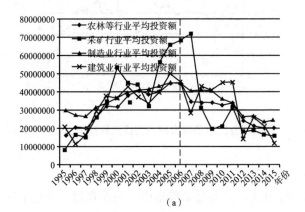

（a）

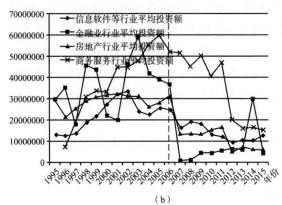

（b）

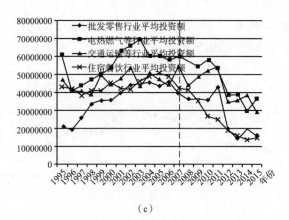

（c）

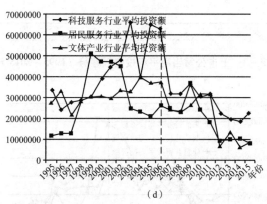

（d）

图 3 - 4 不同行业上市公司当期平均投资额趋势（1995 ~ 2015 年）

2. 非效率投资特征

（1）相关性分析。残差度量模型中，企业规模、新增平均投资、销售收入增长率、资产负债率、企业的自由现金流和企业年限等指标选取滞后一阶。表 3 - 1 是 Pearson 相关性结果。由表可知，当期新增平均投资（因变量）与 T - 1 期的企业规模、新增平均投资、销售收入增长率、资产负债率、企业的自由现金流和企业年限显著正负相关，这有助于构建残差度量模型。其中，T - 1 期的销售收入增长率、资产负债率和自由现金流与当期新增平均投资的相关性显著为负（ - 0. 021、 - 0. 025 和 - 0. 031），说明我国上市公司新增平均投资易受债务融资环境的影响，同时，缺乏可持续性。

Pearson 相关性

表 3 - 1

	Invest	$Invest_{t-1}$	$Cash_{t-1}$	$Grow_{t-1}$	$Ln(A)_{t-1}$	Age_{t-1}	lev_{t-1}	Cash	Grow	Ln(A)	Age	lev
Invest	1.000											
P 值												
$Invest_{t-1}$	0.105***	1.000										
P 值	0.0000											
$Cash_{t-1}$	-0.021**	-0.048***	1.000									
P 值	0.0269	0.0000										
$Grow_{t-1}$	-0.025***	-0.023**	0.0117	1.000								
P 值	0.0093	0.0187	0.2243									
$Ln(A)_{t-1}$	0.644***	0.741***	-0.067***	-0.058***	1.000							
P 值	0.000	0.000	0.000	0.000								
Age_{t-1}	0.131***	0.169***	-0.069***	0.004	0.082***	1.000						
P 值	0.000	0.000	0.000	0.636	0.000							
lev_{t-1}	-0.031***	-0.014	-0.012	0.0019	-0.061***	0.104***	1.000					
P 值	0.001	0.160	0.196	0.841	0.000	0.000						
Cash	-0.036***	0.031***	0.020**	0.015*	-0.031***	0.009	0.009	1.000				
P 值	0.000	0.000	0.037	0.1001	0.001	0.301	0.338					

	Invest	$Invest_{t-1}$	$Cash_{t-1}$	$Grow_{t-1}$	$Ln(A)_{t-1}$	Age_{t-1}	lev_{t-1}	Cash	Grow	$Ln(A)$	Age	lev
Grow	-0.023***	-0.006	-0.006	0.027***	-0.072***	0.009	0.061***	0.012*	1.000			
P值	0.007	0.464	0.525	0.003	0.000	0.337	0.000	0.0621				
$Ln(A)$	0.724***	0.070***	-0.030***	-0.051***	0.799***	0.023**	-0.087***	-0.050*	-0.052*	1.000		
P值	0.000	0.000	0.001	0.000	0.000	0.016	0.000	0.072	0.067			
Age	0.168	0.037	-0.069	0.004	0.082	1.000	0.104	0.012	0.010	0.013	1.000	
P值	0.000	0.000	0.000	0.635	0.000	0.000	0.000	0.000	0.539	0.0000		
Lev	-0.016	0.005	-0.004	-0.001	0.001	0.025	0.074	-0.001	0.0001	-0.070	0.025	1.000
P值	0.122	0.927	0.658	0.991	0.926	0.0098	0.000	0.7674	0.999	0.0000	0.0026	

注：***、**、* 分别表示在1%、5%和10%的水平上显著。

（2）非效率投资测度。表 3 - 2 是利用模型 3.1 进行我国上市公司 1996 ~ 2006 年、2007 ~ 2015 年以及 1996 ~ 2015 年面板数据固定效应分析结果（观测值为 10490 个①）（见图 3 - 5）。由表 3 - 2 可知，固定效应回归结果显示模型的拟合系数分别为 0.7436、0.7434 和 0.7440，都比较大，说明拟合效果总体上还是可以接受的，回归方程有意义。各解释变量参数的估计结果显示无论在哪一个子样本中，各解释变量的估计结果具有一致性。公司上一年度的营业收入与投资效率具有显著的负向关系，而资产负债率和公司的成立年限对投资的影响均表现出不显著关系。上一年度自由现金流净值的估计参数，系数在 5% 的水平上显著，总资产和上一年度的投资额与当前的投资水平高度正相关，系数在 1% 的水平上显著。

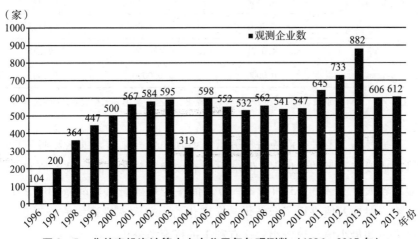

图 3 - 5 非效率投资计算中上市公司每年观测数（1996 ~ 2015 年）

表 3 - 2 模型 3.1 的回归结果

变量	1996 ~ 2006 年	2007 ~ 2015 年	1996 ~ 2015 年
$Growth_{i,t-1}$	- 0.0001 *** （ - 2.79）	- 0.0001 *** （ - 2.77）	- 0.0001 *** （ - 2.81）
$leva_{i,t-1}$	- 0.0056 （ - 0.43）	- 0.0059 （ - 0.45）	- 0.0039 （ - 0.29）
$Cash_{i,t-1}$	$-2.44e-11$ ** （ - 2.27）	$-2.35e-11$ ** （ - 2.18）	$-2.40e-11$ ** （ - 2.23）

① 模型中涉及滞后阶变量，剔除了缺失值。

变量	1996～2006 年	2007～2015 年	1996～2015 年
$\ln(Age_{i,t})$	−0.0734 (−0.51)	−0.0751 (−0.52)	−0.0756 (−0.52)
$\ln(tas)_{i,t-1}$	0.4056 *** (22.15)	0.3942 *** (19.80)	0.3958 *** (19.83)
$\ln(Equi)_{i,t-1}$	0.4928 *** (29.79)	0.4908 *** (30.14)	0.4946 *** (29.81)
Insudy	yes	yes	yes
year	yes	yes	yes
R − sq: within	0.7436	0.7434	0.7440
Rho	0.2002	0.1606	0.5351
chi2	410.71	450.65	399.76
Hausman	0.0000	0.0000	0.0000

注：***、**分别表示在1%和5%的水平上显著；括号中数值表示相应估计的 t 统计量。

　　根据模型3.1进行面板数据分析，得到的残差来表示非效率投资即投资过度或投资不足的程度①。但求出的非效率投资②均值、最大值和最小值差异较大（见表3－3和图3－6），借鉴圣地亚哥（Santiago B，2013）等研究，对残差值进行了标准化。标准化后，非效率投资均值趋于0，并且最大值和最小值差异较小。这有利于进行聚类分析。

表3－3　　标准化和非标准化的非效率投资描述统计（1996～2015 年）

年份	标准化			非标准化		
	最大值	平均值	最小值	最大值	平均值	最小值
1996	2.93385	6.73077E−09	−4.478008	382000000	−15886.125	−584000000
1997	5.684875	5.95E−09	−1.2174	741000000	−8848.30058	−159000000
1998	5.493847	9.89011E−09	−2.347931	716000000	−868.195879	−306000000
1999	4.124888	−8.9485E−10	−2.132591	538000000	−2696.42868	−278000000

---

　　① 回归残差越大，代表着非效率投资的程度越严重。
　　② 本研究中不考虑投资过度和不足，标准化的残差值（非效率投资）大于或小于0，说明非效率投资。

年份	标准化			非标准化		
	最大值	平均值	最小值	最大值	平均值	最小值
2000	4. 591092	− 4. 2E − 09	− 1. 645359	598000000	1162. 1004	− 214000000
2001	3. 951387	1. 5873E − 09	− 3. 306036	515000000	6871. 513757	− 431000000
2002	3. 893363	5. 30822E − 09	− 4. 217575	507000000	14720. 32894	− 550000000
2003	4. 503464	− 4. 7059E − 09	− 6. 05128	587000000	13958. 07701	− 789000000
2004	5. 294564	2. 19436E − 09	− 4. 090873	690000000	− 4759. 17994	− 533000000
2005	5. 985664	− 6. 3545E − 09	− 6. 572469	780000000	575. 4811037	− 857000000
2006	5. 192307	1. 32246E − 08	− 5. 098045	677000000	1744. 825906	− 664000000
2007	5. 35393	− 1. 4286E − 08	− 4. 701104	698000000	− 2954. 28553	− 613000000
2008	5. 435874	− 7. 6512E − 09	− 4. 639981	708000000	2437. 332242	− 605000000
2009	4. 433553	− 7. 024E − 09	− 4. 37834	578000000	− 1920. 60702	− 571000000
2010	5. 256281	5. 85009E − 09	− 6. 045983	685000000	3373. 374589	− 788000000
2011	5. 707687	− 3. 7209E − 09	− 4. 177932	744000000	3758. 585736	− 544000000
2012	5. 10798	3. 81992E − 09	− 5. 699881	666000000	7095. 761937	− 743000000
2013	7. 55131	5. 66893E − 10	− 6. 211199	984000000	− 3488. 98845	− 809000000
2014	6. 340577	4. 95049E − 10	− 6. 268235	826000000	− 3234. 25644	− 817000000
2015	5. 674327	− 1. 7974E − 09	− 5. 240422	740000000	146. 6436111	− 683000000

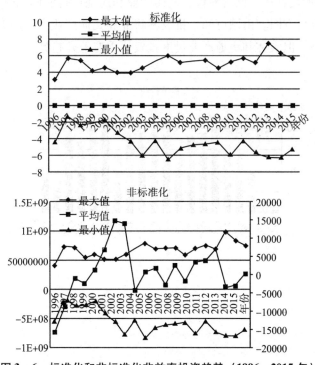

图 3 − 6 标准化和非标准化非效率投资趋势（1996～2015 年）

（3）非效率投资动态特征。图3-7是非效率投资比重趋势图①。由图可知，非效率投资比重在1996～2012年间始终高于85%，虽在2013～2015年有所下降，但还是达到80%左右。非效率投资中，投资不足比重最大，说明上市公司因融资约束等因素下，放弃了净现值为正的投资机会。

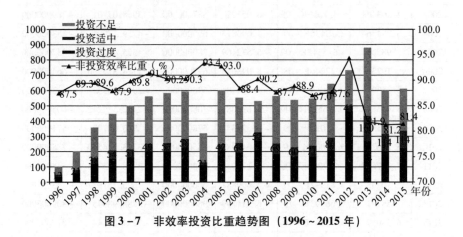

图3-7　非效率投资比重趋势图（1996～2015年）

图3-8是农林、批发零售、文体产业和房地产行业的1996～2015年非效率投资直方图。由图可知，批发零售业和文体产业中，过度投资比重有下降趋势，但农林和房地产业过度投资比重有上升趋势。

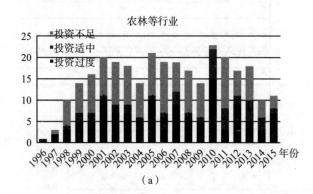

（a）

---

①　非效率投资比重=（投资过度+投资不足）/（投资过度+投资不足+投资适中）。

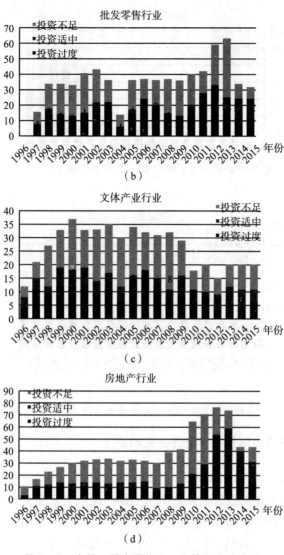

图 3 – 8　农林、批发零售业、文体和房地产业
非效率投资直方图（1996 ~ 2015 年）

图 3 – 9 是信息软件和制造业的 1996 ~ 2015 年非效率投资直方图。我国上市公司中信息软件和制造业上市公司最多。由图 3 – 9 可知，信息软件和制造业上市公司的非效率投资比重很高，其中投资不足比重较大。信息软件业在 2010 年以后，投资过度比重明显下降，这与行业前景不容乐观有关。

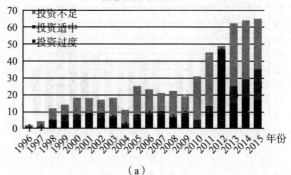

（a）

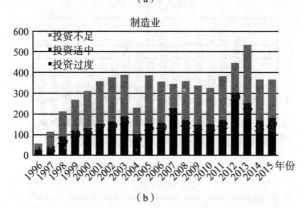

（b）

图 3 - 9　信息软件和制造业非效率投资直方图（1996～2015 年）

三、财务结构与非效率投资交叉相关性

宋（Song，2011）、布拉克（Burak R，2014）等研究企业融资和投资关系时，指出企业的投资和融资期限不相匹配，引起企业非效率投资和资本配置不当，投融资期限不匹配是内部资本误配置的主因。为检验我国上市公司财务结构（负债、权益、留存收益和资本存量）、财务结构变动与非效率投资之间的关联性，进行了比较分析和交叉相关性分析。

1. 财务结构变动与非效率投资

从图 3 - 10 到图 3 - 14 是所有观测点在流动负债、非流动负债、权益、留存收益和资本存量变动时非效率投资的正态分布图①。由图 3 - 10和 3 - 11 可知，流动负债和非流动负债增加时，过度投资大于流动负债和非流动负债减少时分布厚度，说明债务配置效率有待探讨。

---

① 因观测数多，所有图看似相近，但偏离厚度有差异。

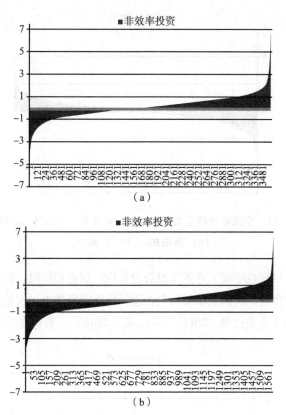

（a）

（b）

图 3 - 10　流动负债变动下非效率投资分布图（1996～2015 年）

［（a）为增加，（b）为减少］

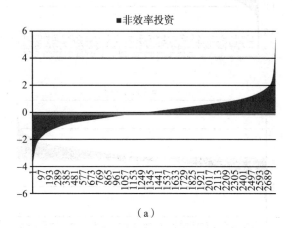

（a）

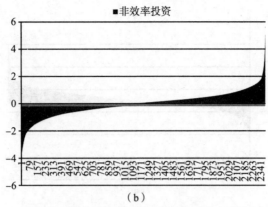

图 3 - 11　非流动负债变动下非效率投资分布图（1996 ~ 2015 年）

[（a）为增加，（b）为减少]

图 3 - 12 是权益增减下非效率投资分布图。权益增加时，投资过度企业多于权益减少时企业。我国上市公司是否遵循优序融资理论、权益融资动因和投资效率等问题（孔东民等，2014；Song，Z．，2011）一直存在着较大争议。

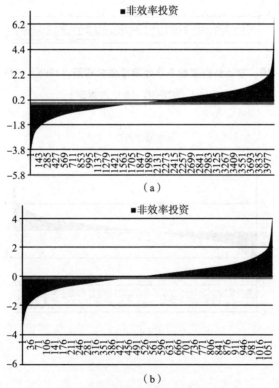

图 3 - 12　权益增减下非效率投资分布图（1996 ~ 2015 年）

[（a）为增加时，（b）为减少时]

图 3 - 13 和图 3 - 14 是留存收益和资本存量变动时非效率投资分布图。留存收益和资本存量增加时的投资过度和投资不足两侧偏尾厚度大于减少时的图。企业的投资额中留存收益和资本存量所占比重是多少？投资决策时，是否考虑留存收益和资本存量？这些问题一直困扰着学术界。

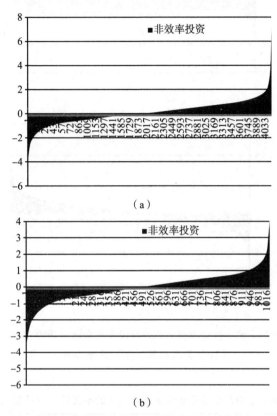

（a）

（b）

图 3 - 13　留存收益增减下非效率投资分布图（2000～2014 年）

［（a）为增加时，（b）为减少时］

2. 财务结构与非效率投资交叉相关性

从图 3 - 10 到图 3 - 14 可以发现，财务结构（负债、权益、留存收益和资本存量）、财务结构变动与非效率投资之间存在着相关性。为检验财务结构及变动与非效率投资之间交互影响，利用交叉相关性分析（Cross correlation analysis）① 进行了实证检验。

———————

① 因果关系一般有这样的特点：当一个变量是原因，另一个变量是结果时，结果变量的变化总是滞后于原因变量，而且这两个变量存在着高相关，所以追踪测查变量间的相关可能会得到因果的结论。交叉滞后相关设计就是要获得变量自身和变量间随时间变化的相关系数，然后依据这些相关系数确定哪一个是原因变量，哪一个是结果变量。

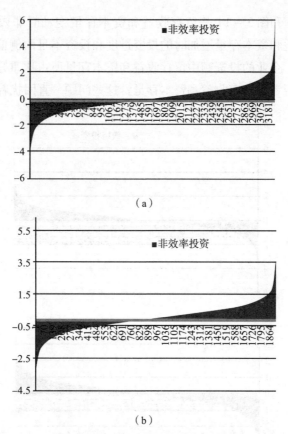

（a）

（b）

图 3 - 14　资本存量增减下非效率投资分布图（2000～2014 年）

[（a）为增加时，（b）为减少时]

表 3 - 4　　　财务结构及变动与非效率投资之间的相关性（包括交叉相关性）

	$\rho_{x_{i,t},y_{i,t}}$ （$y_{i,t}$）	$\rho_{x_{i,t-1},y_{i,t}}$ （$y_{i,t}$）	$\rho_{x_{i,t},y_{i,t-1}}$ （$y_{i,t-1}$）
流动负债率	- 0.087 （0.584）	0.105 * （0.084）	- 0.219 （0.180）
非流动负债率	0.554 *** （0.00）	0.498 *** （0.00）	0.646 *** （0.000）
权益比率	- 0.182 （0.254）	- 0.399 ** （0.012）	- 0.100 （0.543）
留存收益率	0.268 * （0.086）	0.107 （0.515）	0.328 * （0.042）
资本存量率	0.014 （0.928）	0.027 （0.871）	0.060 （0.717）
N	3687	3687	3687
Δ 流动负债率	0.328 ** （0.042）	0.216 * （0.087）	0.129 * （0.916）
Δ 非流动负债率	- 0.039 （0.814）	- 0.003 （0.985）	- 0.028 （0.873）
Δ 权益比率	- 0.300 * （0.062）	- 0.205 （0.231）	- 0.121 （0.483）
Δ 留存收益率	- 0.148 （0.369）	- 0.031 （0.859）	0.046 （0.792）

	$\rho_{x_{i,t},y_{i,t}}$ $(y_{i,t})$	$\rho_{x_{i,t-1},y_{i,t}}$ $(y_{i,t})$	$\rho_{x_{i,t},y_{i,t-1}}$ $(y_{i,t-1})$
Δ 资本存量率	−0.003（0.987）	−0.032*（0.094）	−0.278*（0.100）
N	2094	2094	2094

注：（1）样本数包括各变量均值、中位数和四分位数；（2）括号中为 p 值；（3）$y_{i,t}$ 为非效率投资，$x_{i,t}$ 为财务结构和财务结构变动值。

表 3-4 是财务结构及变动与非效率投资之间相关性结果。结果发现：（1）财务结构中，除资本存量率以外，都与非效率投资显著相关。（2）非流动负债率与非效率投资当期、前一期与滞后一期显著性正相关，但权益比率与非效率投资（除前一期）相关系数的显著性一般。说明上市公司投资主要来源是非流动负债。（3）财务结构变动与非效率投资相关性中，除流动负债率外，其他都不显著，资本存量率的交叉相关系数存在负显著。说明流动负债率和资本存量率变动也影响着非效率投资。（4）非效率投资视角下融资模式、财务结构变动中存在着误配置现象，误配置类型主要有债务结构型、债务期限结构型和权益融资型和留存分配型。

第二节　资本结构视角下资本误配置类型和动态特征

一、目标资产负债率度量模型

目标资产负债率是目标资本结构（target capital structure）① 的内容。关于最优资本结构决定理论中最有代表性的有权衡理论、代理成本理论、控制权理论。对最优资本结构的研究，已有 50 多年的历史，但学术界对最优资本结构仍存在很多的争议②。自从法玛和弗朗斯（Fama & French，2002）等研究开始，目标资本结构确定、影响因素和资本结构调整速度等问题已成为公司金融领域重要研究内容（Mark，2013）。本节利用目标资本结构偏离程度模型，实证分析我国上市公司的资本结构视角下资本误配置类型和动态特征。

---

① 指企业在一定时期内，筹措资本的加权平均资本成本（Weighted Average Cost of Capital，WACC）最低，使企业的价值达到最大化。也叫最优资本结构。

② 一是最优资本结构的含义；二是是否存在最优资本结构；三是最优资本结构的影响因素。

1. 目标资产负债率偏离程度（Degree of deviation）[①] 度量模型

本研究为求出各企业资产负债率与目标资产负债率偏离程度（误配置），借鉴弗兰纳里和兰根（Flannery and Rangan，2006）及菲特（Viet，2014）等研究，构建如下模型：

$$d_{i,t}^* = a + \beta' X_{i,t} + \varepsilon_i \tag{3.1}$$

式中，$X_{i,t}$ 为 $K \times 1$ 的行列式，β 为向量系数，$u_{i,t}$ 的均值为 0，方差为常数。$X_{i,t}$ 包括企业增长能力（growth）、企业规模（Firm size）、企业投资（investment）和盈利波动性（earnings volatility）。公式 3.1 改写为[②]：

$$d_{i,t}^* = a + \beta_1 \times Growth_{i,t} + \beta_2 \times \ln(size_{i,t}) + \beta_3 \times \ln(Inv_{i,t})$$
$$+ \beta_4 \times \sigma_{i,t}^{Earning} + \beta_5 \sum^n Industy_i + \varepsilon_i \tag{3.2}$$

或

$$d_{i,t}^* = a + \beta_1 \times Growth_{i,t-1} + \beta_2 \times \ln(size_{i,t-1}) + \beta_3 \times \ln(Inv_{i,t-1})$$
$$+ \beta_4 \times \sigma_{i,t}^{Earning} + \beta_5 \sum Industy_i + \varepsilon_i \tag{3.3}$$

各企业资产负债率与目标资产负债率偏离程度（误配置）公式为：

$$u_{i,t} = d_{i,t} - d_{i,t}^* = d_{i,t} - \beta' X_{i,t} \tag{3.4}$$

2. 资本结构调整速度度量

一般企业调整资本结构的原因主要有成本过高、风险过大和约束过严。企业面临现有资本结构弹性较好、增减投资领域或债务重组时进行调整。自从静态权衡模型（Kraus，A 等，1973）和动态模型（Strebulaev，2007）开始，该领域文献较多，本研究主要借鉴马克（Mark，2013）和菲特（2014）等研究，构建如下模型：

$$\Delta d_{i,t} = \lambda (d_{i,t}^* - d_{i,t-1}) + \nu_{i,t} \tag{3.5}$$

式中，$d_{i,t}$ 为实际杠杆比率；$d_{i,t}^*$ 为目标杠杆比率；$\nu_{i,t}$（$\nu_{i,t} = \mu_i + e_{i,t}$）为误差项，$\mu_i$ 为（是或否）固定效应，$e_{i,t}$ 的方差和均值为 0。λ 是调整速度（SOA，speed of adjustment），$\lambda \in [0, 1]$；SOA 大小的确定是实证研究的关键，它揭示了企业是否遵循权衡理论问题的预测。

需要注意的是，在式（3.1）中，$d_{i,t}^*$ 是不可观测的目标杠杆比率。然而，该目标杠杆比率可以反映企业的具体特点，如下：

$$d_{i,t} = d_{i,t}^* + u_{i,t} = \beta' X_{i,t} + u_{i,t} \tag{3.6}$$

式中，$X_{i,t}$ 为 $K \times 1$ 的行列式，β 为向量系数，$u_{i,t}$ 的均值为 0，方差为

---

① 近几年，众多研究用目标资产负债率偏离程度来度量资本误配置。

② 公式 3.3 是为避免潜在的内生性问题，考虑了自变量的滞后值。

常数。目标资本结构可用公式（3.2）和公式（3.3）算出。

考虑到资本结构调整的不对称性，可选用门槛调整模型①：

$$\Delta d_{i,t} = \lambda_1 (d_{i,t}^* - d_{i,t-1}) 1_{(q_{i,t} \geq c)} + \lambda_2 (d_{i,t}^* - d_{i,t-1}) 1_{(q_{i,t} < c)} + \nu_{i,t}, \quad \nu_{i,t} = \mu_i + e_{i,t}$$
$$(3.7)$$

其中 $1(\cdot)$ 是公司的融资条件约束函数，$q_{i,t}$ 为约束条件，c 为临界值。

不同企业调整速度估计为：

$$\Delta d_{i,t} = \lambda_1 (d_{i,t}^* - d_{i,t-1}) 1_{(q_{i,t} \geq c)} + \lambda_2 (d_{i,t}^* - d_{i,t-1}) 1_{(q_{i,t} < c)} + \nu_{i,t}, \quad \nu_{i,t} = \mu_i + e_{i,t}$$
$$(3.8)$$

该模型可以写成：

$$\Delta d_{i,t} = \lambda_1 dev_{1i,t}(c) + \lambda_2 dev_{2i,t}(c) + \mu_i + e_{i,t} \qquad (3.9)$$

式中，$dev_{1i,t}(c) = (d_{i,t}^* - d_{i,t-1}) 1 (q_{i,t} \geq c)$，$dev_{2i,t}(c) = (d_{i,t}^* - d_{i,t-1}) 1 (q_{i,t} < c)$。其分别是低约束和高约束公司的目标杠杆偏差，$\mu_i$ 是不可观测的固定效果。需要注意的是，为了减轻内生性问题，一般使用滞后一期变量。

为避免个体的影响，我们将式（3.9）变换为一阶差分：

$$\Delta^2 d_{i,t} = \lambda_1 \Delta dev_{1i,t}(c) + \lambda_2 \Delta dev_{2i,t}(c) + \Delta e_{i,t}, \quad i = 1, \cdots, N; \quad t = 3, \cdots, T$$
$$(3.10)$$

式（3.10）中，临界值 c 求导公式如下：

$$\hat{C} = \text{argmin} Q(c) \qquad (3.11)$$

其中 C 是网格组，$Q(c)$ 是广义距离度量给出的：

$$Q(c) = \left\{ \frac{1}{N} W(C)' \Delta \hat{e}(C) \right\}' \left\{ \frac{1}{N} \hat{V}_{GMMs}(C) \right\}^{-1} \left\{ \frac{1}{N} W(C)' \Delta \hat{e}(C) \right\}, \quad s = 1, 2$$
$$(3.12)$$

式中，$\Delta \hat{e}(c) = \Delta^2 d - \Delta dev(c) \hat{\lambda}_s(C)$，$W(C)$ 是 GMM 矩阵，$\hat{V}_{GMMs}(c)$ 是 S – GMM 回归的协方差矩阵。

二、目标资本结构偏离度类型与特征

1. 数据来源

选取 2000～2015 年的 A 股上市公司作为样本，利用同花顺和 Wind 数据库，剔除 ST 等上市公司和会计数据、股价变化百分比异常及公司资产

---

① 明确允许（横截面）的不对称性资本结构调整，特别是异质的 SOA 的两种不同的融资条件下的企业。

价值无变动的公司（观测数为 13947 个）（见表 3 - 5）。为检验各行业的资产负债率动态特征和偏离度，本研究选取了食品业、石油化工、电子、金属业、机械业、医疗业和零售批发业①。

表 3 - 5　　　　　　　　2000 ~ 2015 年各行业样本数　　　　　　　　单位：家

年份	食品业	石油化工	电子	金属	机械	医疗	批发	总计
2000	38	73	19	64	113	45	58	410
2001	41	85	22	72	122	51	62	455
2002	46	91	31	78	137	58	72	513
2003	51	104	38	91	155	69	81	589
2004	54	116	41	95	172	84	85	647
2005	55	110	42	95	177	80	86	645
2006	57	118	44	103	182	82	87	673
2007	52	131	62	114	206	84	89	738
2008	57	139	68	118	220	83	93	778
2009	62	141	65	121	244	89	95	817
2010	73	186	107	150	335	104	106	1061
2011	81	215	122	168	413	125	115	1239
2012	97	222	128	179	422	131	126	1305
2013	112	233	135	183	437	147	135	1382
2014	109	228	132	181	433	136	132	1351
2015	107	229	128	183	432	138	127	1344
总计	1092	2421	1184	1995	4200	1506	1549	13947

由图 3 - 15 中知，2003 ~ 2006 年期间，各行业资产负债率普遍呈上升趋势，2006 年以后，除了零售批发业外，普遍下降。各年份中，各行业资产负债率平均值差异较大，零售批发业和金属业均值最大，电子和食品业均值最小，整体趋势相近，说明与货币紧缩、上市公司融资渠道规范有一定的关系。各行业债务结构中流动负债比率偏高（见图 3 - 16）②，流动负债的增加导致财务风险，同时说明上市公司经常出现资本缺口。

---

① 房地产行业和金融业的资产负债率不同于其他行业，本研究中不考虑房地产业和金融业。

② 其他行业债务结构与机械和电子行业相近。

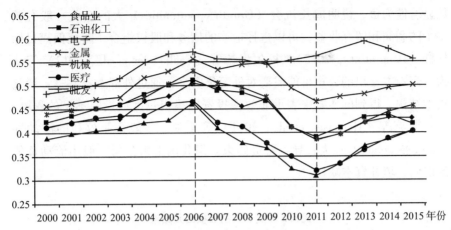

图 3 – 15　各行业资产负债率平均值趋势图（2000 ~ 2015 年）

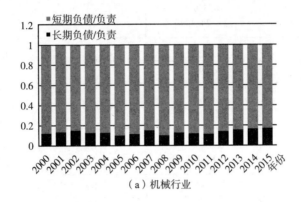

（a）机械行业

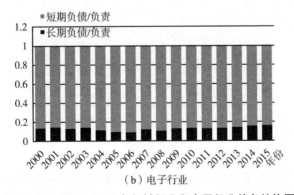

（b）电子行业

图 3 – 16　2000 ~ 2015 年机械行业和电子行业债务结构图

2. 债务结构偏离分析

表 3 - 6 是式（3.2）和式（3.2）进行的面板回归结果。除投资［LN（Invest）］滞后一期系数不显著外，所有自变量系数全部显著。增长率系

数显著性为负，说明成长机会（Growth opportunities）大的企业一般有较多余的利润和留存收益，可以选择适当的债务和股权组合，防范偏离目标杠杆（Dang et al.，2012）。福尔肯德等（Faulkender et al.，2012）等认为，高资本支出的公司可能需要对外筹集资金，通过外部融资共享，调整资本结构。得到的残差来表示非效率投资即投资过度或投资不足的程度。汉奥斯克等（Hanousek et al.，2011）等发现，一般企业盈利的波动性（earnings volatility）大，导致融资约束，但我国上市公司一般用流动负债的借入，填补资本缺口。

表 3 - 6　　　　　　　　　　式 3.2 和式 3.3 的面板回归结果

变量	系数	变量	系数
$Growth_{i,t}$	-0.559 *** (-24.42)	$Growth_{i,t-1}$	-0.453 *** (-18.12)
$\ln(size)_{i,t}$	0.022 *** (6.85)	$\ln(size)_{i,t-1}$	0.0137 *** (3.85)
$\mathrm{Ln}(Invets)_{i,t}$	0.0054 ** (2.11)	$\mathrm{Ln}(Invets)_{i,t-1}$	0.0005 (0.18)
$\sigma_{i,t}^{Earning}$	0.056 *** (15.19)	$\sigma_{i,t}^{Earning}$	0.058 *** (0.18)
$Year$	Yes	$Year$	Yes
$Industy$	Yes	$Industy$	Yes
$R-sq: within$	0.395	$R-sq: within$	0.348
Rho	0.788	Rho	0.805
$chi2$	1278.52	$chi2$	1497.60
$Hausman$	0.0000	$Hausman$	0.0000

注：（1）括号内数字为 T 值；（2）***、**、* 分别表示在 1%、5% 和 10% 的水平上显著。

表 3 - 7 是各行业资本结构与目标资本偏离度（$u_{i,t} = d_{i,t} - d_{i,t}^*$）描述统计结果。因求出的偏离度均值、最大值与最小值差异值、标准差较大（见表 3 - 7），对各行业误配置度进行了标准化（残差值均值为 0，标准差为 1）。

表 3 - 7　　　　　　　　　　各行业误配置度描述统计

变量		食品业	石油化工	电子	金属	机械	医疗	批发
$u_{i,t} = d_{i,t} - d_{i,t}^*$	极小值	- 0.540	- 0.540	- 0.490	- 0.520	- 0.560	- 0.550	- 0.500
	极大值	0.650	0.370	0.950	0.560	0.500	0.350	0.530
	均值	- 0.075	- 0.067	- 0.063	- 0.075	- 0.082	- 0.101	- 0.118
	标准差	0.162	0.162	0.171	0.163	0.163	0.170	0.174
$Z_{(d_{i,t} - d_{i,t}^*)}$	极小值	- 2.868	- 2.923	- 2.493	- 2.734	- 2.929	- 2.645	- 2.198
	极大值	4.467	2.704	5.906	3.894	3.561	2.652	3.733
	均值	0.000	0.000	0.000	0.000	0.000	0.000	0.000
	标准差	1.000	1.000	1.000	1.000	1.000	1.000	1.000
	N	1092	2421	1184	1995	4200	1506	1549

注：N 为 2000 ~ 2015 年间的观测数，不是总样本。

图 3 - 17 是 2000 ~ 2015 年不同行业偏离度散点图。借鉴菲特（2014）等的研究，偏离度（$u_{i,t} = d_{i,t} - d_{i,t}^*$）临界值设为 [- 0.1，0.1]。由图 3 - 17 可知，各个行业偏离临界值的样本大于临界值以内的观测数。

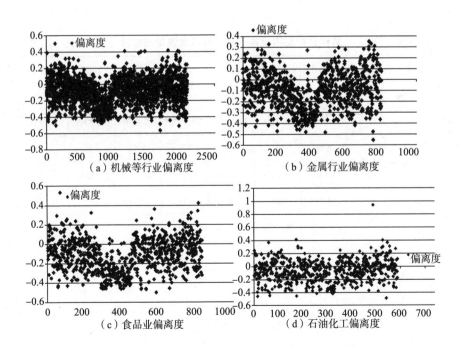

（a）机械等行业偏离度　　（b）金属行业偏离度

（c）食品业偏离度　　（d）石油化工偏离度

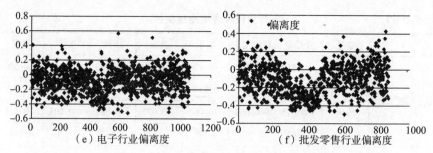

（e）电子行业偏离度 （f）批发零售行业偏离度

图 3 - 17　2000 ~ 2015 年不同行业偏离度分散图

注：①横坐标是企业观测数，纵坐标是偏离度。

②如果偏离度在临界值以内，说明企业资产负债率接近于目标结构，不存在资本误配置。

　　表 3 - 8 是负债目标结构视角下各行业资本误配置企业汇总。七大行业偏离临界值的企业观测数特别多，除机械行业的临界值以内企业数为 1631 家（38.83%），观测数中偏离度最少外，60% 以上的企业存在偏离目标资本结构现象（见表 3 - 8 和图 3 - 18）[1]。上市公司资本结构改变不仅意味着融资方式的改变，可能更多考虑股东利益最大化和公司价值的提升。但众多研究发现，我国上市公司的资本结构对股东利益与公司价值不一定有显著正影响。

表 3 - 8 　　　　　　　　负债目标结构视角下各行业资本误配置汇总　　　　单位：家，%

误配置情况	食品业	石油化工	电子	金属	机械	医疗	批发
$Z_{(d_{i,t}-d_{i,t}^*)} \pm \dfrac{\sigma}{2}$	315	794	427	674	1631	539	476
$\in [-0.1, 0.1]$	28.85%	32.80%	36.06%	33.78%	38.83%	35.79%	30.73%
$Z_{(d_{i,t}-d_{i,t}^*)} \pm \dfrac{\sigma}{2} > 0.1$	498	942	379	773	1452	436	495
	45.60%	38.91%	32.01%	38.75%	34.57%	28.95%	31.96%
$Z_{(d_{i,t}-d_{i,t}^*)} \pm \dfrac{\sigma}{2} < -0.1$	279	685	378	548	1117	531	578
	25.55%	28.29%	31.93%	27.47%	26.60%	35.26%	37.31%

---

　　[1]　因时间跨度设为 2000 ~ 2015 年，很多企业是重复观测对象，但个案研究中发现，众多企业资本结构一直偏离目标资本结构。

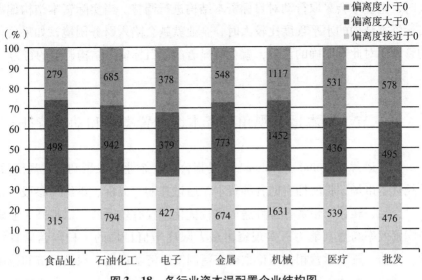

图 3-18 各行业资本误配置企业结构图

　　近十年来，更多学者从资本结构影响因素①开始，关注资本结构的动态调整性②。动态资本结构理论认为，资本结构是企业财务活动的最终行为结果。企业财务行为不仅受制于其所处的宏观市场环境，而且受制于相关利益主体对利益、控制等要求权的权衡和博弈的结果，因此资本结构的调整是有成本的，将成本与资本结构的调整联系起来。既然存在各种复杂的要素和可能的循环主导着资本结构，那么公司的实际资本结构作为一个数量结果具有一定的偶然性。因此，在任一给定的时点，公司实际的资本结构可能会偏离其目标资本结构。

　　在我国上市公司普遍短期债务过多③、股权结构特殊④、融资方式存在较大差异的情况下，只有当实际资本结构偏离目标资本结构的水平足够

---

　　①　在研究资本结构影响因素分析时，可以分为静态资本结构和动态资本结构研究。静态资本结构就是在一个简单的静态环境中讨论的资本结构理论，其假设前提就是企业的资本结构在不同时期都是被优化的。

　　②　主要利用动态资本结构模型，利用面板数据的研究方法。

　　③　企业利用债务进行融资时，将面临长期负债和短期负债的选择问题，不同的选择会直接影响企业的负债成本、债务偿还计划、代理成本和管理层利益，进而间接影响管理者的经营激励，我国的债券市场发展不充分，其规模和品种都相对股票市场少很多，它无法满足公司长期融资的需要，造成我国上市公司的债务期限结构是多以短期债务为主，长期债务比重偏低。债务融资是企业外部融资的主要方式之一，因此，企业必须对债务期限作出合理的选择。

　　④　我国公司的融资首先偏好于股权融资，其次是债务融资，最后是内源融资。国有与非国有上市公司的融资结构又存在明显的差异。表现为：国有上市公司偏好于债务融资，而非国有上市公司偏好于股权融资。

大时，企业才会采取行动对目标资本结构进行调整。当实际资本结构偏离目标资本结构的水平程度比较大时，企业就越会陷入财务困境，如果公司的管理层对此有明确的认识，就会有显著的朝目标资本结构调整的行为。

第三节　资本运营视角下资本误配置类型和动态特征

资本运营（capital operation）① 是指公司（企业）发展到一定规模后，依托资本市场，将所拥有的各种资本，通过并购、分拆、重组、参股、控股、交易、转让、租赁等各种途径进行优化配置有效运营，以提高企业资源配置效率与盈利能力、实现资本最大限度增值目标的一种经营管理活动。目前，资本运营相关理论主要有新制度经济学理论、规模经济和范围经济理论、企业并购（Merger & Acquisition）理论②等。本节主要借鉴明斯基（Minsky，2008）、维切利（Vercelli，2011）和塞丽娜（Serena S，2012）等研究，以我国上市公司为例，实证分析资本运营视角下资本误配置类型和动态特征。

一、度量模型

企业的资本运营主要有流动性和偿付能力两个维度（Serena S et al.，2012）。预期的财务状况影响着企业决策。企业流动性公式如下：

$$f_{it} = y_{it} - e_{it}, \quad i = 1, 2, \cdots, n \qquad (3.13)$$

式中，t 时期流动性 f_{it}（资本存量）为资本流入（y_{it}）减去资本流出（e_{it}）。

企业的偿债能力是在既定时间 T_i 内，预期的盈余和赤字的总和的折现值。偿债能力（f_{it}^*）公式为：

$$f_{it}^* = \sum_{s=0}^{T_i} \frac{E_{t-1}[f_{i,t+s}]}{(1+r)^s}, \quad i = 1, 2, \cdots, n \qquad (3.14)$$

---

① 资本运营与资本经营的区别："运营"和"经营"都有筹划、管理及谋求的含义。"运营"重点强调是对资本的筹措和运用必须要有事先的运筹、规划及最后相对科学的最优决策。两者相比较而言，资本经营则更偏重于微观的经济管理，主要着眼点在于对企业内部的生产要素或资本的经营，即如何通过合理的资源配置，发挥其最大效用；而资本运营却侧重于不断对企业已有资本以及企业可以取得的外部其他形态的社会资源，进行优化重组，实现企业资本价值的最大化。

② 市场势力理论、协同效应理论、代理理论等。

式中，$E_{t-1}[\ \cdot\ ]$ 为 $t-1$ 时期期望值，r 为名义利率，$T_i \geqslant 1$。如果 $f_{it}^* \geqslant 0$，i 企业可持续经营条件，$f_{it}^* \leqslant 0$，i 企业面临破产或重组。

借鉴明斯基（2008）和维切利（2011）等研究，利用流动性指标（f_{it}）和偿债能力指标（f_{it}^*），构建描述金融条件模型（见图 3 – 19）。

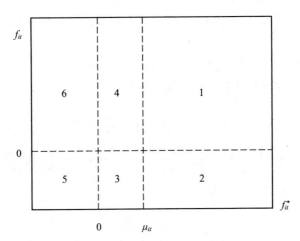

图 3 – 19　基于偿付能力/流动性组合的企业财务条件

图 3 – 19 是偿付能力/流动性组合的企业财务条件图。垂直虚线 $f_{it}^* = 0$ 指偿付能力临界值。

如果处于左侧有负的净价值，因而面临破产。横向虚线 $f_{it} = 0$ 指流动性临界值，如处于下面有负值，说明财务赤字。为考虑每个经济单位，以规避破产风险，会选择保证金或净值大于零的临界值。μ_{it} 为安全边际（safety margin）。$f_{it}^* = \mu_{it}$ 为安全线。由图 3 – 2 可知，可以分为 6 个区域。区域 1 为超对冲（called hyper-hedge）阶段，该阶段不存在流动性或偿付能力问题（$f_{it} > 0$，$f_{it}^* > \mu_{it}$）。区域 2 是投机性（speculative）阶段，因为它们具有流动性问题，但不认为偿付能力问题（$f_{it} < 0$，$f_{it}^* > \mu_{it}$）。区域 3 是超投机（hyper-speculative）阶段，因为它们有流动性和偿付能力问题（$f_{it} < 0$，$0 < f_{it}^* < \mu_i$）。区域 4 是对冲（hedge）阶段，偿付能力离安全边际太小，但流动性大于临界值（$f_{it} > 0$，$0 < f_{it}^* < \mu_i$）。区域 5 和区域 6 是财务困境区域。区域 5 是缺乏流动性和偿付能力（$f_{it} < 0$，$f_{it}^* < 0$），资不抵债。区域 6 虽偿付能力低于临界值，但流动性大于临界值（$f_{it} > 0$，$f_{it}^* < 0$），存在生存希望。基于各区域的特征，处于区域 2、区域 3、区域 5 和区域 6 的企业存在资本误配置。

为探寻 (f_{it}^*, f_{it}) 的动态性，借鉴塞丽娜（2012）等研究，构建财务不稳定（financial instability）下，期望值预测（extrapolative expectations）。

$$f_{t+1} = f_t - \alpha(f_t^* - \mu) \tag{3.15}$$

式中，$\alpha > 0$ 为流动性指数在偿付能力和安全边际差异反应的速度；μ 为 t 时间预计偿付能力的安全边际。

假设 $t-1$ 期经济处于稳定时期（包括稳健的金融体系），企业预计流动性基本不变：

$$E_{t-1}[f_{t+s}] = \bar{f} \quad s = 0, 1, \cdots, T \tag{3.16}$$

式中 $\bar{f} > 0$ 是平稳期流动性指数水平。

$$f_t^* = \bar{f} \sum_{s=0}^{T} \frac{1}{(1+r)^s} \tag{3.17}$$

因 $\sum_{s=0}^{T} \left[\frac{1}{(1+r)^s} \right] = \frac{r(1+r)^T}{[(1+r)^{T+1} - 1]} \leq 1$，$\frac{\partial a}{\partial r} > 0$ 和 $\frac{\partial a}{\partial T} < 0$ 时，$a = a$ (r, T)，式（3.17）可以写为：

$$f_t^* = \frac{\bar{f}}{a} = \bar{f}_t^* \tag{3.18}$$

因此，经济处于稳定时期，企业的偿债能力是恒定的，它的价值取决于时间和利率。

如果企业在时间 t 的流动性指数小于（大于）以前的稳定的常量，随后企业会保持此趋势，预计其流动性指标在下一期进一步减少（增加），低于（高于）该水平，即：

$$E_t[f_{t+1}] = f_t + \rho(f_t - \bar{f}) = (1+\rho)(f_t - \bar{f}) + \bar{f} \tag{3.19}$$

式中，$\rho > 0$ 表示为对流动性指数期望值和经济稳定期的初始值之间的差异的反应速度。通过迭代过程中，所有预期流动性指标的计算公式如下：

$$E_t[f_{t+s}] = (1+\rho)^s (f_t - \bar{f}) + \bar{f} \quad s = 0, 1, \cdots, T \tag{3.20}$$

$$f_{t+1}^* = \sum_{s=0}^{T} \frac{E_t[f_{t+s+1}]}{(1+r)^s} = \sum_{s=1}^{T+1} \frac{E_t[f_{t+s}]}{(1+r)^{s-1}} = \sum_{s=1}^{T+1} \frac{(1+\rho)^s (f_t - \bar{f}) + \bar{f}}{(1+r)^{s-1}}$$

$$= (1+\rho)^s (f_t - \bar{f}) \sum_{s=1}^{T+1} \frac{(1+\rho)^{s-1}}{(1+r)^{s-1}} + \bar{f} \sum_{s=0}^{T} \left(\frac{1}{(1+r)} \right)^s$$

$$= \beta(f_t - \bar{f}) + \frac{\bar{f}}{a} \tag{3.21}$$

根据公式（3.19），可以得到：

$$f_{t+1}^* = \bar{f}_t^* + \beta(f_t - a\bar{f}_t^*) \tag{3.22}$$

其中参数 $\beta = \beta(\rho, r, T) = (1+\rho)[(1+r)^{T+1} - (1+\rho)^{T+1}]/(1+r)^T$ $(r-\rho) > 0$，因 $\partial\beta/\partial T > 0$ 和 $\partial\beta/\partial r < 0$，对时间非常敏感。

根据公式（3.18），公式（3.22）可以写成：

$$f_{t+1}^* = f_t^* + \beta(f_t - af_t^*) = \beta f_t + (1-a\beta)f_t^* \tag{3.23}$$

公式（3.15）和公式（3.23）构建了偿债能力和流动性指标的动态特征。公式（3.15）和公式（3.23）用矩阵表示为：

$$\begin{bmatrix} f_{t+1}^* \\ f_{t+1} \end{bmatrix} = A \begin{bmatrix} f_t^* \\ f_t \end{bmatrix} + \begin{bmatrix} 0 \\ \alpha\mu \end{bmatrix} \tag{3.24}$$

其中系数矩阵 A 为 $A = \begin{bmatrix} 1-a\beta & \beta \\ -\alpha & 1 \end{bmatrix}$，因此，$tr(A) = 2 - a\beta$ 和 $\det(A) = 1 - a\beta + \alpha\beta$。研究渐进稳定性时，公式（3.24）有一个平衡点 $p \equiv (f^{*e}, f^e) \equiv (\mu, a\mu)$，考虑动态特征的系统方程为：

$$\lambda^2 - (2-a\beta)\lambda + (1-a\beta+\alpha\beta) = 0 \tag{3.25}$$

研究 f 和 f^* 的周期性是否动态时，用公式（3.25）判别 Δ 值得：

$$\Delta = (2-a\beta)^2 - 4(1-a\beta+\alpha\beta) = \beta(a^2\beta - 4\alpha) < 0$$

$$\alpha > \frac{a^2\beta}{4} \tag{3.26}$$

公式（3.26）必要和充分条件下，$1 - tr(A) + \det(A) > 0$、$1 + tr(A) + \det(A) > 0$ 和 $1 - \det(A) > 0$ 下，必须满足：

$$\alpha > \frac{2a\beta - 4}{\beta}, \quad \alpha\beta > 0, \quad \alpha < a \tag{3.27}$$

二、资本运营特征与误配置程度

1. 数据来源

选取 2000～2015 年的 A 股上市公司作为样本，利用同花顺和 Wind 数据库，剔除 ST 等上市公司和会计数据、股价变化百分比异常及公司资产价值无变动的公司（观测数为 13718 个）（见表 3－9）。

表 3－9　　　　　　　　各年度选取的样本企业数

年份	2000	2001	2002	2003	2004	2005	2006	2007	2008	2009	2010	2011	2012	2013	2014	2015
观测数	446	535	576	587	615	663	724	727	777	848	884	973	1215	1369	1402	1377

为研究公司流动性和偿付能力的二元维度特征，利用公式（3.16）和公式（3.23）求出 $f_{i,t}^*$ 时，时间设置 $T=1$、$T=2$ 和 $T=3$ 阶段[①]。由表 3－10

[①] 时间设为 $T=1$，2 和 3 的原因是前期研究中发现，我国企业投资绩效期限一般为 1～3 年。

可知，各时间段里 $f_{i,t}$、$f_{i,t}^*$、$\mu_{i,t}$ 和 $\mu_{i,t+1}$ 的最大值、最小值与均值差异较大，过于分散。说明资本运营视角下，研究对象分散于 6 个区域，运营能力参差不齐。

表 3-10　　　各时间段样本企业流动性、偿付能力和安全临界值描述　　单位：万元

		$f_{i,t}$	$f_{i,t}^*$	$\mu_{i,t}$	$\mu_{i,t+1}$
	平均值	15755.3	510460.9	54787.9	1775093.7
$T=1$	最大值	1320630.8	42787580.7	139561.0	4521686.5
	最小值	-299851.4	-9714990.6	-29985.1	-971499.1
	平均值	319391239.0	302866.9	1267180459.0	930332.0
$T=2$	最大值	27772107495.6	24872412.7	2924110043.5	2636199.4
	最小值	-3897491249.6	-7755354.8	-389749125.0	-775535.5
	平均值	476045616.8	201041.5	1883222146.6	706287.9
$T=3$	最大值	39852550875.5	20601654.4	4155825337.5	2233532.2
	最小值	-3893810442.5	-8209564.9	-389381044.3	-820956.5

注：$f_{i,t}^*$ 计算时，系数选择借鉴了塞丽娜（2012）等研究，系数的选择有待探讨。

2. 财务二维结构偏离分析

表 3-11 是 $(f_{i,t}, f_{i,t}^*)$ 坐标上不同时间段①6 个区域企业分布（6 个区域分布含义见图 3-20）。$T=1$ 时，处于安全和相对安全区域（区域 1 和区域 4）的企业所占比重仅仅 29.85%，很危险区域（区域 3 和区域 5）的企业所占比重仅仅 34.54%。$T=2$ 时，处于安全和相对安全区域（区域 1 和区域 4）的企业所占比重仅仅 28.65%，很危险区域（区域 3 和区域 5）的企业所占比重仅仅 38.87%。$T=3$ 时，处于安全和相对安全区域（区域 1 和区域 4）的企业所占比重仅仅 27.87%，很危险区域（区域 3 和区域 5）的企业所占比重仅仅 43.76%。说明资本运营视角下企业资本误配置现象很严重。

表 3-11　　　　$(f_{i,t}, f_{i,t}^*)$ 坐标上不同时间段 6 个区域企业分布

时间	单位	区域 1	区域 2	区域 3	区域 4	区域 5	区域 6
$T=1$	企业数	2088	4862	3125	2007	1613	23
	百分比（%）	15.22	35.44	22.78	14.63	11.76	0.17

① T 时间越长，企业面临的不确定性更大，详见公式（3.17）和公式（3.21）。

续表

时间	单位	区域1	区域2	区域3	区域4	区域5	区域6
$T=2$	企业数	1856	4414	3314	2074	2018	42
	百分比（%）	13.53	32.18	24.16	15.12	14.71	0.31
$T=3$	企业数	1569	3771	3586	2254	2417	121
	百分比（%）	11.44	27.49	26.14	16.43	17.62	0.88

从 $T=1$、$T=2$ 和 $T=3$ 比较中发现（见图 3-20），安全区域（区域1）的企业数不断变少，相对安全区域（区域4）的企业数不断变多，但区域4是偿付能力在0和安全临界值之间，不容乐观。这主要与企业的盈利能力短期性、资本误配置引起的偿付能力增加有关。

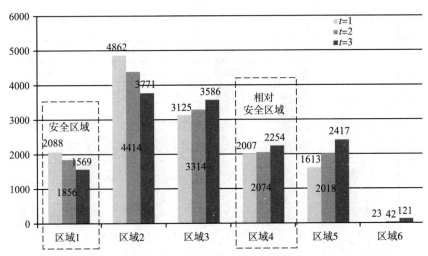

图 3-20　不同时间段（$f_{i,t}$, $f_{i,t}^*$）坐标上 6 个区域企业分布比较图

为检验预期值的有效性，求出了（$f_{i,t+1}$, $f_{i,t+1}^*$）坐标上不同时间段 6 个区域企业分布（见表 3-12）。$T=1$ 时，处于安全和相对安全区域（区域1和4）的企业所占比重仅仅 26.81%，很危险区域（区域3和5）的企业所占比重仅仅 41.35%。$T=2$ 时，处于安全和相对安全区域（区域1和4）的企业所占比重仅仅 26.8%，很危险区域（区域3和5）的企业所占比重仅仅 44.58%。$T=3$ 时，处于安全和相对安全区域（区域1和4）的企业所占比重仅仅 27.08%，很危险区域（区域3和5）的企业所占比重仅仅 48.1%。与（$f_{i,t}$, $f_{i,t}^*$）比较，安全和相对安全区域企业数变少，也说明资本运营视角下企业资本误配置现象很严重。

表 3 – 12　　　　　$(f_{i,t+1}, f_{i,t+1}^*)$ 坐标上不同时间段 6 个区域企业分布

时间	单位	区域1	区域2	区域3	区域4	区域5	区域6
$T=1$	企业数	1536	4333	3715	2141	1957	36
	百分比（%）	11.20	31.59	27.08	15.61	14.27	0.26
$T=2$	企业数	1484	3866	3822	2192	2294	60
	百分比（%）	10.82	28.18	27.86	15.98	16.72	0.44
$T=3$	企业数	1340	3248	4073	2375	2526	156
	百分比（%）	9.77	23.68	29.69	17.31	18.41	1.14

由图 3 – 21 可知，$(f_{i,t+1}, f_{i,t+1}^*)$ 坐标下 $T=1$、$T=2$ 和 $T=3$ 情况与 $(f_{i,t}, f_{i,t}^*)$ 相近。

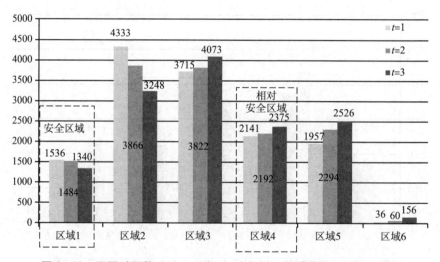

图 3 – 21　不同时间段 $(f_{i,t+1}, f_{i,t+1}^*)$ 坐标上 6 个区域企业分布比较图

3. 资本运营视角下上市公司资本误配置原因

（1）盈利能力的短期性和过多的资本支出是引起资本误配置的关键，占 40% 左右。

（2）因未能遵循期限匹配原则，偿付压力不断增加是引起资本误配置的主要原因，占 27% 左右。

（3）因对预期过于乐观或资本成本不断增加，引起预期期望值高于实际值是引起资本误配置的主要原因，占 18% 左右。

第四章　上市公司财务活动中资本误配置形成机理

上市公司资本误配置是金融系统的垄断性、融资、资本运营和投资效率的系统表现，在这种情况下，构建多维度监测体系的关键是实证研究我国上市公司资本误配置形成机理。本章主要站在我国上市公司财务活动的视角，基于融资、资本运营、盈利能力和投资绩效相关理论，利用计量方法（动态面板数据），实证研究了上市公司资本误配置影响因素及形成机理。

第一节　融资决策、动态投资对企业资产价值的影响

随着资本结构理论的不断发展和创新，在资本结构理论发展基础上，产生了优序融资理论、权衡理论、代理成本理论、信息不对称假说和税收假说。在这些理论的基础上，引出了一系列融资约束与公司投资—现金流敏感性、资本结构与动态投资绩效、动态视角下融资结构与企业价值度量等研究。近年来，上市公司融资行为与企业价值之间的关系已被众多国内外学者关注和研究。相对国外成熟融资环境，经济转型形式下的中国的融资环境不太成熟，资本市场发展不平衡、投资者保护不健全等使得我国上市公司融资结构与企业价值之间的关系更加复杂。尤其是股权融资为主的我国上市公司的融资结构与企业资产价值有何关系？融资与投资决策是否有助于企业资产价值增值？这些问题都有待进行理论分析和实证检验。该领域的研究，有助于企业选择正确的融资模式、规范融资行为和提高投资效率。

一、研究方法

为研究融资决策、动态投资对企业资产价值的影响，本研究借鉴利兰

（Leland，1994）及苏雷什和王能（2007）的研究，构建了如下融资—动态投资决策下企业价值形成图（见图4-1）。

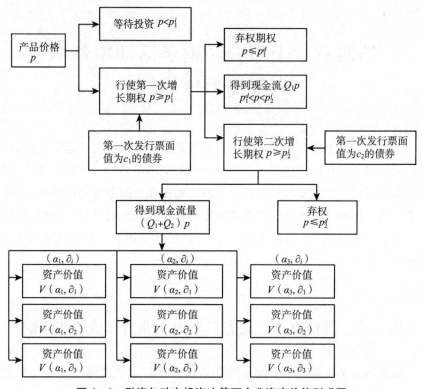

图4-1　融资与动态投资决策下企业资产价值形成图

图4-1描述了企业融资—投资决策过程及不同条件下的企业资产价值，也是本文模型的主要思想。模型流程主要有以下几个步骤：（1）假设产品需求量的市场价格为 p，设 p_1^i 为第一次投资时期的临界值，当 $p < p_1^i$ 时，企业等待投资；当 $p \geqslant p_1^i$ 时企业选择行使第一次增长期权并且发行票面值为 c_1 的债券，此时企业又面临是否弃权及再投资的选择。（2）当 $p \leqslant p_1^d$，也就是 p 小于或等于第一次弃权临界值时，企业不再进行第二次增长期权的投资，当 $p_1^d < p < p_2^i$ 时，也就是企业在第一次弃权期权之后但在第二次投资期权之前，可以得到现金流量 $Q_1 p$。如果 p 达到行使第二次增长期权的条件时，也就是 $p \geqslant p_2^i$ 时，企业会行使第二增长期权并且发行票面值为 c_2 的债券。（3）在 T_1 时期执行第一个增长期权时，企业可能通过股权融资和债务融资来获得执行成本 I_1。本文假设企业将发行无期限的债务。c_1 和 c_2 分别表示第一和第二时期永久性债务的票面值。（4）当企业

在两次增长时期之后为选择弃权，即 $p > p_2^d$ 时，企业可得到现金流量为 $(Q_1 + Q_2)p$。此时，当布朗运动系数 α 分别取 α_1，α_2，α_3 时，最优股权价值下对应三个不同的资产损失率值 ∂_1，∂_2，∂_3，从而共得到 9 种最优企业资产价值。借鉴大卫和亚历山大（David C. M and Alexander J. T，1994）的思路，假设企业产品需求量的市场价格为 p，而 p 是由几何布朗运动（GBM，Geometric Brownian motion）推导得出：

$$dp(t) = \alpha p dt + \sigma p dz \tag{4.1}$$

上式中，dz 是标准维纳过程的增量，p 为产品的市场价格，r 为无风险的市场利率，α 为漂移项。由于 $V(p)$ 存在收敛性，可以得到 $r > \alpha$，σ 为波动性。在所有股权融资的条件下，企业行使 t 期增长期权后形成的资产从如下公式中得到：

$$V_t(p) = \frac{1 - \tau}{r - a}(Q_t p - k_n) \tag{4.2}$$

上式中，$Q_t(Q_t > 0)$ 表示产量；$t(t = 1, 2)$ 表示时期，税率 $\tau > 0$，t 期利润为 $Q_t p - k_n$。$V_1(p)$ 和 $V_2(p)$ 分别表示企业在行使第一次和第二次投资后所形成的税后资产价值。

初始资产确定后，在行使第二增长期权或者第一次弃权期权之前，企业得到现金流量 $Q_1 p$。在行使第一增长期权之后（$t \geq T_1^i$），让 T_1^d 和 T_2^d 分别表示企业第一次弃权时期和第二次弃权时期。债务可能会潜在地引起弃权投资的毁坏，因此也会给股权持有者带来"事后"的代价。假设企业从初始资产和第二增长期权（未行使）中恢复一小部分剩余的价值，期权时期为 T_1^d。在初始期权时期 T_1^d 的企业的总价值 $V_1(\cdot)$ 由初始资产 $V_1(p(T_1^d))$ 与 $\omega V_2(p(T_1^d))$ 代表未行使（第二）增长期权之和再乘以 $(1 - \partial)$，也就是：

$$V_1^T(p(T_1^d)) = (1 - \partial)((V_1 p(T_1^d)) + \omega V_2(p(T_1^d))) \tag{4.3}$$

上式中，$V_1(p)$ 和 $V_2(p)$ 由式（4.2）得出，且 $0 \leq \omega \leq 1$。$\partial(0 \leq \partial \leq 1)$ 为损失率值。

因为债务是永恒的并且不能赎回，第一期债务甚至在行使第二增长期权后仍然存在。因此，让 $D_2^s(p)$ 和 $D_2^n(p)$ 分别表示第一期债务的市场价值及第二次发行的债务的市场价值。这些债务价值（在第二次增长期权行使之后）由以下公式得到：

$$D_2^s(p) = E_t^p \left[\int_t^{T_2^d} e^{-r(s-t)} c_1 ds + e^{-r(T_2^d - t)} D_2^s(p(T_2^d)) \right], \quad T_2^i \leq t \leq T_2^d \tag{4.4}$$

$$D_2^n(p) = E_t^p\Big[\int_t^{T_2^d} e^{-r(s-t)}c_1 ds + e^{-r(T_2^d-t)}D_2^n(p(T_2^d))\Big] , \quad T_2^i \leqslant t \leqslant T_2^d \quad (4.5)$$

上式中，$E_t^p(p)$ 表示在 t 时期即 $p(t) = p$ 的条件期望值。$D_2^s(p(T_2^d))$、$D_2^n(p(T_2^d))$ 分别表示在第二次弃权时期第一次债务和第二次债务的剩余价值。在行使两个增长期权后总的债务市场价值为 $D_2(p) = D_2^n(p) + D_2^s(p)$。让 $D_1(p)$ 表示行使第二次增长期权之前或是第一次弃权期权行使之后第一次债务的市场价值。我们可得到：

$$D_1(p) = E_t^p\Big[\int_t^{T_1^d \wedge T_2^i} e^{-r(s-t)}c_1 ds + e^{-r(T_1^d-t)}D_1(p(T_1^d))1_{T_1^d < T_2^i}$$

$$+ e^{-r(T_2^i-t)}D_2^s(p(T_2^i))1_{T_1^d > T_2^i}\Big] \quad (4.6)$$

接着，考虑执行第二次增长期权后企业的决策问题 $(t \geqslant T_2^i)$。在债务确定后股权持有者倾向于对弃权值的确定。股权持有者选择弃权时期 T_2^d 来达到最大值：

$$E_t^p\Big[\int_t^{T_2^d} e^{-r(s-t)}(1 - \tau)(Qp(s) - C)ds\Big] , \quad t \geqslant T_2^i \quad (4.7)$$

上式中，$Q = Q_1 + Q_2$ 及 $C = C_1 + C_2$。在这种假设下股权要次于债务，股权持有者选择弃权时不能得到资产。让 $E_2(p)$ 表示以上最优时的股权价值，及 p_2^d 表示内源性的（第二次）弃权临界值。让 $V_2^n(x)$ 表示 T_2^i 时期后股权价值的总量及（最新发行）的债务价值，也就是 $V_2^n(x) = E_2(x) + D_2^n(x)$。股权持有者所得到的实际价值由以下式子得到 $E_2(p(T_2^i)) - (I_2 - D_2^n(p(T_2^i))) = V_2^n(p(T_2^i)) - I_2$。股权持有者选择了第一个弃权时期 T_1^d，第二个投资时期 T_2^i 及第二次永久性债券的票面价值 C_2 来达到最大值：

$$E_t^p\Big[\int_t^{T_1^d \wedge T_2^i} e^{-r(s-t)}(1 - \tau)(Q_1p(s) - C_1)ds + e^{-r(T_2^i-t)}(V_2^n(p(T_2^i)) - I_2)1_{T_1^d > T_2^i}\Big]$$

$$(4.8)$$

让 $E_1(p)$ 表示上述最优化问题的价值方程式，p_1^d 和 p_2^i 分别表示内源性弃权临界值及投资临界值。因为 $V_2^n(p)$ 取决于第二次弃权临界值 p_2^d，所以很自然地期待弃权决策，弃权时期 T_2^d 及弃权临界值 p_2^d 能从最后阶段的最优化问题能从式（4.7）中得到解决并且代入目标函数式（4.8）。

在行使第二次增长期权之后 $(t \geqslant T_2^i)$ 当两个增长期权都转变成资产形式时，企业得到总的现金流量值 Q，此时 $Q = Q_1 + Q_2$，总的票面值 $c = c_1 + c_2$。在两个增长期权都行使之后该企业只有弃权的决策（用 p_2^d 表示第二次时期弃权临界值）。股权持有者最先选择弃权时期与 Leland

（1994）模型中选择的时期一致。p_2^d 时期的最优股权价值由以下式子得出：

$$E_2(p_2^d) = 0, \quad E_2'(p_2^d) = 0 \tag{4.9}$$

当 $p \leqslant p_2^d$ 时，股权价值为 $E_2(p) = 0$。利兰（1994）的股权价值 $E_2(p)$ 为以下公式：

$$E_2(p) = V(p) - \frac{(1-\tau)c}{r} - \left[V(p_2^d) - \frac{(1-p)c}{r}\right]\left(\frac{p}{p_2^d}\right)^\gamma, \quad p \geqslant p_2^d \tag{4.10}$$

式中，最优临界值 p_2^d 和 γ 值如下：

$$p_2^d = \frac{r-\alpha}{Q} \times \frac{\gamma}{\gamma-1} \times \frac{c}{r} \tag{4.11}$$

$$\gamma = -\frac{1}{\sigma^2}\left[\left(\alpha - \frac{\sigma^2}{2}\right) + \sqrt{\left(\alpha - \frac{\sigma^2}{2}\right)^2 + 2r\sigma^2}\right] \tag{4.12}$$

股权价值 $E_2(x)$ 是由无杠杆作用下的企业价值 $V(p)$，减去税率为 $(1-\tau)c/r$ 的企业价值，再加上弃权时期的价值 $-(V(p_2^d) - (1-\tau)\,c/r)$。利兰（1994）模型中，从标准的弃权价值参数可以看出弃权临界值 p_2^d 随着波动值 σ 减少而减少，且 $E_2(p)$ 是 p 的凸函数。在弃权临界值 p_2^d 及给定的票面利率 c_1 和 c_2 条件下，可以得到各种价值的方程式。当企业确定选择弃权时，可分别得到第一次和第二次债务的剩余价值 $D_2^s(p_2^d)$ 及 $D_2^n(p_2^d)$。当临界值为 p_2^d 时，可得出在 T_1^i 时期发行的最初债券价值及在 T_2^i 时期发行的债券价值如下：

$$D_2^s(p) = \frac{c_1}{r} - \left[\frac{c_1}{r} - D_2^s(p_2^d)\right]\left(\frac{p}{p_2^d}\right)^\gamma \tag{4.13}$$

$$D_2^n(p) = \frac{c_2}{r} - \left[\frac{c_2}{r} - D_2^n(p_2^d)\right]\left(\frac{p}{p_2^d}\right)^\gamma, \quad p \geqslant p_2^d \tag{4.14}$$

总的债务价值 $D_2(p) = D_2^s(p) + D_2^n(p)$。总的债务价值在弃权值 $D_2(p_2^d)$ 与企业弃权条件下的清算价值是相等的，因为在弃权条件下股权是无价值的。当弃权价格用标准参数时，$D_2^s(p)$，$D_2^n(p)$ 及 $D_2(p)$ 都记作关于 p 的函数。企业的价值 $V_2(p) = E_2(p) + D_2(p)$ 由以下式子得到：

$$V_2(p) = V(p) + \frac{\tau c}{r} - \left[\alpha V(p_2^d) + \frac{\tau c}{r}\right]\left(\frac{p}{p_2^d}\right)^\gamma, \quad p \geqslant p_2^d \tag{4.15}$$

企业价值 $V_2(p)$ 是由无杠杆作用下（税后）的企业价值 $V(p)$ 加上 $\tau c/r$，这里的 τc 表示从票面支付价格 c_1 及 c_2（假设没有弃权条件下）得到的永久性税收优惠值，再减去弃权值下（前一期）的预期损失。预期损失是由产品在弃权临界值 p_2^d 时的折现价值 $(p/p_2^d)^\gamma$ 得到。弃权损失值为 $\alpha V(p_2^d) + \tau c/r$，它同时包括了清算成本 $\alpha V(p_2^d)$ 及永久的税收优惠价值

$\tau c/r$。利兰（1994）模型中的企业价值是以 p 为函数的值 $V_2(p)$。也就是说在 T_2^i 后，企业长时间处于无杠杆作用的资产价值，永久性税收优惠 $\tau c/r$ 及短期的清算期权状态。

当执行第二次增长期权时，企业资产价值是 $V_2^n(p) = E_2(p) + D_2^n(p)$，由已知式（4.14）和式（4.15）可得出：

$$V_2^n(p) = V(p) + \frac{\tau c - c_1}{r} + \left(D_2^n(p_2^d) - V(p_2^d) + \frac{c_1 - \tau c}{r} \right)\left(\frac{p}{p_2^d} \right), \quad p \geqslant p_2^d$$

(4.16)

为检验融资与动态投资对企业资产价值的影响，用下面公式分析 $\Delta V > 0$ 或 $\Delta V < 0$ 的企业的频数和百分比。

$$\Delta V_1 = V_{i,2007} - V_1(p_1), \quad \Delta V_2 = V_{i,2014} - V_1(\alpha_i, \partial_i), \quad \Delta V_3 = V_{i,2014} - V_2(p_2)$$

(4.17)

式中，$V_{i,2007}$ 为 2007 年 i 企业资产，$V_{i,2014}$ 为 2014 年 i 企业资产。

二、实证分析

1. 样本选取和变量设置

本书选取 2004～2015 年间 A 股上市公司作为样本，利用 CSMAR 数据库，并按如下标准进行筛选：（1）选取 2004 年 1 月 1 日之后上市的我国制造业公司；（2）剔除 ST 等特别处理公司，因为这些公司的财务结构普遍存在问题；（3）剔除会计数据、股价变化百分比异常、现金流波动特别大和公司资产价值无变动的制造业上市公司。最终样本为 380 家。

图 4-2 是 2004～2015 年间，国有企业和非国有企业的经营现金流和长期股权投资的变动趋势。由图可知，国有企业和非国有企业的经营现金流和长期股权投资变动值除在 2007 年和 2010 年下跌外，整个期间呈上升趋势，2011 年最明显。国有企业的经营现金流和长期股权投资变动值显著性正相关。说明国有企业盈利能力过于依赖于投资（刘瑞明，2010）。非国有企业的经营现金流和长期股权投资变动值不存在显著性相关并变动幅度小于国有企业。

图 4-3 是 2004～2015 年间，国有和非国有企业的资产、流动负债、长期负债和权益变动趋势。由图可知，所有指标变动值除 2008 年下跌外，整个期间都呈上升趋势。国有企业和非国有企业的资产和流动负债变动值显著性正相关。说明金融危机后，经营环境的恶化导致我国众多上市公司通过短期债务弥补营运资本的缺口（马文超等，2012）。非国有企业的资产、流动负债、长期负债和权益变动幅度明显小于国有企业。

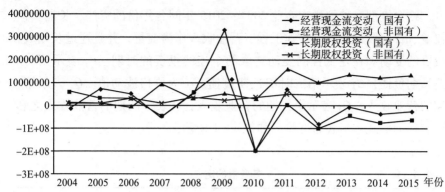

图 4 – 2　国有和非国有企业的经营现金流、长期股权
投资变动趋势（2004～2015 年）

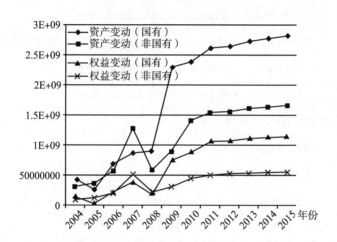

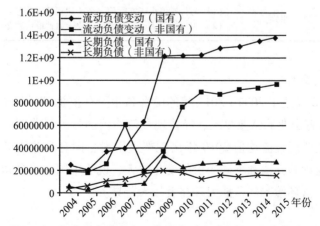

图 4 – 3　国有和非国有企业的资产、流动负债、长期负债和
权益变动趋势（2004～2015 年）

结合模型，选取样本企业 2004~2015 年间各年份的资产、长期负债、权益、长期股权投资、在建工程、营业收入作为变量，并且通过长期股权投资的变动和在建工程的变动选取两个连续投资的时期。C_1 表示第一时期长期负债，C_2 表示第二时期长期负债，σ 为价格波动值。Q_1 表示第一期的营业收入，Q_2 表示第二期的营业收入，Q 表示两期的营业收入之和。用表格的形式定义各自变量，如表 4-1 所示。

表 4-1　　　　　　　　　　　　各变量的定义

变量		计算方式
C_1	第一时期长期负债	所选取的指标变量数值除以 10000
C_2	第二时期长期负债	所选取的指标变量数值除以 10000
σ	投资波动性	2004~2015 年间，以制造业不同行业的价格指数计算
Q_1	第一期的营业收入	所选取的指标变量数值除以 10000
Q_2	第二期的营业收入	所选取的指标变量数值除以 10000
Q	两期的营业收入之和	$Q_1 + Q_2$
r	无风险市场利率	4.75%
α	资产损失率	10%, 20%, 30%
p_2^d	最优临界值	由公式 4.11 得出
γ	基础二次方程负根	由公式 4.12 得出
虚拟变量	组别	(1) 为目标值小于实际值，企业达到最优状态 (2) 为目标值大于实际值，企业未达到最优状态

2. 描述统计

表 4-2 描述了 2004~2011 年的国有和非国有企业 380 个样本的描述统计[①]。国有企业的营业收入、经营现金流均值明显大于非国有企业，但国有企业经营现金流均值 2010 年出现严重下滑，国有和非国有企业在建工程均值变动差异值和不同年份的变化较大，说明中国上市公司国有和非国有企业经营环境和经营能力存在着较大差异。

---

① 因篇幅关系，2012~2015 年数据省略。

表 4 – 2　　　　　　　　2004～2011 年各指标变动描述统计表　　　　　单位：万元

	企业性质		2004 年	2005 年	2006 年	2007 年	2008 年	2009 年	2010 年	2011 年
营业收入	非国有(288)	均值	20487.0	16381.0	18972.0	37571.0	27769.0	9804.50	62802.0	68806.0
		标准差	40576.2	47468.1	42115.0	73496.5	76939.6	85479.4	155310	177915
		极小值	– 83300	– 119000	– 491000	– 126000	– 143000	– 465000	– 157000	– 830000
		极大值	288000	435000	403000	671000	799000	721000	869000	860000
	国有(92)	均值	18535	25679	27387	37977	34037	47536	111400	190540
		标准差	34266.7	108503	83820.2	50929.6	84809.9	239640	268926	628559
		极小值	– 65300	– 906000	– 652000	– 268000	– 524000	– 205000	– 846000	– 167000
		极大值	173000	109000	780000	276000	719000	992000	994000	803000
经营现金流净额	非国有(288)	均值	1585.70	2119.50	1880.20	908.86	3830.50	3967.00	– 419.10	201.58
		标准差	10683.7	10232.8	12854.0	13152.8	21304.6	31820.9	24289.4	27966.4
		极小值	– 40500	– 30700	– 37900	– 45200	– 62500	– 73100	– 104000	– 65300
		极大值	53900.0	62400.0	104000	59900	168000	408000	165000	183000
	国有(92)	均值	1840.20	1377.40	3042.30	– 239.04	579.83	5751.00	1324.60	9097.00
		标准差	13970.6	11140.9	9945.12	10664.6	16683.3	33213.5	37464.3	42986.9
		极小值	– 72700	– 275000	– 339000	– 39600	– 503000	– 697000	– 117000	– 586000
		极大值	89700.0	56500.0	29600.0	45600.0	57800.0	242000	117000	281000
财务费用	非国有(288)	均值	311.08	318.30	389.40	565.51	860.45	– 570.05	496.66	1285.50
		标准差	815.17	711.21	1008.59	1181.58	2615.59	2119.55	2869.67	5224.67
		极小值	– 1282.1	– 1072.7	– 2527.1	– 4438.3	– 10700	– 14900	– 8273.8	– 32100
		极大值	6028.83	6709.81	5421.35	6257.47	25500.0	14400.0	26900.0	40200.0
	国有(92)	均值	322.58	304.96	295.16	500.45	648.49	– 916.00	750.85	1406.20
		标准差	743.61	632.76	986.47	1246.15	1640.58	2613.62	2256.89	4749.65
		极小值	– 1067.7	– 766.47	– 2848.3	– 3326.0	– 4687.8	– 20300	– 5399.5	– 12400
		极大值	3345.30	2842.20	4412.24	5912.52	6923.24	5359.75	12500.0	33400.0
长期股权投资	非国有(288)	均值	928.74	606.27	1141.60	1206.70	2445.00	1377.20	2349.70	2784.10
		标准差	4852.32	6577.90	8159.09	23374.0	22604.5	10212.1	10187.6	16720.2
		极小值	– 20000	– 42900	– 40500	– 33200	– 55200	– 33200	– 29500	– 19000
		极大值	32700.0	47500.0	82900.0	276000	373000	111000	89400.0	189000

	企业性质		2004 年	2005 年	2006 年	2007 年	2008 年	2009 年	2010 年	2011 年
长期股权投资	国有（92）	均值	542. 20	833. 21	450. 11	-1497.9	488. 28	4277. 40	2553. 40	5540. 50
		标准差	4378.77	4585.78	5816.18	7211.27	5384.89	38647.0	22644.0	28513.0
		极小值	-18600	-6019.5	-108000	-46700	-387000	-137000	-245000	-528000
		极大值	18400.0	29900.0	39800.0	11500.0	20300.0	391000	225000	252000
在建工程	非国有（288）	均值	1014.50	244. 17	-551.68	1022.70	5081.30	2103.60	411. 25	5572.10
		标准差	14291.2	12863.0	15072.1	17739.2	25028.1	31920.8	26895.6	34556.4
		极小值	-81100	-135000	-173000	-98400	-204000	-153000	-219000	-246000
		极大值	139000	73500	91200	207000	176000	263000	172000	286000
	国有（92）	均值	659.00	962.04	2019.40	-2428.8	6117.20	4812.00	-76. 25	11222.0
		标准差	6128.18	9366.22	14011.1	12492.3	25205.1	22909.0	38394.0	26690.2
		极小值	-15500	-211000	-460000	-763000	-222000	-250000	-301000	-266000
		极大值	25500.0	56100.0	91500.0	21100.0	219000	163000	940000	134000

3. 临界值和最优目标值描述统计

由模型可知，布朗（GBM）系数小于无风险利率，即 $0 < u < r$。在确定 r 为 4.75% 的条件下，u 取 r 依次向下波动 0.5% 可得 $\alpha_1 = 4.25\%$，$\alpha_2 = 3.75\%$，$\alpha_3 = 3.25\%$。当 α 分别取不同的值时，将其代入利兰（1994）模型可得到第二增长时期股权价值最优解的三种情况 $E_2(\alpha_1)$，$E_2(\alpha_2)$，$E_2(\alpha_3)$。在计算公司的总价值时，因为要考虑到资产的损毁价值，所以当毁损率 ∂ 取不同的值时，即 $\partial_1 = 10\%$，$\partial_2 = 20\%$，$\partial_3 = 30\%$，可得到不同的损毁价值。从而可得到 9 种最优的公司价值或最优目标值：$V_2(p)(\alpha_1, \partial_1)$，$V_2(p)(\alpha_2, \partial_1)$，$V_2(p)(\alpha_3, \partial_1)$，$V_2(p)(\alpha_1, \partial_2)$，$V_2(p)(\alpha_2, \partial_2)$，$V_2(p)(\alpha_3, \partial_2)$，$V_2(p)(\alpha_1, \partial_3)$，$V_2(p)(\alpha_2, \partial_3)$，$V_2(p)(\alpha_3, \partial_3)$，如表 4 - 3 所示。

表 4 - 3　　　　　　各临界值、最优目标值描述统计表　　　　单位：万元

企业性质	变量	$p_1(\alpha_1)$	$p_1(\alpha_2)$	$p_1(\alpha_3)$	$p_2(\alpha_1)$	$p_2(\alpha_2)$	$p_2(\alpha_3)$
非国有（288）	均值	0. 0322	0. 0628	0. 0919	0. 0325	0. 0635	0. 093
	标准差	0. 01892	0. 03682	0. 05365	0. 0191	0. 03717	0. 05417
	极小值	0	0	0	0	0	0
	极大值	0. 09	0. 18	0. 27	0. 09	0. 19	0. 28

企业性质	变量	$p_1(\alpha_1)$	$p_1(\alpha_2)$	$p_1(\alpha_3)$	$p_2(\alpha_1)$	$p_2(\alpha_2)$	$p_2(\alpha_3)$
国有 (92)	均值	0.0299	0.0584	0.0856	0.03	0.0587	0.0861
	标准差	0.02137	0.04173	0.06103	0.02139	0.04178	0.06111
	极小值	0	0	0	0	0	0
	极大值	0.09	0.17	0.26	0.09	0.17	0.26

企业性质	变量	$D_1(\alpha_1)$	$D_1(\alpha_2)$	$D_1(\alpha_3)$	$D_2(\alpha_1)$	$D_2(\alpha_2)$	$D_2(\alpha_3)$
非国有 (288)	均值	$1.95E+08$	$1.96E+08$	$1.98E+08$	$2.34E+08$	$2.34E+08$	$2.35E+08$
	标准差	$4.80E+08$	$4.83E+08$	$4.86E+08$	$5.05E+08$	$5.07E+08$	$5.09E+08$
	极小值	31579.13	31645.96	31715.58	129882.47	133263.86	136767.48
	极大值	$5.19E+09$	$5.23E+09$	$5.28E+09$	$5.26E+09$	$5.30E+09$	$5.34E+09$
国有 (92)	均值	$3.67E+08$	$3.69E+08$	$3.71E+08$	$4.12E+08$	$4.13E+08$	$4.14E+08$
	标准差	$9.22E+08$	$9.25E+08$	$9.28E+08$	$9.49E+08$	$9.51E+08$	$9.54E+08$
	极小值	176419.93	176527.5	176642.89	1014402.95	1032902.56	1051962.3
	极大值	$5.90E+09$	$5.90E+09$	$5.91E+09$	$6.01E+09$	$6.01E+09$	$6.02E+09$

企业性质	变量	$V(\alpha_1,\partial_1)$	$V(\alpha_2,\partial_1)$	$V(\alpha_3,\partial_1)$	$V(\alpha_1,\partial_2)$	$V(\alpha_2,\partial_2)$	$V(\alpha_3,\partial_2)$
非国有 (288)	均值	$1.35E+10$	$6.77E+09$	$4.52E+09$	$1.29E+10$	$6.46E+09$	$4.31E+09$
	标准差	$1.64E+10$	$8.19E+09$	$5.46E+09$	$1.55E+10$	$7.75E+09$	$5.16E+09$
	极小值	$2.53E+09$	$1.26E+09$	$8.43E+08$	$2.42E+09$	$1.21E+09$	$8.10E+08$
	极大值	$8.96E+10$	$4.48E+10$	$2.99E+10$	$8.44E+10$	$4.22E+10$	$2.81E+10$
国有 (92)	均值	$1.55E+09$	$7.76E+08$	$5.19E+08$	$1.50E+09$	$7.50E+08$	$5.01E+08$
	标准差	$6.29E+08$	$3.15E+08$	$2.10E+08$	$6.08E+08$	$3.04E+08$	$2.03E+08$
	极小值	$1.47E+08$	73789740	49263780.9	$1.43E+08$	71628659.8	47795171
	极大值	$2.51E+09$	$1.25E+09$	$8.40E+08$	$2.47E+09$	$1.23E+09$	$8.25E+08$

企业性质	变量	$E_2(\alpha_1)$	$E_2(\alpha_2)$	$E_2(\alpha_3)$	$V(\alpha_1,\partial_3)$	$V(\alpha_2,\partial_3)$	$V(\alpha_3,\partial_3)$
非国有 (288)	均值	$8.35E+09$	$4.11E+09$	$2.69E+09$	$1.23E+10$	$6.14E+09$	$4.10E+09$
	标准差	$1.00E+10$	$4.97E+09$	$3.29E+09$	$1.46E+10$	$7.31E+09$	$4.87E+09$
	极小值	$1.61E+09$	$6.98E+08$	$3.80E+08$	$2.23E+09$	$1.12E+09$	$7.46E+08$
	极大值	$5.41E+10$	$2.68E+10$	$1.78E+10$	$7.93E+10$	$3.96E+10$	$2.64E+10$
国有 (92)	均值	$9.98E+08$	$4.84E+08$	$3.13E+08$	$1.45E+09$	$7.24E+08$	$4.84E+08$
	标准差	$3.89E+08$	$1.91E+08$	$1.26E+08$	$5.88E+08$	$2.94E+08$	$1.96E+08$
	极小值	$1.43E+08$	71291586	47410616.6	$1.39E+08$	69467579.2	46326561
	极大值	$1.60E+09$	$7.96E+08$	$5.26E+08$	$2.43E+09$	$1.21E+09$	$8.10E+08$

企业性质	变量	$V_1(\alpha_1)$	$V_1(\alpha_2)$	$V_1(\alpha_3)$	$V_2(\alpha_1)$	$V_2(\alpha_2)$	$V_2(\alpha_3)$
非国有 (288)	均值	$4.25E+09$	$2.13E+09$	$1.42E+09$	$9.55E+09$	$4.78E+09$	$3.18E+09$
	标准差	$4.75E+09$	$2.37E+09$	$1.58E+09$	$1.35E+10$	$6.75E+09$	$4.50E+09$
	极小值	$8.07E+08$	$4.04E+08$	$2.69E+08$	$2.39E+08$	$1.20E+08$	79733782
	极大值	$2.90E+10$	$1.45E+10$	$9.67E+09$	$8.27E+10$	$4.14E+10$	$2.76E+10$
国有 (92)	均值	$4.94E+08$	$2.47E+08$	$1.65E+08$	$2.49E+09$	$1.25E+09$	$8.31E+08$
	标准差	$1.97E+08$	$9.83E+07$	$6.55E+07$	$8.07E+09$	$4.04E+09$	$2.69E+09$
	极小值	16807465	8403732.6	5602488.41	90120900.5	45060450.3	30040300
	极大值	$7.91E+08$	$3.95E+08$	$2.64E+08$	$7.62E+10$	$3.81E+10$	$2.54E+10$

注：$p_1(\alpha_1)$、$p_1(\alpha_2)$、$p_1(\alpha_3)$、$p_2(\alpha_1)$、$p_2(\alpha_2)$ 和 $p_2(\alpha_3)$ 是最优临界值。

由表 4 - 3 可知，国有企业的 $p_1(\alpha_1)$、$p_1(\alpha_2)$、$p_1(\alpha_3)$、$p_2(\alpha_1)$、$p_2(\alpha_2)$ 和 $p_2(\alpha_3)$ 除平均临界值小于非国有企业外，其他最优目标值均大于非国有企业。说明国有与非国有企业相比，经营环境好、企业资产规模大并盈利能力强，易获得银行借款和股权融资，这与国内外众多研究结论相一致。

国有企业和非国有企业除 $p_1(\alpha_1)$、$p_1(\alpha_2)$、$p_1(\alpha_3)$、$p_2(\alpha_1)$、$p_2(\alpha_2)$、$p_2(\alpha_3)$ 和第二期长期负债没有显著性差异外，其他变量都存在显著性差异，如表 4 - 4 所示。

表 4 - 4   按企业性质控制变量的 ANOVA 表

	F	显著性		F	显著性
第一营业收入 * 企业性质	10.835	0.001	$D_1(\alpha_1)$ * 企业性质	5.466	0.02
第二营业收入 * 企业性质	13.036	0.000	$D_1(\alpha_2)$ * 企业性质	5.453	0.02
第一期长期负债 * 企业性质	4.83	0.029	$D_1(\alpha_3)$ * 企业性质	5.44	0.02
第二期长期负债 * 企业性质	1.609	0.205	$D_2(\alpha_1)$ * 企业性质	5.386	0.021
$p_1(\alpha_1)$ * 企业性质	0.955	0.329	$D_2(\alpha_2)$ * 企业性质	5.384	0.021
$p_1(\alpha_2)$ * 企业性质	0.926	0.336	$D_2(\alpha_3)$ * 企业性质	5.38	0.021
$p_1(\alpha_3)$ * 企业性质	0.9	0.343	$V(\alpha_1, \partial_1)$ * 企业性质	49.128	0.000
$p_2(\alpha_1)$ * 企业性质	1.125	0.29	$V(\alpha_2, \partial_1)$ * 企业性质	49.237	0.000
$p_2(\alpha_2)$ * 企业性质	1.092	0.297	$V(\alpha_3, \partial_1)$ * 企业性质	49.34	0.000
$p_2(\alpha_3)$ * 企业性质	1.064	0.303	$V(\alpha_1, \partial_2)$ * 企业性质	49.701	0.000

	F	显著性		F	显著性
$V_1(\alpha_1)$ * 企业性质	57.593	0.000	$V(\alpha_2, \partial_2)$ * 企业性质	49.81	0.000
$V_1(\alpha_2)$ * 企业性质	57.593	0.000	$V(\alpha_3, \partial_2)$ * 企业性质	49.912	0.000
$V_1(\alpha_3)$ * 企业性质	57.593	0.000	$V(\alpha_1, \partial_3)$ * 企业性质	50.285	0.000
$V_2(\alpha_1)$ * 企业性质	22.558	0.000	$V(\alpha_2, \partial_3)$ * 企业性质	50.395	0.000
$V_2(\alpha_2)$ * 企业性质	22.558	0.000	$V(\alpha_3, \partial_3)$ * 企业性质	50.498	0.000
$V_2(\alpha_3)$ * 企业性质	22.558	0.000	$V_2(\alpha_1)$ * 企业性质	52.019	0.000
$E_2(\alpha_1)$ * 企业性质	49.274	0.000	$V_2(\alpha_2)$ * 企业性质	46.097	0.000
$E_2(\alpha_2)$ * 企业性质	48.701	0.000	$V_2(\alpha_3)$ * 企业性质	44.493	0.000
$E_2(\alpha_3)$ * 企业性质	48.107	0.000			

4. 实证结果

为检验我国制造业上市公司融资、动态投资决策和金融危机对企业资产价值的影响，把时期分为两个阶段（2003～2007年和2008～2014年），通过公式4.17计算出样本企业实际资产价值与最优目标资产价值差异频数（见表4-5）。

表4-5 　　　　　　　　　　ΔV 频数表

单位	国有企业				非国有企业			
	差异大于0		差异小于0		差异大于0		差异小于0	
	企业数（个）	%	企业数（个）	%	企业数（个）	%	企业数（个）	%
$V(\alpha_1, \partial_1)$	12	13.04	80	86.96	195	67.71	93	32.29
$V(\alpha_2, \partial_1)$	4	4.35	88	95.65	147	51.04	141	48.96
$V(\alpha_3, \partial_1)$	2	2.17	90	97.83	113	39.24	175	60.76
$V(\alpha_1, \partial_2)$	12	13.04	80	86.96	193	67.01	95	32.99
$V(\alpha_2, \partial_2)$	4	4.35	88	95.65	144	50.00	144	50.00
$V(\alpha_3, \partial_2)$	2	2.17	90	97.83	108	37.50	180	62.50
$V(\alpha_1, \partial_3)$	10	10.87	82	89.13	192	66.67	96	33.33
$V(\alpha_2, \partial_3)$	4	4.35	88	95.65	141	48.96	147	51.04
$V(\alpha_3, \partial_3)$	2	2.17	90	97.83	106	36.81	182	63.19

表 4 - 5 是按企业性质（国有和非国有企业）对公司实际价值与最优目标值的差异 $\Delta V > 0$ 或 $\Delta V < 0$ 的企业的频数和百分比。由表 4 - 5 可知，87% 左右的国有企业的资产价值没有达到最优目标值，非国有企业（32%）优于国有企业。非国有企业融资与投资决策优于国有企业并资产质量好于国有企业。公司的价格波动 α 和资产损失率 ∂ 变化对 ΔV 的影响特别大，尤其是 ∂ 为 30% 时，$\Delta V > 0$ 的国有企业仅仅是 2 个（2.17%），非国有企业 106 个（36.81%）。国内众多研究表明，国内上市公司普遍资产使用率低、损失率高。如何提高资产使用率和降低损失率一直是国内学术和实物界关注的焦点。

由表 4 - 6 可知，国有企业 ΔV_3 差异值大于 0 的企业分别为 29（31.52%）、11（11.96%）和 7（7.61%）个大于 ΔV_1 的 4（4.35%）、3（3.26%）和 2（2.17%），非国有企业 ΔV_3 差异值大于 0 的企业分别为 204（70.83%）、142（49.31%）和 108（37.50%）个大于 ΔV_1 的 151（52.43%）、92（32.29%）和 60（20.83%）。说明了金融危机后，国内融资环境和经营环境恶化，众多企业进一步规范了融资决策，降低了资产损失率。

表 4 - 6 ΔV_1 值大于 0 和小于 0 的企业频数表

单位	国有企业				非国有企业			
	差异大于 0		差异小于 0		差异大于 0		差异小于 0	
	企业数（个）	%	企业数（个）	%	企业数（个）	%	企业数（个）	%
$\Delta V_1(\alpha_1)$	4	4.35	88	95.65	151	52.43	137	47.57
$\Delta V_1(\alpha_2)$	3	3.26	89	96.74	92	32.29	195	67.71
$\Delta V_1(\alpha_3)$	2	2.17	90	97.83	60	20.83	228	79.17
$\Delta V_3(\alpha_1)$	29	31.52	63	68.48	204	70.83	44	29.17
$\Delta V_3(\alpha_2)$	11	11.96	81	88.04	142	49.31	146	50.69
$\Delta V_3(\alpha_3)$	7	7.61	85	92.39	108	37.50	180	62.50

三、结论

本研究以我国 380 家 A 股制造业上市公司为样本，以国内外相关研究文献为基础，借鉴苏雷什和王能（2007）与利兰（1994）的模型，实证分析了融资决策、动态投资对资产价值的影响。实证结果发现：（1）2003 ~

2014 年间，国有企业和非国有企业的经营现金流和长期股权投资变动值除在 2007 年和 2010 年下跌外，整个期间呈上升趋势。（2）国有企业盈利能力过于依赖于投资，但非国有企业的经营现金流和长期股权投资变动值不存在显著性相关并变动幅度小于国有企业。（3）金融危机后，经营环境的恶化导致我国国有上市公司通过短期债务弥补营运资本的缺口，但非国有企业的资产、流动负债、长期负债和权益变动幅度明显小于国有企业。（4）国有企业的最优目标值均大于非国有企业，说明国有与非国有企业相比，经营环境好、企业资产规模大并盈利能力强，易获得银行借款和股权融资。（5）公司的价格波动和资产损失率变化对 ΔV 的影响特别大，尤其是损失率。（6）87% 左右的国有企业的资产价值没有达到最优目标值，非国有企业（32%）优于国有企业。（7）国有企业的资产价值没有达到最优目标值的百分比远远高于非国有企业，说明非国有企业融资与投资决策优于国有企业，资产质量好于国有企业，该问题有待从营运资本成本的角度思考。

第二节 企业增长与盈利能力相互影响——资本结构变动视角

自从吉布拉（Gibrat，1931）的比例效应法则（Law of Proportionate Effect）开创研究企业规模和增长之间的关系以来，围绕着企业规模与增长能力关系问题，出现了利润的持久性（POP，Persistence of Profit）、可持续理论假说（Persistence of Profit）、适者生存理论（Growth of the Fitter）、代理理论、Kaldor - Verdoorn 定律、增长最大化假说（Hypothesis of Growth Maximization）等众多理论和实证研究文献，但企业增长和盈利能力之间动态相互作用方面存在着较大争议。目前，企业盈利能力动态特征、企业增长影响因素（Goddard，2004、2006）等领域已经取得了较丰硕的成果，但企业增长与盈利能力动态相互作用度量方法和相互关系研究，仍缺乏连续性的、系统的分析（Davidsson 等，2009；Steffens 等，2009）。本节以我国制造业上市公司为样本，探究企业增长与盈利能力之间动态相互作用、影响因素和融资决策的有效性等问题。

一、滞后影响研究

1. 样本

本书选取 2001~2015 年的 A 股制造业上市公司作为样本，利用同花顺和 CSMAR 数据库，并按如下标准进行筛选：（1）剔除 ST、＊ST、SST、S＊ST 和 S 上市公司，因为这些公司的财务结构普遍存在问题。（2）剔除会计数据、股价变化百分比异常及公司资产价值无变动的公司。（3）基于我国上市公司股权融资偏好特征，每年样本分为两大类（所有权益变动与企业总资产变动）。最终样本涉及 7386 个观测点（见表 4-7 和图 4-4）。

表 4-7　　　　　　　　　2001～2015 年权益和总资产变动企业数

年份	2001	2002	2003	2004	2005	2006	2007	2008	2009	2010	2011	2012	2013	2014	2015
权益减少	102	62	45	71	122	93	51	148	85	61	95	116	121	129	132
权益增加	276	354	416	428	373	412	459	363	426	450	415	395	388	397	401
总资产减少	78	87	62	85	129	113	97	175	112	84	90	120	128	131	135
总资产增加	300	329	399	414	366	392	413	336	399	427	420	391	381	395	398

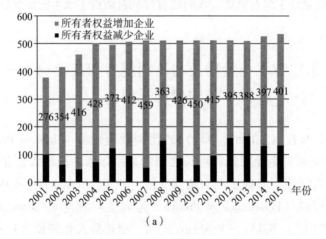

（a）

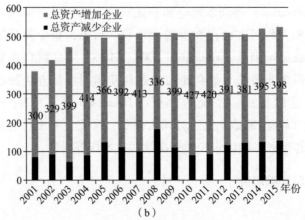

（b）

图 4-4　2001～2015 年样本企业权益和总资产变动企业数

由表4-7和图4-4可知，所有者权益和总资产增加的企业数明显高于所有者权益和总资产减少的企业数。从理论上来说，企业正常的融资方式选择顺序应该是内源融资、债务融资、股权融资即优序融资理论。然而众多数据显示，我国上市公司普遍存在权益融资偏好，这与资金筹集费用不高、股息政策软约束和股权融资的信息不对称有关。除了融资成本偏低外，是否与企业盈利能力有关？

图4-5是2001～2015年样本企业 Firm_G（销售额增长率）与 ROE（净资产收益率）趋势图。

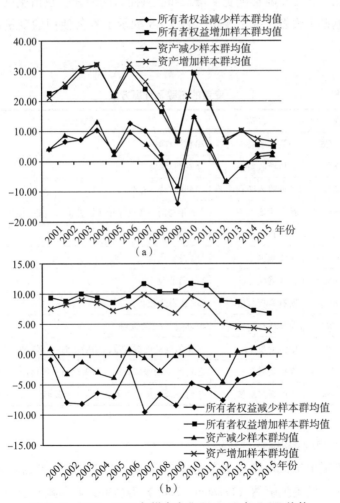

图4-5　2001～2015年样本企业 Firm_G 与 ROE 趋势
[（a）图为 Firm_G，（b）图为 ROE]

由图 4 – 5 可知，权益和总资产增加的企业的 Firm_G 和 ROE 明显高于权益和总资产减少的企业值。2001 ~ 2015 年 Firm_G 和 ROE 趋势波动较大，尤其是 Firm_G 在 2004 ~ 2013 年间涨跌幅度特别大，2014 ~ 2015 年间，趋于接近。这与国外众多企业增长与盈利能力趋势有着很大区别。如果权益和总资产增加是提高 Firm_G 与 ROE 的举措的话，企业的投资效率与资本运营能力有待探讨。

2. 变量选择

本文的研究目的是我国制造业上市公司增长与盈利能力之间有何动态相互作用，实证检验影响企业增长和盈利能力的因素。在借鉴已有的国内外文献基础上设置了如下变量。表 4 – 8 列示了本书使用的变量名称及计算方法。

表 4 – 8　　　　　　　　　　变量的名称及计算方法

变量		名称	计算方法
被解释变量	ROE	净资产收益率	净利润/净资产
	ROA	总资产收益率	净利润/总资产
	ROS	营业收入净利润率	净利润/营业总收入
	Firm_G	销售额增长率	（本年与前一年度净销售额差值）/前一年度净销售额
解释变量	Lev	资产负债率	总负债/总资产
	Ln(A)	企业规模	Ln(总资产)
	Ln(Sale)	营业规模	Ln(营业收入)
	Ln(E)	所有者权益值	Ln(所有者权益)
	CR	流动比率	流动资产/流动负债
	D1	虚拟变量1	权益值变动虚拟变量，如果比前一年增加给1，否则给0
	D2	虚拟变量2	总资产变动虚拟变量，如果比前一年增加给1，否则给0
	Dyear	年度虚拟变量	年份虚拟变量，如果属于第 t 个截面给1，其他给0

3. 影响因素滞后阶检验

因面板单位根检验和动态面板（GMM）无法准确估计盈利能力指标的滞后阶，借鉴披萨然（Pesaran，2007）等研究，利用盈利能力指标的滞后阶检验模型计算样本企业盈利能力（ROE、ROA 和 ROS）的滞后阶影响。近几年，很多面板单位根检验主要集中在两类：第一类检验是回归系数的同质性，第二类检验允许所有系数中的异质性。但哈里斯和扎维力

（Harris and Tzavalis, 1999）及莱温（Levin, 2002）等认为两类检验均包含异质常数和个体趋势。披萨然（2007）为控制残差序列相关性、变量之间的同期相关性和过滤掉没有观察到的共同因子的影响，在常用的面板数据单位根检验模型中增加了滞后水平的横截面平均值和单个序列的一阶差分。横截面检验的公式如下：

$$\Delta y_{it} = \alpha_i + \rho_i y_{it-1} + \sum_{j=1}^{p} \gamma_{ij} \Delta y_{it-j} + b_i \bar{y}_{t-1} + c_i \Delta \bar{y}_i + \sum_{j=1}^{p} d_{ij} \Delta \bar{y}_{t-j} + \varepsilon_{it}$$

模型（4.1）

$$\Delta y_{it} = \alpha_i + \rho_i y_{it-1} + \theta_i t + \sum_{j=1}^{p} \phi_{ij} \Delta y_{it-j} + b_i \bar{y}_{t-1} + c_i \Delta \bar{y}_i + \sum_{j=1}^{p} d_{ij} \Delta \bar{y}_{t-j} + \varepsilon_{it}$$

模型（4.2）

式中，$\bar{y}_t = \dfrac{\sum_{i=1}^{N} y_{it}}{N}$ 是横截面 y_{it} 均值，$\Delta \bar{y}_t = \dfrac{\sum_{i=1}^{N} y_{it}}{N}$。模型（4.2）比模型（4.1）增加了时间趋势。

表4-9是模型（4.1）的盈利能力指标（ROE、ROA 和 ROS）面板单位根检验回归结果。ΔROE_t、ΔROA_t 和 ΔROS_t 与滞后一阶显著正相关（1.182、1.167 和 1.118），但与滞后二阶（-0.35、-0.35 和 -0.33）和滞后三阶（-0.269、-0.267 和 -0.184）显著负相关。说明选取盈利能力滞后一期，研究企业增长相互作用是不科学的（Goddard 等，2004；Coad, 2007）。R^2（within）为 0.89、0.87 和 0.86，拟合度高，Hausman 检验 P 值为 0，支持固定效应模型。

表4-9　　　　　　　　模型（4.1）的面板单位根检验回归结果

变量	ΔROE_t	变量	ΔROA_t	变量	ΔROS_t
ROE_{t-1}	0.284 *** (27.11)	ROA_{t-1}	0.241 *** (24.55)	ROS_{t-1}	0.245 *** (22.32)
ΔROE_{t-1}	1.182 *** (31.76)	ΔROA_{t-1}	1.167 *** (36.45)	ΔROS_{t-1}	1.118 *** (73.36)
ΔROE_{t-2}	-0.354 *** (-84.25)	ΔROA_{t-2}	-0.358 *** (-80.62)	ΔROS_{t-2}	-0.332 *** (-76.53)
ΔROE_{t-3}	-0.269 ** (-2.136)	ΔROA_{t-3}	-0.267 ** (-2.21)	ΔROS_{t-3}	-0.184 ** (-2.32)

变量	ΔROE_t	变量	ΔROA_t	变量	ΔROS_t
$ROE_{mean,t-1}$	-0.426^{**} (-2.26)	$ROA_{mean,t-1}$	-0.366^{***} (-2.92)	ΔROS_{mean}	$-.323^{**}$ (-2.58)
ΔROE_{mean}	0.054^{**} (2.24)	ΔROA_{mean}	0.271^{**} (2.25)	$ROS_{mean,t-1}$	0.087^{**} (2.31)
$\Delta ROE_{mean,t-1}$	1.054^{***} (8.73)	$\Delta ROA_{mean,t-1}$	1.098^{***} (11.36)	$\Delta ROS_{mean,t-1}$	1.047^{***} (8.96)
$\Delta ROE_{mean,t-2}$	-1.273^{***} (-7.15)	$\Delta ROA_{mean,t-2}$	-1.324^{***} (-9.71)	$\Delta ROS_{mean,t-2}$	-1.197^{***} (-8.62)
$\Delta ROE_{mean,t-3}$	0.378^{***} (6.85)	$\Delta ROA_{mean,t-3}$	-0.403^{***} (-8.85)	$\Delta ROS_{mean,t-3}$	0.351^{***} (7.47)
Constant	0.652 (0.56)	Constant	0.511 (1.03)	Constant	0.406 (0.632)
$R-sq$：within	0.895	$R-sq$：within	0.879	$R-sq$：within	0.865
between	0.113	between	0.107	between	0.0896
overall	0.871	overall	0.848	overall	0.835
$corr(u\_i, Xb)$	-0.134	$corr(u\_i, Xb)$	-0.151	$corr(u\_i, Xb)$	-0.149
sigma_u	2.18	sigma_u	1.013	sigma_u	1.693
sigma_e	4.603	sigma_e	2.026	sigma_e	3.629
rho	0.183	rho	0.2002	rho	0.178
chi2	308.89	chi2	274.67	chi2	254.66
Hausman	0.000	Hausman	0.000	Hausman	0.000

注：***、**、*分别表示在1%、5%和10%的水平上显著；括号中数值表示相应估计的 t 统计量。

表4-10是模型（4.2）的盈利能力指标（ROE、ROA 和 ROS）面板单位根检验回归结果。ΔROE_t、ΔROA_t 和 ΔROS_t 与滞后一阶显著正相关（1.18、1.17 和 1.03），但与滞后二阶（-0.35、-0.35 和 -0.31）和滞后三阶（-0.27、-0.26 和 -0.097）显著负相关。$R^2(within)$ 为 0.89、0.87 和 0.86，拟合度高，Hausman 检验 P 值为 0，支持固定效应模型。如何确定盈利能力滞后阶影响是企业增长和盈利能力相互作用研究的关键（Davidsson et al., 2009；Giorgio C., 2013）。基于表4-9 和 4-10 的结果，盈利能力滞后阶设为 3 阶。

表 4 – 10　　　　　　　　　　模型 4.2 的面板单位根检验回归结果

变量	ΔROE_t	变量	ΔROA_t	变量	ΔROS_t
ROE_{t-1}	0.283 *** (27.16)	ROA_{t-1}	0.241 *** (24.51)	ROS_{t-1}	0.101 *** (14.47)
ΔROE_{t-1}	1.181 *** (29.58)	ΔROA_{t-1}	1.173 *** (38.43)	ΔROS_{t-1}	1.034 *** (41.27)
ΔROE_{t-2}	− 0.355 *** (− 84.38)	ΔROA_{t-2}	− 0.358 *** (− 80.55)	ΔROS_{t-2}	− 0.312 *** (− 73.51)
ΔROE_{t-3}	− 0.274 ** (− 2.127)	ΔROA_{t-3}	− 0.269 ** (− 2.34)	ΔROS_{t-3}	− 0.0972 ** (− 2.28)
$ROE_{mean,t-1}$	− 0.371 ** (− 2.38)	$ROA_{mean,t-1}$	0.687 *** (5.54)	$ROS_{mean,t-1}$	− 0.338 ** (− 2.06)
ΔROE_{mean}	0.883 ** (2.24)	ΔROA_{mean}	0.047 ** (1.983)	ΔROS_{mean}	0.657 * (1.93)
$\Delta ROE_{mean,t-1}$	1.087 *** (6.84)	$\Delta ROA_{mean,t-1}$	1.054 *** (8.73)	$\Delta ROS_{mean,t-1}$	1.056 *** (6.83)
$\Delta ROE_{mean,t-2}$	− 1.33 *** (− 6.02)	$\Delta ROA_{mean,t-2}$	− 1.37 * (− 1.91)	$\Delta ROS_{mean,t-2}$	− 1.214 *** (− 7.54)
$\Delta ROE_{mean,t-3}$	0.396 *** (5.36)	$\Delta ROA_{mean,t-3}$	0.341 * (1.845)	$\Delta ROS_{mean,t-3}$	0.353 *** (6.53)
Constant	1.037 (0.732)	Constant	− 3.75 *** (− 7.21)	Constant	0.474 (0.561)
Year	yes	Year	yes	Year	yes
R − sq: within	0.895	R − sq: within	0.879	R − sq: within	0.865
between	0.116	between	0.1000	between	0.089
overall	0.871	overall	0.848	overall	0.835
corr(u_i, Xb)	− 0.135	corr(u_i, Xb)	− 0.151	corr(u_i, Xb)	− 0.148
sigma_u	2.18	sigma_u	1.025	sigma_u	1.694
sigma_e	4.601	sigma_e	2.028	sigma_e	3.634
rho	0.183	rho	0.204	rho	0.178
chi2	386.53	chi2	174.35	chi2	254.07
Hausman	0.000	Hausman	0.000	Hausman	0.000

注：***、**、*分别表示在 1%、5% 和 10% 的水平上显著；括号中数值表示相应估计的 t 统计量。

二、实证分析

1. 实证分析模型

为实证研究我国制造业上市公司的企业增长与盈利能力的动态相互作用和影响因素，本文选用了面板数据模型。基于面板单位根检验结果、江（SooCheong Jang，2011）和中野（Akihko Nakano，2011）的研究，构建企业增长与盈利能力动态相互作用影响模型［模型（4.3）和模型（4.4）］。

$$y_{i,t} = a + \sum_{i-1}^{n-3} \pi_i y_{i,t-l} + \sum_{i-0}^{p+1} \eta_i Firm\_G_{i,t-l} + \beta_1 D_1 + \beta_2 D_2 + \beta_3 \sum_{2001}^{2015} Dyear_t$$
$$+ \sum Controls + u_i + \varepsilon_{i,t} \qquad\qquad 模型（4.3）$$

$$Firm\_G_{i,t} = a + \sum_{i-1}^{n-3} \pi_i Firm\_G_{i,t-i} + \sum_{i-0}^{p+1} \eta_i y_{i,t-l} + \beta_1 D_1 + \beta_2 D_2 + \beta_3 \sum_{2001}^{2015} Dyear_t$$
$$+ \sum Controls + u_i + \varepsilon_{i,t} \qquad\qquad 模型（4.4）$$

式中，a 为常数项；$y_{i,t}$ 为企业 t 期的 ROE、ROA 和 ROS；$Sales\ G_{i,t}$ 为企业 t 期的销售额增长率）；$\ln(Sale)_{i,t-1}$ 为企业 $t-1$ 期的营业收入 ln 值；$\ln(A)_{i,t-1}$ 为 i 企业 $t-1$ 期的总资产 ln 值；$(Debt/Asset)_{i,t}$ 为 i 企业 t 期的资产负债率；$\beta_{i,t}$ 为系数；$CR_{i,t}$ 为企业 t 期的流动比率；$\ln(Equity)_{i,t}$ 为 i 企业 t 期的权益的 ln 值；D_1 为 i 企业权益值变动的虚拟变量（增加为 1，不变或减少为 0）；D_2 为 i 企业总资产变动的虚拟变量（增加为 1，不变或减少为 0）；$Dyear$ 为年份虚拟变量，如果属于第 t 个截面给 1，其他给 0，$t = 1，2，\cdots，T$；u_i 为固定效果；$\varepsilon_{i,t}$ 为残差。

2. 回归结果及解读

模型（4.3）是企业增长和其他因素对盈利能力的动态影响分析模型，固定效应回归结果如表 4-11 所示。与企业增长（$Firm\_G$）滞后 3 阶显著正相关（0.001、0.004 和 0.007；0.012、0.003 和 0.006），与企业增长滞后 1 阶显著正相关。说明企业增长有助于企业盈利能力的提高，这与国内外众多研究结论相一致。但与前一期的资产规模和当期的资产负债率显著性负相关。说明当期权益和总资产增加有助于提高企业盈利能力。此外，与营业规模显著性正相关（6.76、3.97 和 2.27）。说明营业规模是企业盈利能力增长的主因。这与企业盈利能力过于依赖投资的众多研究结论相一致（庞明川，2007；刘瑞明等，2010）。R^2（within）为 0.344、0.411 和 0.279，拟合度一般，Hausman 检验 P 值为 0，支持固定效应模型。

模型（4.4）是盈利能力和其他因素对企业增长的动态影响分析模型，固定效应回归结果如表 4-12 所示。$Firm\_G_{i,t}$ 与 $Firm\_G_{i,t-1}$、$Firm\_G_{i,t-2}$

表 4 - 11

模型 4.3 的固定效应回归结果

变量	$ROE_{i,t}$		变量	$ROA_{i,t}$		变量	$ROS_{i,t}$	
$ROE_{i,t-1}$	0.860 (1.32)	0.0163 (1.15)	$ROA_{i,t-1}$	0.19*** (13.78)	0.09*** (7.21)		0.19*** (14.1)	0.14*** (10.17)
$ROE_{i,t-2}$	-0.055 (-0.94)	-0.012 (-0.86)	$ROA_{i,t-2}$	0.03 (0.765)	0.001 (0.43)	$ROS_{i,t-2}$	-0.03** (-2.21)	-0.05*** (-3.77)
$ROE_{i,t-3}$	-0.02** (-2.26)	-0.03** (-2.57)	$ROA_{i,t-3}$	-0.023* (-1.75)	-0.032** (-2.41)	$ROS_{i,t-3}$	-0.005 (-0.47)	-0.019 (-1.58)
$Firm\_G_{i,t}$	0.02*** (3.96)	0.38*** (6.13)	$Firm\_G_{i,t}$	0.04*** (4.22)	0.03*** (5.23)	$Firm\_G_{i,t}$	0.25*** (3.12)	0.05*** (4.13)
$Firm\_G_{i,t-1}$	0.004* (1.79)	0.03*** (6.13)	$Firm\_G_{i,t-1}$	0.02*** (5.46)	0.01*** (3.81)	$Firm\_G_{i,t-1}$	0.02*** (3.36)	0.01*** (2.89)
$Firm\_G_{i,t-2}$	0.006** (2.14)	0.011** (2.25)	$Firm\_G_{i,t-2}$	0.002 (0.833)	0.001 (0.713)	$Firm\_G_{i,t-2}$	0.008** (1.99)	0.007** (2.01)
$Firm\_G_{i,t-3}$	0.001* (1.79)	0.012** (2.38)	$Firm\_G_{i,t-3}$	0.004* (1.86)	0.003 (1.45)	$Firm\_G_{i,t-3}$	0.007* (1.98)	0.006** (2.02)
D_1	3.35*** (13.90)	9.51*** (23.75)	D_1	5.16*** (30.37)	3.88*** (23.61)	D_1	7.64*** (25.84)	6.23*** (20.81)
D_2	0.016* (1.81)	1.72*** (4.29)	D_2	1.56*** (9.59)	1.17*** (7.07)	D_2	2.43*** (7.94)	2.04*** (6.77)
$\ln(Equity)_{i,t}$	5.26*** (6.50)		$\ln(Equity)_{i,t}$	0.878*** (2.66)		$\ln(Equity)_{i,t}$	2.286*** (3.79)	

变量	$ROE_{i,t}$		变量	$ROA_{i,t}$		变量	$ROS_{i,t}$	
$\ln(A)_{i,t-1}$	-9.75** (-13.69)		$\ln(A)_{i,t-1}$	-4.19*** (-14.35)		$\ln(A)_{i,t-1}$	-3.28*** (-6.18)	
$\ln(Sale)_{i,t}$	6.76*** (11.52)		$\ln(Sale)_{i,t}$	3.97*** (16.49)		$\ln(Sale)_{i,t}$	2.27*** (5.17)	
Debt/Asset	-0.126*** (-5.16)		Debt/Asset	-0.102*** (-10.23)		Debt/Asset	-0.12*** (-6.35)	
Current Ratio	-0.413* (-1.83)		Current Ratio	0.128 (1.182)		Current Ratio	0.536** (2.71)	
Constant	0.728** (2.17)	-4.4*** (-4.31)	Constant	-1.68** (-2.12)	-8.83** (-2.26)	Constant	-3.68*** (-4.58)	3.82*** (-3.31)
Year	yes	yes	Year	yes	yes	Year	yes	yes
R-sq: within	0.771	0.344	R-sq: within	0.511	0.411	R-sq: within	0.239	0.279
corr (u_i, Xb)	-0.122	-0.072	corr (u_i, Xb)	0.356	-0.034	corr (u_i, Xb)	0.304	0.020
sigma_u	2.181	5.392	sigma_u	2.689	2.857	sigma_u	4.223	4.492
sigma_e	5.273	8.955	sigma_e	3.99	3.689	sigma_e	6.942	6.728
rho	0.146	0.266	rho	0.312	0.375	rho	0.271	0.308
chi2	563.5	416.8	chi2	856.7	751.39	chi2	1021.3	1211.7
Hausman	0.000	0.000	Hausman	0.000	0.000	Hausman	0.000	0.000

注：***、**、*分别表示在1%、5%和10%的水平上显著；括号中数值表示相应估计的 t 统计量。

表 4 - 12

模型 4.4 的固定效应回归结果

变量	$Firm\_G_{i,t}$		变量	$Firm\_G_{i,t}$		变量	$Firm\_G_{i,t}$	
$Firm\_G_{i,t-1}$	-0.07*** (-3.29)	-0.2*** (-10.18)	$Firm\_G_{i,t-1}$	-0.05*** (-3.29)	-0.1*** (-10.2)	$Firm\_G_{i,t-1}$	-0.04*** (-3.26)	-0.2*** (-11.48)
$Firm\_G_{i,t-2}$	-0.14*** (-10.2)	-0.2*** (-15.2)	$Firm\_G_{i,t-2}$	-0.14*** (-10.25)	-0.2*** (-15.03)	$Firm\_G_{i,t-2}$	-0.14*** (-10.7)	-0.2*** (-16.1)
$Firm\_G_{i,t-3}$	-0.06** (-4.51)	-0.1*** (-9.45)	$Firm\_G_{i,t-3}$	-0.06** (-4.51)	-0.12** (-9.78)	$Firm\_G_{i,t-3}$	-0.2** (-5.22)	-0.13*** (-10.33)
$ROE_{i,t}$	0.02** (2.21)	0.05** (2.19)	$ROA_{i,t}$	0.03** (2.23)	0.01*** (4.32)	$ROS_{i,t}$	0.07** (2.24)	0.03** (2.21)
$ROE_{i,t-1}$	-0.01 (-0.95)	-0.03 (-1.05)	$ROA_{i,t-1}$	-0.17** (-2.24)	-0.24*** (-2.83)	$ROS_{i,t-1}$	0.034* (1.98)	0.027* (2.07)
$ROE_{i,t-2}$	-0.024 (-0.641)	0.026 (0.72)	$ROA_{i,t-2}$	0.134 (1.17)	0.111 (1.29)	$ROS_{i,t-2}$	0.09** (2.29)	0.116** (2.45)
$ROE_{i,t-3}$	-0.12 (-1.35)	-0.042 (-1.18)	$ROA_{i,t-3}$	0.037 (0.84)	0.005 (0.06)	$ROS_{i,t-3}$	-0.011 (-0.36)	0.012 (0.24)
D_1	9.6*** (8.81)	5.93*** (5.71)	D_1	7.84*** (8.63)	5.9*** (5.71)	D_1	9.7*** (8.96)	6.3*** (6.06)
D_2	12.1*** (11.6)	6.1*** (5.88)	D_2	8.63*** (9.62)	6.0*** (5.78)	D_2	11.57*** (11.29)	5.7*** (5.48)
$\ln(Equity)_{i,t}$	-7.66*** (-3.65)		$\ln(Equity)_{i,t}$	-7.52*** (-3.62)		$\ln(Equity)_{i,t}$	-8.63*** (-4.45)	

变量	Firm_G$_{i,t}$		变量	Firm_G$_{i,t}$		变量	Firm_G$_{i,t}$	
ln$(A)_{i,t-1}$	-28.22***		ln$(A)_{i,t-1}$	-28.73***		ln$(A)_{i,t-1}$	-28.22***	
	(-15.28)			(-15.63)			(-15.04)	
ln$(Sale)_{i,t}$	40.46***		ln$(Sale)_{i,t}$	40.85***		ln$(Sale)_{i,t}$	40.83***	
	(25.56)			(26.94)			(26.92)	
Debt/Asset	0.073		Debt/Asset	0.068		Debt/Asset	0.093	
	(1.15)			(1.02)			(1.49)	
Current Ratio	0.073		Current Ratio	0.079		Current Ratio	-0.024	
	(0.11)			(0.12)			(0.03)	
Constant	3.5***	-3.2***	Constant	2.78***	3.34***	Constant	-4.1***	-2.33***
	(8.51)	(-3.74)		(4.53)	(-3.81)		(-5.17)	(-3.36)
Year	yes	yes	Year	yes	yes	Year	yes	yes
R-sq: within	0.326	0.342	R-sq: within	0.327	0.343	R-sq: within	0.318	0.345
corr(u_i, Xb)	-0.136	-0.681	corr(u_i, Xb)	-0.594	-0.684	corr(u_i, Xb)	-0.682	-0.682
sigma_u	12.12	22.06	sigma_u	12.98	22.07	sigma_u	18.73	21.86
sigma_e	25.53	23.23	sigma_e	24.86	23.21	sigma_e	24.72	23.21
rho	0.184	0.473	rho	0.364	0.475	rho	0.386	0.470
chi2	864.3	1970.8	chi2	687.2	1486.5	chi2	795.4	1622.9
Hausman	0.00	0.00	Hausman	0.000	0.000	Hausman	0.000	0.000

注：***、**、* 分别表示在 1%、5% 和 10% 的水平上显著；括号中数值表示相应估计的 t 统计量。

和 $Firm\_G_{i,t-3}$ 显著性负相关。说明企业前期的增长不利于本期的增长，这与国外众多研究结论不一致（Coad，2007；Davidsson 等，2009；Giorgio C，2013）。说明我国上市公司盈利能力不一定影响企业增长。与 D_1、D_2 和 ln（$Sale$）$_{i,t}$ 显著性正相关，但与前一期的资产规模显著性负相关。说明当期权益和总资产增加有助于提高企业增长，营业规模是企业增长的主因。此外，$Firm\_G_{i,t}$ 与 ln（$Equity$）$_{i,t}$ 显著性负相关，与表4-11的实证结果不一致。众多研究发现，我国资产规模大并盈利能力强的上市公司易获得银行借款，应付账款主要是长期负债，资本缺口主要是短期负债。R^2（within）为 0.342、0.343 和 0.345，拟合度一般，支持固定效应模型。

3. 面板数据模型的稳健性检验

由于企业增长与盈利能力相互影响是动态过程，企业增长和盈利能力指标受到滞后影响。为了验证研究结论的稳健性，将原始样本数据分成2003～2008年和2009～2015年两部分。回归结果表明，基本结论不变。从表4-13可知，盈利能力指标虽各期间表现出一定的差异性，但总体来说差别不大，与总体分析结果相类似。

表4-13 动态面板数据的稳健性检验

Dependent variables	$Firm\_G_{i,t}$		$Firm\_G_{i,t}$		$Firm\_G_{i,t}$	
Year	2003～2008	2009～2013	2003～2008	2009～2013	2003～2008	2009～2013
$Firm\_G_{i,t-1}$	-0.165 *** (-12.22)	-0.124 *** (-9.08)	-0.178 *** (-13.78)	-0.143 *** (-10.85)	-0.173 *** (-13.28)	-0.139 *** (-10.52)
$Firm\_G_{i,t-2}$	-0.209 *** (-16.47)	-0.179 *** (-13.78)	-0.211 *** (-16.92)	-0.186 *** (-14.45)	-0.217 *** (-17.75)	-0.190 *** (-15.14)
$Firm\_G_{i,t-3}$	-0.111 *** (-8.98)	-0.105 *** (-8.31)	-0.121 *** (-9.91)	-0.118 *** (-9.34)	-0.121 *** (-10.07)	-0.115 *** (-9.97)
$ROE_{i,t-1}$	-0.003 (-0.10)	-0.072 (-1.43)				
$ROE_{i,t-2}$	-0.017 (-0.46)	0.039 (1.05)				
$ROE_{i,t-3}$	-0.008 (-0.28)	0.027 (0.74)				
$ROA_{i,t-1}$			0.103 (0.857)	0.07 (1.16)		

Dependent variables	$Firm\_G_{i,t}$		$Firm\_G_{i,t}$		$Firm\_G_{i,t}$	
Year	2003 ~ 2008	2009 ~ 2013	2003 ~ 2008	2009 ~ 2013	2003 ~ 2008	2009 ~ 2013
$ROA_{i,t-2}$			0. 085 * (1. 81)	0. 211 ** (2. 52)		
$ROA_{i,t-3}$			0. 102 (1. 23)	0. 019 (0. 22)		
$ROS_{i,t-1}$					0. 207 *** (4. 04)	0. 183 *** (3. 53)
$ROS_{i,t-2}$					0. 07 * (1. 91)	0. 136 ** (2. 84)
$ROS_{i,t-3}$					0. 052 * (1. 88)	0. 071 *** (3. 53)
D_1	6. 52 *** (6. 18)	6. 65 *** (6. 27)	2. 91 *** (2. 65)	3. 52 *** (3. 17)	5. 15 *** (4. 72)	5. 51 *** (5. 02)
D_2	6. 24 *** (5. 88)	6. 70 *** (6. 29)	6. 42 *** (6. 23)	7. 12 *** (6. 85)	6. 68 *** (6. 46)	7. 41 *** (7. 10)
$\ln (Equity)_{i,t}$	− 8. 79 *** (− 4. 12)	− 4. 88 ** (− 2. 28)	− 16. 29 *** (− 8. 06)	− 13. 91 *** (− 6. 81)	− 15. 88 *** (− 7. 81)	− 13. 32 *** (− 6. 459)
$\ln (A)_{i,t-1}$	− 30. 33 *** (− 16. 30)	− 31. 09 *** (− 16. 52)	− 22. 24 *** (− 11. 96)	− 22. 46 *** (− 11. 91)	− 25. 76 *** (− 14. 13)	− 25. 60 *** (− 13. 86)
$\ln (Sale)_{i,t}$	41. 77 *** (27. 51)	34. 37 *** (23. 11)	41. 05 *** (27. 78)	34. 36 *** (23. 54)	43. 95 *** (30. 18)	37. 01 *** (25. 88)
Debt/Asset	0. 217 (0. 32)	0. 316 (1. 48)	0. 083 (1. 03)	0. 094 (1. 16)	0. 136 (1. 42)	0. 087 (1. 33)
Current Ratio	0. 075 (0. 452)	0. 158 (0. 23)	− 0. 517 (− 0. 873)	− 0. 463 (− 0. 64)	− 1. 56 (− 1. 25)	− 0. 94 (− 1. 32)
Constant	− 4. 92 ** (− 2. 14)	− 5. 37 ** (− 2. 36)	− 5. 03 *** (− 3. 27)	− 4. 55 *** (− 2. 92)	5. 82 *** (3. 17)	4. 14 *** (2. 89)
Year	yes	yes	yes	yes	yes	yes
$R - sq$: within	0. 316	0. 349	0. 423	0. 465	0. 319	0. 314
rho	0. 471	0. 391	0. 403	0. 437	0. 481	0. 402
chi2	932. 1	982. 7	984. 3	1147. 6	1083. 1	1317. 4
Hausman	0. 000	0. 000	0. 000	0. 000	0. 000	0. 000

注: ***、**、*分别表示在1%、5%和10%的水平上显著;括号中数值表示相应估计的 t 统计量。

为了进一步检验企业增长对盈利能力的动态面板回归结果的稳健性，选取盈利能力指标处在 25% ~ 70% 之间的样本，并对 2003 ~ 2008 年和 2009 ~ 2015 年两部分进行了回归，回归结果系数稍有差异，但方向和显著性基本没变。

三、结论

为探究企业增长与盈利能力之间有何动态相互作用，借鉴披萨然（2007）和江（2011）等研究成果，设计企业增长与盈利能力动态相互作用及影响因素模型并以我国制造业上市公司为样本，通过 6327 个观测点，实证分析了 2003 ~ 2015 年间，企业增长与盈利能力动态相互作用。实证结果发现：

（1）当期的权益和总资产增加，会引起企业增长和盈利能力的增加。

（2）盈利能力面板单位根检验结果显示，ΔROE_t、ΔROA_t 和 ΔROS_t 与滞后一阶显著正相关，但滞后二阶和三阶显著负相关，这与众多国外研究相一致。

（3）企业增长有助于企业盈利能力的提高。

（4）当期权益和总资产增加有助于提高企业盈利能力，但前一期的资产规模和当期的资产负债率越高越不利于盈利能力的提高。这与企业盈利能力过于依赖投资的众多研究结论相一致。

（5）企业前期的增长不利于本期的增长，同时盈利能力不一定影响企业增长。

（6）如果权益和总资产是提高企业增长和盈利能力的主要影响因素，该问题有待从投资效率和营运资本角度思考。

第三节　上市公司债务期限结构动态特征及影响因素

随着资本结构理论的不断发展和创新，研究焦点逐渐从资本结构中基本杠杆选择转向债务结构特征方面。在资本结构理论发展基础上，产生了债务期限结构的权衡理论、代理成本理论、信息不对称假说和税收假说。在这些理论的基础上，引出了一系列影响债务结构的决定因素（Titman and Wessels，1988）。债务期限结构理论的检验主要集中在相互竞争的权衡理论（trade off theory）和优序融资理论（pecking order theory）。经过近 30 年的研究，这两大理论的有效性还没有得到一致的认可。

中国上市公司的资本结构的研究文献虽很多，但综合考虑股权分置（2005 年开始）、金融危机前后时期（2008 年）、税率改革（2007 年 3 月 16 日通过并于 2008 年 1 月 1 日起实施新企业所得税）和货币政策下，债务期限结构的动态特征和影响因素的研究十分少见。尤其是金融危机后，我国上市公司债务期限结构有何动态特征？究竟有哪些因素影响着债务期限结构？西方债务期限结构相关理论是否可以解释我国上市公司债务结构问题？这些问题都有待进行理论分析和实证检验。该领域的研究，宏观上可以使政府以更明确的政策导向促进债券市场的发展，引导企业融资结构的选择；微观上也可以使企业更有效率地选择适合自己的债务融资方式、期限和结构。

一、数据与研究方法

1. 样本选择

选取 2003 ~ 2015 年间 A 股上市公司作为样本，利用国泰安（CSMAR）数据库，并按如下标准进行筛选：（1）剔除金融业上市公司，因为金融业企业的会计处理、负债特征与其他企业之间存在较大差异。（2）剔除 ST、＊ST 和 PT 上市公司。（3）剔除会计数据、股价变化百分比异常及缺失值较多的公司。最终样本涉及 13555 个观测数（见表 4 – 14）。

表 4 – 14　　　　　　　　2003 ~ 2015 年各行业样本分布表

行业	企业性质	2003年	2004年	2005年	2006年	2007年	2008年	2009年	2010年	2011年	2012年	2013年	2014年	2015年
食品饮料	非国有企业	9	12	14	17	19	22	45	56	61	57	59	60	60
	国有企业	42	42	41	40	33	35	17	17	20	25	29	31	31
石油化工	非国有企业	10	16	11	20	33	44	85	130	179	182	185	186	186
	国有企业	94	100	99	98	97	95	56	56	36	33	31	29	28
电子	非国有企业	8	6	9	12	19	31	43	81	97	101	103	104	104
	国有企业	30	32	33	32	43	37	22	26	25	20	16	15	15
金属	非国有企业	11	14	16	17	29	35	66	110	137	140	141	142	142
	国有企业	80	81	79	86	85	83	55	40	31	28	26	25	24
机械设备	非国有企业	27	32	38	41	69	81	147	223	313	327	328	327	327
	国有企业	128	140	139	141	137	139	97	112	100	89	88	86	85

行业	企业性质	2003年	2004年	2005年	2006年	2007年	2008年	2009年	2010年	2011年	2012年	2013年	2014年	2015年
医药生物	非国有企业	14	25	24	23	32	45	68	82	106	112	112	112	111
	国有企业	55	59	56	59	52	38	21	22	19	15	15	14	14
房地产	非国有企业	28	30	31	39	33	38	67	78	83	89	91	91	91
	国有企业	67	68	66	67	64	64	48	36	30	26	25	24	24
批发零售	非国有企业	9	11	12	17	21	33	62	74	89	93	95	96	95
	国有企业	72	74	74	70	68	60	33	32	26	22	18	16	15
汇总	非国有企业	116	149	155	186	255	329	583	834	1065	1101	1114	1118	1116
	国有企业	568	596	587	593	580	551	349	341	287	258	248	240	236
	总样本	684	745	742	779	835	880	932	1175	1352	1359	1362	1358	1352

表4-14是各行业2003~2015年，国有企业和非国有企业的样本变动情况。从表中可看出，通过股权分置改革，非国有企业的样本数明显大于国有企业数，尤其是2008年后更为明显。由图4-6和图4-7可知①，2003~2015年间，由于国有企业与四大国有银行之间的天然纽带，国有企业的负债规模一直高于非国有企业。国有企业和非国有企业的资产负债率从2007年和2006年开始，呈现下降趋势，因受融资约束的影响，近四年趋于50%以下。

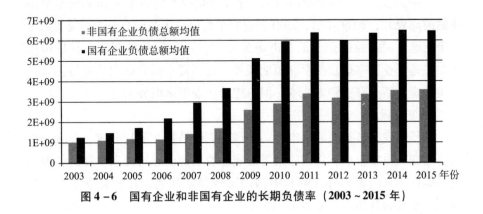

图4-6 国有企业和非国有企业的长期负债率（2003~2015年）

---

① 图4-6、图4-7和图4-8的趋势线是剔除异常值的样本的均值。

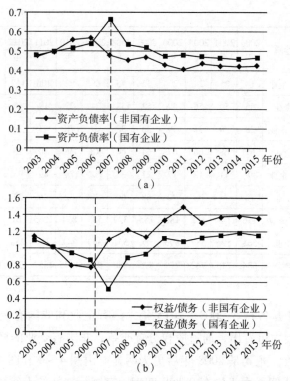

图4-7　国有企业和非国有企业的资产负债率和
股权债务比率趋势（2003～2015年）

由图4-8可知，2008年前，国有企业和非国有企业的流动负债率一直在40%以上，2005～2008年间，所有企业资产负债率和长期资本负债率的波动较大，2009年后，国有企业的平均值高于非国有企业。需要思考三个问题：一是我国企业债券市场欠发达，企业债务融资主要靠货币市场。二是企业资本运营主要靠短期债务，说明资本运营能力普遍较差。三是虽然短期债务降低资本成本，但可能给企业带来财务困境。

2. 变量设置

为研究我国各行业的上市公司的债务期限结构在股权分置、金融危机前后时期、税率改革和货币政策等宏观环境下的动态特征和所受的影响因素，借鉴已有的国内外文献和中国的宏观经济环境，我们设置了如下变量。各变量的具体定义见表4-15。

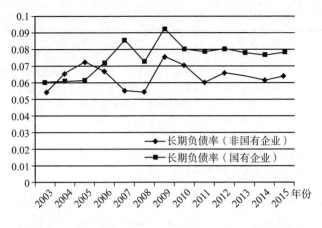

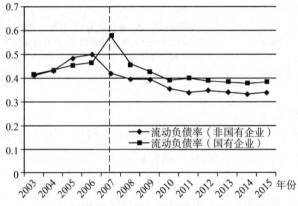

图 4 – 8　国有企业和非国有企业的长期负债率和
流动负债率趋势（2003 ~ 2015 年）

表 4 –15　　　　　　　　　　　　　变量定义

变量	变量	变量定义
资产负债率	*Leverage*	总负债/总资产
流动负债率	*Short-term leverage*	流动负债/总资产
长期负债率	*Long-term leverage*	长期负债/总资产
银行依存度 1	*Bankdep₁*	虚拟变量，当年销售收入高于 30% 给予 1，销售收入低于 30% 给予 0
银行依存度 2	*Bankdep₂*	虚拟变量，负债增加为 1，负债不变或减少为 0
货币政策	*Money Policy*	虚拟变量，贷款利率大于前一年为 1，不变或降低为 0
有形资产比率	*Tangfassets*	有形资产/总资产
息税前利润率	*EBIT*	*EBIT*/总资产
收益留存率	*Retearnings*	（盈余公积金 + 公益金 + 任意盈余公积金 + 未分配利润）/总资产

变量	变量	变量定义
非债务税盾	*Non-debt tax shields*	2003～2008 年：［*PROFIT* − (*T*/0.33)］/总资产；2009～2015 年：［*PROFIT* − (*T*/0.25)］/总资产。*PROFIT* 为税前利润，*T* 为企业税款
应付账款比率	*Accounts pay*	应付账款/总资产
Ln(营业收入)	*Ln*(*sales*)	*Ln*（营业收入）
权益/债务	*equity to debt ratio*	权益/债务
企业性质	*Nature of enterprise*	虚拟变量。国有企业为1，非国有企业为0
GDP 增长率	*GDP Growth*	［(GDP$_t$ − GDP$_{t-1}$)/GDP$_{t-1}$］×100%
行业	*Industy$_i$*	虚拟变量。食品业为1，石油化工为2，电子为3，金属业为4，机械设备为5，医疗生物为6，房地产为7，批发零售为8

3. 实证模型

根据我国上市公司的债务期限结构的动态特征，本文选用了面板数据模型。借鉴莱亚（Leary，2009）和肯斯坦森（Konstantions V.，2011）等的研究，设计了如下模型：

$$y_{i,t} = a + a_1 Bankdep_1 + a_2 Bankdep_2 + a_3 Monetarypolicy$$
$$+ \sum_{t=1}^{13} Dyear_t + \sum_{i=1}^{8} Industry_i + \sum_{i=1}^{2} D_i + \sum_{i=1}^{6} \beta_{i,t} x_{i,t} + u_i + \varepsilon_{i,t}$$

模型（4.5）

$$y_{i,t} = a + a_1 Bankdep_1 + a_2 Bankdep_2 + a_3 Monetarypolicy_{t-1}$$
$$+ \sum_{t=1}^{13} Dyear_t + \sum_{i=1}^{8} Industry_i + \sum_{i=1}^{2} D_i + \sum_{i=1}^{6} \beta_{i,t} x_{i,t} + u_i + \varepsilon_{i,t}$$

模型（4.6）

式中，$y_{i,t}$ 为资产负债率、短期资本负债率和长期资本负债率；$Bankdep_1$ 为银行依存度1；$Bankdep_2$ 为银行依存度2；$Monetarypolicy$ 为货币政策；$\beta_{i,t}$ 为 $x_{i,t}$ 的系数；a_i 为常数项；$Dyear_t$ 为虚拟变量，如果属于第 t 个截面给1，其他给0，$t=1$，2，…，T；D_i 为虚拟变量，如果属于第 i 个截面给1，其他给0，$i=1$，2；$Industy$ 为虚拟变量；u_i 为固定效果；$\varepsilon_{i,t}$ 为残差。

二、实证分析

1. 描述统计

表4-16描述了2003～2015年间不同性质企业13555个观测点（国有企业为5434个，非国有企业为8121个）的财务指标面板数据的描述统计。国有企业的资产负债率、长期资本负债率和短期资本负债率的均值分别为0.52、0.07和0.45，高于非国有企业的0.44、0.06和0.384。非国有企业的收益留存率均值为0.073，明显高于国有企业（-0.11），非国有企业的权益/负债均值为2.44，明显高于国有企业（1.48）。由此，非国有企业的资产质量好于国有企业①。

表4-16　　　　　　不同性质企业的财务指标的面板数据描述统计

企业性质		资产负债率	长期负债比率	流动负债比率	有形资产比率	息税前利润与资产总额比	收益留存率	非债务税盾	应付账款比率	Ln(营业收入)	权益对负债比率
非国有企业	均值	0.4495	0.0650	0.3844	0.9625	0.0675	0.0729	0.0584	0.122	2.0844	2.4433
	标准差	0.2388	0.0963	0.1995	0.0344	0.0562	0.9893	0.0592	0.095	0.5748	3.6322
	最小值	0.0203	0.0000	0.0117	0.7555	-0.3979	-58.150	-0.4324	0.000	-1.4407	-0.8325
	最大值	5.9700	2.2968	3.6732	1.0000	0.4927	0.7171	0.4424	0.562	4.2097	48.3598
国有企业	均值	0.5269	0.0722	0.4547	0.9670	0.0619	-0.1128	0.0507	0.123	2.1672	1.4874
	标准差	1.2442	0.1600	1.1128	0.0364	0.5930	6.4025	0.5936	0.099	0.5980	1.9868
	最小值	0.0283	0.0000	0.0260	0.4930	-1.0210	-251.76	-1.1183	0.000	-0.1823	-0.9879
	最大值	82.5596	8.8267	73.7328	1.0000	39.3131	12.7738	39.3131	0.554	4.4948	34.3616
整体	均值	0.4919	0.0689	0.4229	0.9650	0.0644	-0.0288	0.0542	0.123	2.1298	1.9195
	标准差	0.9357	0.1350	0.8353	0.0356	0.4406	4.7864	0.4412	0.097	0.5890	2.8899
	最小值	0.0203	0.0000	0.0117	0.4930	-1.0210	-251.76	-1.1183	0.000	-1.4407	-0.9879
	最大值	82.5596	8.8267	73.7328	1.0000	39.3131	12.7738	39.3131	0.562	4.4948	48.3598

表4-17为2003～2015年间不同行业13555个观测点的财务指标面板数据的描述统计。其中食品业观测点为894个，石油化工业观测点为2120个，电子业观测点为1067个，金属非金属业观测点为1723个，机械设备

---

① ANOVA中发现，企业类型和行业之间，众多指标都存在显著性差异。

业观测点为 3761 个，医药生物业观测点为 1305 个，房地产业观测点为
1398 个，批发零售业观测点为 1287 个。房地产业的资产负债率、长期资
本负债率和短期资本负债率的均值分别为 0.71、0.14 和 0.57，明显高于
其他行业的均值。机械设备和批发零售业的应付账款率均值分别为 0.17
和 0.16，普遍高于其他行业。权益/负债是电子业（3.19）最高，房地产
业（0.94）最低。房地产行业的资产结构不同于其他行业并债务结构值明
显大于其他行业。

表 4-17　　　　　　　　　不同行业财务指标的面板数据描述统计

行业类别		资产负债率	长期负债比率	流动负债比率	有形资产比率	息税前利润与资产总额比	收益留存率	非债务税盾	应付账款比率	Ln（营业收入）	权益对负债比率
食品饮料	均值	0.451	0.044	0.407	0.950	0.063	0.058	0.052	0.080	2.081	2.089
	标准差	0.210	0.058	0.196	0.043	0.080	0.235	0.086	0.068	0.557	3.154
	最小值	0.027	0.000	0.019	0.772	-0.311	-1.659	-0.325	0.000	0.517	-0.459
	最大值	1.848	0.350	1.846	1.000	0.392	0.647	0.364	0.414	3.855	35.440
石油化工	均值	0.458	0.084	0.374	0.963	0.061	0.102	0.047	0.110	2.135	2.104
	标准差	0.189	0.102	0.168	0.035	0.063	0.128	0.066	0.075	0.460	3.204
	最小值	0.020	0.000	0.019	0.773	-0.322	-1.319	-0.362	0.000	0.102	-0.051
	最大值	1.054	0.535	1.034	1.000	0.502	0.576	0.497	0.422	3.980	48.360
电子	均值	0.371	0.048	0.322	0.970	0.054	0.092	0.045	0.118	1.955	3.191
	标准差	0.183	0.073	0.170	0.025	0.064	0.165	0.067	0.084	0.529	4.156
	最小值	0.028	0.000	0.012	0.802	-0.509	-1.820	-0.528	0.000	-1.074	0.044
	最大值	0.958	0.517	0.907	1.000	0.245	0.551	0.233	0.548	3.784	34.279
金属非金属	均值	0.516	0.102	0.413	0.968	0.064	0.096	0.049	0.117	2.440	1.476
	标准差	0.175	0.097	0.161	0.031	0.058	0.192	0.061	0.076	0.671	2.277
	最小值	0.032	0.000	0.018	0.796	-0.265	-4.287	-0.284	0.000	0.487	0.020
	最大值	0.981	0.479	0.971	1.000	0.599	0.591	0.561	0.422	4.171	30.489
机械设备	均值	0.459	0.040	0.418	0.963	0.059	0.086	0.052	0.166	2.115	2.045
	标准差	0.197	0.071	0.182	0.032	0.051	0.165	0.054	0.112	0.585	2.826
	最小值	0.028	0.000	0.028	0.695	-0.431	-2.795	-0.460	0.000	-0.182	-0.560
	最大值	2.271	2.083	0.980	1.000	0.352	0.510	0.347	0.562	4.495	34.978

行业类别		资产负债率	长期负债比率	流动负债比率	有形资产比率	息税前利润与资产总额比	收益留存率	非债务税盾	应付账款比率	Ln（营业收入）	权益对负债比率
医药生物	均值	0.402	0.045	0.357	0.951	0.074	0.119	0.064	0.092	1.950	2.741
	标准差	0.194	0.060	0.180	0.039	0.069	0.170	0.072	0.077	0.502	3.618
	最小值	0.028	0.000	0.023	0.741	−0.257	−0.962	−0.285	0.000	0.385	0.035
	最大值	0.966	0.413	0.954	1.000	0.493	0.717	0.442	0.459	3.740	34.362
房地产	均值	0.707	0.141	0.566	0.986	0.089	−0.952	0.081	0.068	1.911	0.940
	标准差	2.692	0.316	2.404	0.031	1.287	14.058	1.287	0.064	0.579	1.361
	最小值	0.045	0.000	0.045	0.493	−1.021	−251.76	−1.118	0.000	−1.441	−0.988
	最大值	82.560	8.827	73.733	1.000	39.313	12.774	39.313	0.454	3.856	21.006
批发零售	均值	0.553	0.048	0.504	0.965	0.056	0.080	0.046	0.164	2.337	1.191
	标准差	0.182	0.067	0.175	0.040	0.052	0.132	0.054	0.124	0.581	1.461
	最小值	0.069	0.000	0.063	0.750	−0.398	−1.507	−0.432	0.000	0.511	−0.114
	最大值	1.128	0.411	0.931	1.000	0.365	0.617	0.359	0.560	4.210	13.579
整体	均值	0.492	0.069	0.423	0.965	0.064	−0.029	0.054	0.123	2.130	1.919
	标准差	0.936	0.135	0.835	0.036	0.441	4.786	0.441	0.098	0.589	2.890
	最小值	0.020	0.000	0.012	0.493	−1.021	−251.76	−1.118	0.000	−1.441	−0.988
	最大值	82.560	8.827	73.733	1.000	39.313	12.774	39.313	0.562	4.495	48.360

2. 实证结果

（1）当期货币政策影响下，债务结构的动态特征和影响因素。表4－18是当期货币政策影响下，债务结构的动态特征和影响因素，主要固定效应回归结果。由表4－18可知，资产负债率与银行依存度1、EBIT、应付账款比率、Ln（营业收入）显著性正相关。说明资产规模大并盈利能力强的企业易获得银行借款，提高资产负债率，这与国内外众多研究结论相一致。同时说明我国上市公司不管金融限制和货币政策的影响，倾向于进行较多的长期银行债务融资。资产负债率与权益/债务、收益留存率、显著性负相关，说明权益比重大的企业资产负债率低。此外，与非债务税盾、企业性质显著性负相关，说明税率的下调影响企业的资产负债率，国有企业相对于非国有企业有较低的资产负债率。$R^2(within)$ 为0.57，具有较强的拟合度，Hausman 检验 P 值为0，支持固定效应模型。短期资本负债率与银行依存度1、货币政策、Ln（营业收入）显著性正相关，说明盈利能力较好的企业紧缩时反而调增短期债务比率。流动负债率与年份显著性正相关，说明金融危机后，经营环境的恶化导致我国众多上市公司通过短期债务，弥补营运资本的缺口。流动负债率与银行依存度2、收益留存率、权益/债务显著性负相关，说明权益比重大的企业短期债务比率低。此外，与应付账款比率显著性负相关，说明我国上市公司的应付账款主要靠长期负债来解决，此问题有待从营运资本成本的角度思考。Hausman 检验 P 值为 0，支持固定效应模型，但 $R^2(within)$ 较低，模型的拟合度差。长期负债率与银行依存度2、EBIT、应付账款比率、Ln（营业收入）、GDP 增长率显著性正相关，说明盈利能力强的企业易获得银行借款，提高资产负债率，同时经济预期乐观时，企业增加长期债务比率。这与国内外众多研究结论相一致。另外，说明我国上市公司长期银行债务融资与经济预期和金融限制有关。长期负债率与银行依存度1、收益留存率、权益/债务显著性负相关，说明权益比重大的企业资产负债率低。此外，与非债务税盾、企业性质显著性负相关。说明税率的下调影响企业的资产负债率降低，国有企业相对于非国有企业有较低的资产负债率。$R^2(within)$ 为 0.48，具有较强的拟合度，支持固定效应模型。

表 4 –18　　　　　　　　　　模型 4.5 固定效应结果

变量	资产负债率	短期资本负债率	长期资本负债率
银行依存度1	0.0318 *** (9.58)	0.0576 *** (20.54)	− 0.0257 *** (− 7.52)
银行依存度2	0.0025 (0.78)	− 0.0539 *** (− 19.89)	0.0564 *** (17.08)
货币政策	0.0065 (0.84)	0.0143 ** (2.2)	− 0.0078 (− 0.99)
有形资产比率	0.0651 (1.74)	0.0433 (1.38)	0.0217 (0.57)
EBIT	3.9874 *** (28.5)	0.0167 (0.14)	3.9706 *** (27.63)
收益留存率	− 0.2483 *** (− 37.5)	− 0.0923 *** (− 16.55)	− 0.1560 *** (− 22.94)
非债务税盾	− 4.2197 *** (− 30.87)	− 0.0299 (− 0.26)	− 4.1898 *** (− 29.85)

变量	资产负债率	短期资本负债率	长期资本负债率
应付账款比率	0.1814 *** (11.2)	− 0.1717 *** (− 12.59)	0.3530 *** (21.23)
Ln(营业收入)	0.0654 *** (14.07)	0.0177 *** (4.52)	0.0477 *** (9.99)
企业性质	− 0.0064 ** (− 2.34)	0.0006 (0.28)	− 0.0070 ** (− 2.5)
权益/债务	− 0.0347 *** (− 42.39)	− 0.0090 *** (− 13.08)	− 0.0257 *** (− 30.55)
GDP 增长率	0.0031 (1.56)	− 0.0011 (− 0.65)	0.0042 * (2.05)
年份	yes	yes	yes
常数	0.2357 *** (5.51)	0.0265 (0.74)	0.2091 *** (4.76)
$R - sq$: within	0.5738	0.1835	0.4819
corr (u_i, Xb)	0.0316	0.0559	0.0476
rho	0.7489	0.4897	0.6720
chi2	841.38	101.05	412.81
Hausman	0.0000	0.0000	0.0000

注: *** 、 ** 、 * 分别表示在 1% 、5% 和 10% 的水平上显著；括号中数值表示相应估计的 t 统计量。

（2）前一期货币政策影响下，债务结构的动态特征和影响因素。表 4 - 19 是货币政策前一期影响下的固定效应回归结果。资产负债率与银行依存度 1、EBIT、应付账款比率、Ln（营业收入）显著性正相关，说明资产规模大并盈利能力强的企业易获得银行借款，提高资产负债率，这与表 4 - 18 的实证结果相一致。资产负债率与收益留存率、权益/负债显著性负相关，说明权益比重大的企业资产负债率低。此外，与非债务税盾、企业性质、GDP 增长率显著性负相关，说明税率的下调影响企业的资产负债率，国有企业相对于非国有企业有较低的资产负债率，同时经济前景看好时，降低资产负债率。这与表 4 - 18 的结论形成鲜明对比。R^2（within）为 0.57，具有较强的拟合度，Hausman 检验 P 值为 0，支持固定效应模型。短期负债率与银行依存度 1、Ln（营业收入）显著性正相关，说明盈利能力较好的企业增加短期债务比率。此外，非债务税盾显著性正相关，税率下调导致企业短期负债上升。这与表4-18的结论形成鲜明对比。短期资本负债率与银行依存度2、收益留存率、权益/负债显著性负相关，说明权益比重大的企业短期债务比率低。此外，与EBIT、应付账款比率、GDP增长率显著性负相关，说明盈利能力较好的上市公司应付账款主要靠长期负债来解决，同时经济前景看好时，降低资产负债率。Hausman检验P值为0，支持固定效应模型，但R^2（within）为0.18，模型的拟合度差。长期负债率与银行依存度2、EBIT、应付账款比率、Ln（营业收入）、GDP增长率显著性正相关，说明盈利能力强的企业易获得银行借款，提高资产负债率，同时经济预期乐观时，企业增加长期债务比率。这与国内外众多研究结论相一致，说明我国上市公司长期银行债务融资与经济预期和金融限制有关。流动负债率与银行依存度1、收益留存率、权益/负债显著性负相关，说明权益比重大的企业资产负债率低。此外，与非债务税盾显著性负相关，说明税率的下调影响企业的资产负债率降低。R^2（within）为0.47，具有较强的拟合度，支持固定效应模型。

表4-19　　　　　　　　模型4.6固定效应回归结果

变量	资产负债率	短期资本负债率	长期资本负债率
银行依存度1	0.0265 *** (9.11)	0.0509 *** (19.49)	-0.0244 *** (-7.42)
银行依存度2	0.0030 (1.08)	-0.0505 *** (-20.12)	0.0535 *** (16.96)
货币政策	0.0008 (0.09)	-0.0116 (-1.5)	0.0124 (1.28)
有形资产比率	0.0296 (0.77)	0.0029 (0.08)	0.0267 (0.62)
EBIT	2.9317 *** (20.83)	-0.3029 ** (-2.4)	3.2346 *** (20.38)
收益留存率	-0.1408 *** (-16.04)	0.0044 (0.55)	-0.1452 *** (-14.67)
非债务税盾	-3.1893 *** (-23.13)	0.2325 * (1.95)	-3.4219 *** (-22.01)
应付账款比率	0.1670 *** (10.41)	-0.1605 *** (-11.16)	0.3274 *** (18.11)

变量	资产负债率	短期资本负债率	长期资本负债率
Ln（营业收入）	0.0471 *** (9.91)	0.0099 ** (2.32)	0.0372 *** (6.93)
企业性质	− 0.0044 （− 1.76）	0.0007 (0.29)	− 0.0051 （− 1.79）
权益/债务	− 0.0477 *** （− 47.21）	− 0.0135 *** （− 14.89）	− 0.0342 *** （− 30.02）
GDP 增长率	− 0.0024 *** （− 3.37）	− 0.0044 *** （− 6.75）	0.0019 ** (2.38)
年份	yes	yes	yes
常数	0.4261 *** (10.65)	0.1602 *** (4.46)	0.2660 *** (5.89)
R − sq: within	0.5716	0.1871	0.4666
corr（u_i, Xb）	0.0752	0.0915	0.0813
rho	0.7955	0.5794	0.6964
chi2	973.51	228.47	463.87
Hausman	0.0000	0.0000	0.0000

注： *** 、 ** 、 * 分别表示在1%、5%和10%的水平上显著；括号中数值表示相应估计的 t 统计量。

三、结论

本研究以债务期限结构理论为基础，设计债务期限结构动态特征和影响因素模型并以我国上市公司为样本，实证分析了债务期限结构在股权分置、金融危机前后时期、税率改革和货币政策等宏观环境下的动态特征和所受的影响因素。实证结果发现：

（1）国有企业的债务期限结构明显高于非国有企业，表明国有企业的融资环境好于非国有企业。

（2）资产规模大并盈利能力较好的企业资产负债率高，权益比重大的企业资产负债率低。

（3）长期债务比率和资产负债率与经济预期、货币政策、金融限制与税率变动有关。

（4）金融危机后，经营环境的恶化导致众多上市公司通过短期债务弥补营运资本的缺口。

（5）税率下调导致企业短期负债上升，但长期负债率和资产负债率下降。

（6）上市公司的应付账款主要靠长期负债来解决，该问题有待从营运资本成本的角度思考。

第五章　上市公司资本误配置
影响因素研究

上市公司资本误配置是融资、资本运营和投资过程的系统表现。如何聚合融资和资本运营维度度量是一大难点。探究资本误配置影响因素是构建聚合"融资、资本运营和投资"维度的监测体系的关键。本章以我国上市公司为例，通过基于"非均衡"指标的资本配置效率影响因素、融资结构视角下非效率投资影响因素和资本误配置微观影响因素的实证检验，探究了影响资本误配置的关键因素。

第一节　基于"非均衡"指标的资本配置效率影响因素

制造业是我国经济至关重要的部分，对我国制造业上市公司资本配置现状进行研究，可以大体了解到我国上市公司资本配置的实际困境和解决路径。因此，在全球经济逐渐复苏的当下，从制造业上市公司角度出发，探究不同行业企业的资本配置效率以及企业微观层面的影响因素，摸索出企业内部优势资源，引导资本从富足的部门流向稀缺的部门，对促进中国产业结构调整和维持经济的可持续发展，具有重要的实践意义：有利于从企业财务微观层面，辨别资本配置的类型和特点；有利于揭示国有企业、非国有企业的资本流动情况；有利于实证揭示不同企业内部因素对于资本形成和配置的影响；有利于探索出不同类型企业资本配置的优化路径，促进金融服务功能的完善。

一、上市公司资本配置效率特征

（一）企业资本配置效率模型与数据说明

1. 企业资本配置效率模型

一般均衡理论认为，帕累托的最优资本配置是使得资本能够按照边际产出均衡化的要求来进行配置，即可以通过比较单个企业跟行业或者企业间边际产出水平来分析资本配置效率的高低。但是，很多学者在度量行业或者企业间的边际产出水平时，往往只是简单地取平均值，忽视了加权的作用。所以本文提出对每个企业赋予一个权重，使得在计算企业间的边际产出时，考虑了企业的经营状况、规模上的差异等因素，使模型更加符合经济实践。

借鉴苏力勇等（2009）、沃格勒（2000）、刘彬彬（2015）和 Özlem K. and AlecM.（2014）等资本配置方法，构建赋予权重的模型。由于约梓兰和阿莱克母（Özlem K. and AlecM, 2014）的模型适用于行业或者区域，针对宏观企业的资本配置方案，需要除掉"加总"步骤，即微观企业的"非均衡"资本配置模型为：

$$Invest_{it} = \frac{d(x)_i}{\sum_{i \in I} a(x)_i} = \frac{a(x)_i - \alpha_i * \sum_{i \in I} a(x)_i}{\sum_{i \in I} a(x)_i} = \frac{a(x)_i}{\sum_{i \in I} a(x)_i} - \alpha_i$$

(5.1)

模型中涉及 $a(x)_i$ 和 α_i 的确定，参考刘彬彬（2015）对于指标的选择方案，确定 $a(x)_i$ 的取值为 ROA_{it}^*，α_i 作为每个公司的权重，可以用单个企业的总资产与行业的总资产的占比表示，即

$$\alpha_i = 资产 / 行业总资产 = size_{it} / \sum_{i=1}^{n_i} size_{it}$$

$$Invest_{it} = \frac{d(x)_i}{\sum_{i \in I} a(x)_i} = \frac{ROA_{it}^* - (size_{it} / \sum_{i=1}^{n_i} size_{it}) * \sum_{i=1}^{n_i} ROA_{it}^*}{\sum_{i=1}^{n_i} ROA_{it}^*}$$

$$= \frac{ROA_{it}^*}{\sum_{i=1}^{n_i} ROA_{it}^*} - \frac{size_{it}}{\sum_{i=1}^{n_i} size_{it}}$$

(5.2)

其中，ROA_{it}^* 的算法同上所述；$Invest_{it}$ 表示 i 企业在第 t 时期的非均衡资本配置效率，当 $Invest_{it}$ 的绝对值越大的时候，表明企业的资本配置效率越差，资本错配或者误配的现象较为严重；反正，则认为企业的资本配置较为合理。

2. 数据说明

样本主要来源于同花顺（iFinD）数据库，设定样本的期限为 2004①

---

① 由于上市公司年报从 2004 年开始才有较为完整的财务资料，因此将样本的研究起点设定为 2004 年。

年到 2015 年，并将企业样本进行筛选，企业样本应遵循模型对参数的基本要求和数据处理合理、简便的原则，按照以下几点进行样本的筛选：（1）剔除所有金融类及 ST、PT 上市企业；（2）剔除 ROA 和 ROE 为负的企业样本；（3）剔除所有年终权益为负的企业样本。

对经过上述步骤处理后的样本数据再进行 Winsorize[①] 和对数化处理以消除极端数值对实证分析结果的影响。经过上述程序处理后，共得到 716 家上市企业的样本数据，其中国有企业为 361 家、非国有企业为 355 家，分别占 50.42% 和 49.58%，共获得 9 个行业[②]的 8261 个观测点（见表 5-1）。

表 5-1　　　　　　　　9 个行业 2004~2015 年观测数据

年份	2004	2005	2006	2007	2008	2009	2010	2011	2012	2013	2014	2015
食品加工	49	48	52	53	51	49	55	55	54	53	55	55
纺织服装业	39	40	40	39	39	43	45	41	39	41	37	37
造纸印刷和文体	21	19	19	21	17	18	19	19	18	20	20	20
石油化工等	127	122	124	127	97	105	119	110	102	107	111	110
电子设备等	67	57	60	62	65	56	63	67	57	66	62	62
非金属矿物等	117	115	115	116	105	106	114	110	101	110	106	106
机械制造业	200	184	196	204	185	194	198	198	192	195	197	197
医药生物制造业	83	78	82	81	78	85	84	86	81	85	89	89
其他制造业	13	12	13	14	13	13	13	12	10	13	12	12

---

① 如果一个样本某变量的值大于该变量的 99 分位数，则该样本的值被强制指定为 99 分位数的值；如果一样本某变量的值小于该变量的 1 分位数，则该样本该变量的值被强制指定为 1 分位数。

② 根据中国证监会 2012 年 10 月 26 日修订的《上市公司行业分类指引》，制造业上市公司的二级行业分类有 10 类，由于 C02（木材加工及竹、藤、棕、草制品业和家具制造业）的样本企业较少，将其排除，共选取了以下 9 类作为研究对象：C0（食品加工业、食品制造业、饮料制造业）、C1（纺织业、服装及其他纤维制品制造业、皮革、毛衣、羽绒及制品制造业）、C3（造纸及纸制品业、印刷业、文教体育用品制造业）、C4（石油加工及炼焦业、化学原料及化学制品制造业、化学纤维制造业、橡胶制造业、塑料制造业）、C5（电子元器件制造业、日用电子器具制造业、其他电子设备制造业、电子设备修理业）、C6（非金属矿物制品业、黑色金属冶炼及压延加工、有色金属冶炼及压延加工、金属制品业）、C7（普通机械制造业、专用设备制造业、交通运输制造业、电器机械及器材制造业、仪器仪表及文化、办公用机械制造业）、C8（医药制造业、生物制品业）、C9（其他制造业）。

（二）资本配置效率的测度与特征

1. 制造业平均非均衡资本配置效率情况

根据公式（5.1）和（5.2）的非均衡资本配置效率度量方法，本文对选取的 9 个行业微观企业进行了估算，并对同年份的效率值进行了加权平均化，得到了制造业年均资本配置的总体情况。从表 5 - 2 和图 5 - 1 可知，我国制造业资本配置效率在小范围内波动，总体上看，资本配置的非效率化按从低向高再向低的趋势走。

表 5 - 2　　　　　　　　2004～2015 年制造业非均衡配置效率值

年份	2004	2005	2006	2007	2008	2009	2010	2011	2012	2013	2014	2015
INVEST	0.0162	0.0492	0.001	0.2138	-0.0044	-0.0013	-0.0017	0.1629	-0.0006	-0.0009	0.0043	0.0328

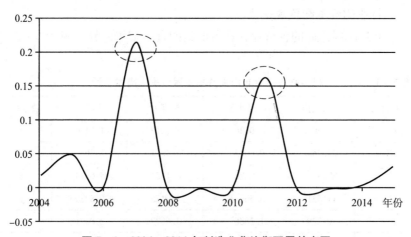

图 5 - 1　　2004～2014 年制造业非均衡配置效率图

2007 年后，资本配置的"非均衡"效率出现了极端值，并在 2008 年、2009 年和 2010 年的时候出现了负值。虽投资者预期回报理论、资本逐利性①认为，投资者会加大对于制造业固定资产的投资，使得固定资产逐年增加，但上市公司固定资产平均投资平均增长率波动较大（见图 5 - 2）。

----

① 在完全自由流动的资本市场条件下，投资者的预期回报是存在黏性的。并且，由于政府干预的缺失，资本的配置存在逐利性。即资本配置的滞后一阶影响当年的资本配置预期回报率。当上一年的资本配置效率较高时，投资者的预期回报率较高。

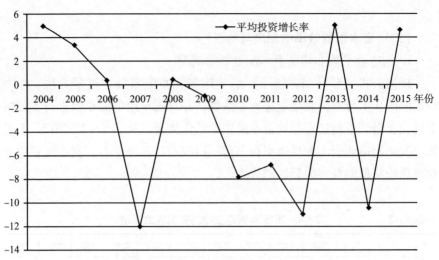

图 5 - 2　2004～2015 年制造业固定资产平均投资增长率

2. 行业的资本配置效率比较

上市公司制造业的各行业存在着明显的资本配置差异（见表 5 - 3）。

表 5 - 3　　　　　　制造业各行业非均衡资本配置效率①描述统计

行业代码	最大值	最小值	标准差	平均值	效率排名
$C0$	9.5082	0.0026	1.6213	1.6110	5
$C1$	22.964	0.0083	3.4051	2.3086	7
$C3$	37.955	0.0326	6.1351	5.0884	8
$C4$	11.331	$5.5661E-4$	1.0175	0.8239	2
$C5$	30.229	$1.2886E-4$	3.6872	2.0471	6
$C6$	18.133	0.0023	1.6072	1.0475	3
$C7$	15.422	$1.2723E-4$	1.0645	0.5521	1
$C8$	11.389	0.0012	1.2095	1.0664	4
$C9$	47.178	0.1062	7.2499	7.24995	9

按照资本非均衡配置效率值的高低对 9 大行业进行分类。假设当资本非均衡配置效率值在 1 以下的，为制造业资本配置的高效水平；当资本非

————————

　　① 由于直接对非均衡效率值进行加权平均化，数据较小，不利于比较。本文资本配置效率度量是用离差的方法，所以选用了非均衡效率的绝对值。表中数据是制造业行业非均衡配置效率的绝对值。

均衡配置值在 1~2 之间的，为制造业企业中的中等好水平；当资本非均衡配置值在 2 以上的，为制造业资本配置的低效率水平。按照资本配置效率的分类，各个行业可以分为三类，具体结果如下：

制造业中资本配置水平相对处于较高的行业为 C7 和 C4，资本配置水平相对处于中等的行业为 C0、C6 和 C8，资本配置水平处于低效率的行业为 C1、C3、C5 和 C9。

3. 国有企业与非国有企业非均衡资本配置效率比较

表 5 - 4 是国有和非国有企业[1]的非均衡资本配置效率异方差比较。由表 5 - 4 可知，国有企业与非国有企业的非均衡配置效率存在显著性差异（p 值 < 0.05）。国有企业的非均衡配置效率离差要低于非国有企业，说明国有企业的资本配置效率要高于非国有企业，但国有企业和非国有企业资本配置效率的高低历来受到学者的关注[2]。

表 5 - 4 国有企业和非国有企业非均衡配置效率异方差均值比较

	股权性质	样本数	均值	标准差	标准误差	P 值
invest	非国有	4037	1.38845	2.5370	0.0417	0.009
	国有	4202	1.23483	2.5784	0.0415	

为具体探究国有和非国有企业在哪些行业存在资本配置效率的差异，本节进行了各行业之间的比较（见表 5 - 5）。

表 5 - 5 国有企业和非国有企业的行业非均衡配置效率比较

行业	非国有企业	国有企业	P 值
C0	0.3914	- 0.3087	0.0000
C1	- 0.0514	0.2311	0.5140
C3	2.1098	- 3.5878	0.0000
C4	0.3849	- 0.3000	0.0000
C5	0.8671	- 1.4336	0.0000
C6	0.5433	- 0.3802	0.0000
C7	0.3397	- 0.2037	0.0000
C8	0.4303	- 0.1760	0.0000
C9	2.0962	- 0.6873	0.1470

---

[1] "国有企业"是指国有控股企业，"非国有企业"是指非国有控股企业。

[2] 曲三省（2015）、郝书辰等（2012）、龚关等（2015）。

从非均衡资本配置效率（取绝对值）比较的结果来看，国有企业在行业 C0、C4、C6、C7、C8 和 C9 等资本配置效率要高于非国有企业。而非国有企业在 C1、C3 和 C5 等的资本配置效率要优于国有企业。

从行业的差异来看，国有企业资本配置效率高的行业中存在着垄断因素，尤其是在石油加工、炼焦、金属冶炼、机械制造业、医药制造业等行业，但是国有企业在没有垄断的行业，例如食品加工、饮料制造业、其他行业中都有不错的表现。这说明国有企业可以在垄断和非垄断的行业中保持较强的生产活力；而非国有企业在非垄断性的行业有明显的优势，例如纺织、服装、造纸业等传统行业，这些行业的高效率往往来源于出口需求的拉动。并且，国内这些传统造纸业在国际市场中具有比较优势，其过硬的质量和低廉的定价，赢得了国外市场的肯定，所以大量出口带来的行业高利润，使得这些传统行业有较高的资本配置效率；电子元器件等高精密制造行业满足国家对于信息化社会建设的需要，国家信息化建设、高新技术园区的大规模兴起等政策使得与电子、通信产业相关的行业的投资力度加大，这在很大程度上促进了这些行业的发展和资本配置效率的提高。

总体而言，企业在一个行业的发展，除了受行业资本配置效率的影响外，还会受到行业自身发展空间的约束。相对于能源类、机械大型制造类等行业，只有国家放开行业准入标准，非国有企业才能有机会进入这些行业，并投入大量的资金、物力、设备等，创造出更多的价值。但是，对于约束条件较多或者未对非国有企业开放资本投入的行业，即使非国有企业在管理能力和制造水平上优于国有企业，也不可能在这些行业中长远地发展。

二、非均衡资本配置效率的影响因素实证分析

（一）数据来源及处理

本节以 2004～2015 年间沪深两市 A 股制造业上市公司的年度数据为样本，利用了同花顺（iFinD）和 Wind 数据库。为数据的准确性和可靠性，对数据进行了如下处理：（1）剔除被标记 ST、＊ST、PT 上市公司①。

---

① 这类企业的财务状况和经营状况一般存在或多或少的问题，企业投融资行为比较极端，和其他正常经营的企业存在较大差异。为减少这种异常样本对研究结果可能带来的不利影响，本文将其剔除。

（2）剔除同时发行 B 股或 H 股的上市公司①。（3）剔除研究变量在公司/年度（Firm-year）内数据缺失的上市公司。同时，为了减轻内生性的影响，我们对资本配置效率的解释变量进行了滞后一期的处理，这样我们就损失了一年的观测值。（4）通过做散点图，剔除相关财务指标存在异常值的公司。处理后共得到 716 家上市企业制造业公司的 8261 个观测数据。

（二）变量的选择

上市公司资本配置效率的高低受很多因素影响，但从已有文献中发现②，主要与企业效益、企业规模、企业的营运能力、企业的结构、企业发展能力、企业投资水平、偿债能力、股权集中度和所处行业有关（见表 5 - 6）。

表 5 - 6 　　　　　　　　　　变量名称及含义影响因素说明

指标类别	变量代码	变量名称	变量含义
企业的效益	ROA	资产收益率	净利润与总资产总额的比率
企业的规模	Size	总资产	Ln（总资产）
企业的成熟度	Age	上市时间	反映企业在行业中的存续时间和经营成熟度
企业的资本结构	Lev	资产负债率	负债总额与资产总额的比率
	Ldzcl	流动资产/总资产	总资产中流动资产所占的比率
企业的营运能力	Sar	总资产周转率	评价企业全部资产的经营质量和利用效率
企业的偿债能力	Cfo	经营净现金流	经营流入量与流出量的差额
	Ldbl	流动比率	流动资产对流动负债的比率
	Cqbl	产权比率	负债总额与所有者权益总额的比率
企业的发展能力	Growth	营运总收入增长率	反映企业的经营水平和发展能力
企业的投资水平	Tzsyl	投资收益/利润总额	评价项目的收益水平和方案的可行性
	EVA	EVA 回报率	评价项目的收益水平和方案的可行性
企业的股权集中度	Gdbl	前十大股东持股比例	反映股权的集中程度

---

① 以同时发行 B 股或 H 股的上市公司作为研究样本，可能会因为资本市场的发达程度和股份发行的不同法律规定等制度性差异对拟验证的命题产生潜在影响。

② 详见第一章文献综述部分。

（1）企业效益。企业的效益用总资产收益率来衡量，它是影响投资者投资行为的重要指标。根据投资的趋利性原则，当资本能够在企业（项目）间自由流动时，盈利能力好的企业能够吸引更多的资本，资本也能够在企业（项目）间得到更为充分的配置，资本的配置效率也越高。

（2）企业规模。一种观点是规模大的企业，经营效益好，资本配置效率高①。另一种观点是规模小的企业，较容易生存，资本配置效率高②。无论企业规模如何，都是影响企业资本配置的重要因素，本文以总资产衡量企业的规模。

（3）企业资本结构。一般用资产负债率和（流动资产/总资产）来衡量企业的资产结构和短期偿债能力。企业资产负债率是投资者判断被投资单位是否具有合理的资产结构，以及企业债务偿付的安全性的重要指标，能够用以衡量企业的投资风险。根据风险和报酬理论，在同等报酬条件下，投资者更倾向于选择风险更小的项目。资产负债率越高的企业，债务资本在企业总资产中所占比重越大，投入资本的风险也越大。

（4）企业营运能力。企业营运能力用总资产周转率衡量，它反映了企业在经营过程中整体的资金周转速度和资产利用效率，该指标能够使投资者了解到所投入资金的回收速度和资金回收的安全性。

（5）企业偿债能力。正常经营的企业须及时且足额地偿还其前期产生的各种长短期债务。在评价企业生存与未来发展时，企业的偿债能力是一个非常重要的考察点，如果一个企业具有较好的偿债能力，则说明其财务现状良好，具备长期且稳定经营的能力。

（6）企业发展能力。发展能力以企业的营运总收入增长率来衡量，能够反映企业的未来成长性。成长性好的企业能够吸引到更多的资本，促使资本流入到发展前景好的企业。对于不同类型的企业，如果资本能够自由流入到成长性较好的行业，则说明该类型企业的资本得到了有效配置。

（7）企业投资水平。投资决策作为公司成长的主要动因和未来现金流量增长的重要基础，将直接影响公司的融资决策和股利决策，从而影响公司的经营风险、盈利水平以及资本市场对其经营业绩和发展前景的评价，成为公司财务决策的起点。本节以投资收益率和 EVA 回报率作为衡量指标。

---

① 大企业可以通过大规模生产，实现更深层次的劳动分工，产生经济效率。大企业通过大型设备和大规模生产，降低生产成本，大企业较小企业管理水平和技术创新水平更高，更容易获得融资的支持。

② 厂商扩大规模，可能增加管理成本，大企业机构庞大，管理层级多，导致决策和控制信息失真。

（8）股权集中度。众多研究发现[1]，股权集中度对于企业资本配置效率的变化有一定的影响，本节选用前十大股东持股比例作为衡量指标。

（9）企业成熟度。从企业的发展来看，不同阶段经营特征和投资者、管理者关系的不同，对于资本配置效率的影响不同[2]。企业成熟度在一定程度上对资本配置效率有影响，本书以上市年份作为衡量指标。

（三）模型设定

借鉴约梓兰和阿莱克母（2014）等的研究，考虑资本配置影响因素的同时，为克服内生性的影响，在模型设定中引入了滞后一期。设定的固定效应模型为：

$$invest_{i,t} = \alpha + \sum_{i=1}^{n} \beta_{i,t-1} x_{i,t-1} + \sum_{t=2004}^{2015} year_t + \sum_{t=2004}^{2015} year_t \sum_{i=0}^{9} hy_i + u_i + \varepsilon_{i,t}$$

模型（5.1）

其中，$invest_{i,t}$ 表示 i 企业 t 期的非均衡配置效率；α 为常数项；$\beta_{i,t-1}$ 为 $x_{i,t-1}$ 的系数；$x_{i,t-1}$ 表示为自变量所构成的矩阵；hy_i 为行业虚拟变量，当处于第 i 个行业时，取值为 1，其他取值为 0；$year_t$ 为时间虚拟变量，当处于第 t 个年份时，取值为 1，其他取值为 0；u_i 为固定效应值；$\varepsilon_{i,t}$ 为残差值。

（四）各变量描述统计及相关性

1. 各变量描述统计

由表 5 - 7 可知，国有企业和非国有企业在各项指标上有显著差异：（1）企业成熟度方面，非国有企业（均值为 14.92）和国有企业（均值为 14.61）差异不大。上市年限接近于 15 年，说明我国制造业上市公司进入经营安全期，总体水平处于风险梯度较低的水平[3]。（2）经营效益方面，非国有企业的总资产收益率高于制造业平均水平，但国有企业低于制造业平均水平。（3）企业规模方面，国有企业明显要大于非国有企业（22.05 和 21.48），但是国有企业规模与盈利能力增长是否正相关有待商榷。（4）资

---

① 伯利和米恩斯（Berle and Means，1991）、詹森和麦克林（Jensen and Mecklin，1976）、施莱菲尔和维西里（Shleifer and Vishny，1994）及德姆塞茨（Demsetz，1983）等。

② 企业初创期是规模较小，生产能力弱，企业有一定的专业技术和资金需求；成长期是企业发展迅速，经营内容逐渐丰富；成熟期是企业经营领域较大，内部结构复杂，有专业化的经理人队伍；衰退期是企业内部存在管理问题、经营状况萎缩，有面临破产和被收购的风险。

③ 详见聂名华、张鹏（2015）等的研究。

本结构方面，国有企业的资产负债率水平要远远高于非国有企业，但是非国有企业的流动资产率水平要高于国有企业的流动资产率水平，从侧面可以反映出国有企业更加倾向于非流动资产的投资。（5）营运能力方面，国有企业的总资产周转率要略微的高于非国有企业，但差异不大。这说明国有和非国有企业在总资产的经营质量和使用效率上能力相当。（6）发展能力方面，非国有企业（27.74%）要远远高于国有企业（19.01%）。说明非国有企业自身特点和发展模式有助于企业发展。（7）企业投资方面，非国有企业明显优于国有企业，无论是从 EVA 回报率，还是从投资收益率角度分析，非国有企业的回报率均高于国有企业。（8）股权集中度方面，国有企业的十大股东持股比例高达 56.23%，高于非国有企业十大股东持股比例 53.25%。（9）偿债能力方面，非国有企业在产权比率和净现金流都优于国有企业。

表 5 –7 各变量描述统计

影响因素	全部类型		非国有企业		国有企业	
	均值	标准差	均值	标准差	均值	标准差
age	14.76	5.06	14.92	5.01	14.61	5.10
roa	7.47	5.80	7.95	5.91	7.06	5.66
size	21.79	1.19	21.48	1.06	22.05	1.23
lev	48.29	17.74	46.66	17.39	49.71	17.93
ldzcl	54.08	17.09	54.24	16.55	53.95	17.54
evaratio	0.82	21.85	1.45	30.95	0.28	7.79
tzsyl	47.96	583.67	56.36	826.97	40.70	208.89
growth	23.06	171.63	27.74	239.86	19.01	71.64
sar	0.83	0.53	0.80	0.58	0.87	0.48
gdbl	54.85	15.07	53.25	15.19	56.23	14.82
cfo	2.01	1.76	2.07	1.78	1.95	1.73
ldbl	1.75	3.33	1.87	4.55	1.65	1.66
cqbl	1.47	2.75	1.37	3.02	1.56	2.50

2. 相关性结果分析

表 5 –8 是影响因素的 *perason* 相关性结果，由表中可知，所选择的变量之间相关显著性较高，符合模型回归要求。

表5-8

变量 perasom 相关性分析

	age	roa	size	lev	evaratio	growth	sar	gdbl	cfo	ldbl	cqbl	tzsyl	ldzcl
age	1												
roa	-0.130**	1											
size	0.260**	-0.061**	1						0.				
lev	0.032**	-0.149**	0.163**	1									
evaratio	-0.025*	0.280**	-0.024*	-0.038**	1								
growth	-0.008	0.061**	-0.029*	0.019	0.012	1							
sar	-0.023*	0.216**	0.089**	0.068**	0.088**	0.073**	1						
gdbl	-0.326**	0.221**	0.103**	-0.032**	0.059**	0.019	0.155**	1					
cfo	0.052**	0.126**	0.465**	0.042**	0.046**	-0.003	0.077**	0.154**	1				
ldbl	0.022	0.109**	-0.116**	-0.269**	0.014	-0.007	0.048**	0.024*	-0.037**	1			
cqbl	0.053**	-0.097**	0.091**	0.475**	0	0.019	0.061**	-0.041**	0.025*	-0.115**	1		
tzsyl	0.029*	-0.053*	-0.001	0.003	-0.029*	-0.009	-0.045**	-0.039**	-0.008	-0.015	0.012	1	
ldzcl	-0.026*	0.136**	-0.149**	-0.047**	0.059**	0.018	0.165**	0.051**	-0.106**	0.168**	-0.011	-0.060**	1

注：*表示在0.05水平（双侧）上显著相关；**表示在0.01水平（双侧）上显著相关。

（五）影响因素实证结果

1. 全样本实证结果

表 5-9 是以所有观测点为样本进行的固定效应模型和随机效应模型的回归。

表 5-9 固定效应模型和随机效应模型估计结果

变量	固定效应	变量	随机效应
invest_l	0.246 *** (4.0130)	invest_l	0.774 *** (3.860)
roa	0.127 *** (3.019)	roa	0.0665 *** (3.172)
size	− 0.748 *** (− 4.057)	size	− 0.344 *** (− 3.856)
lev_l	0.00231 (0.4216)	lev_l	0.00608 *** (3.514)
growth	− 0.000646 * (− 1.784)	growth	− 0.000493 (− 0.864)
age_l	− 0.438 (− 0.625)	age_l	− 0.000148 (0.00536)
evaratio_l	− 0.00133 (− 0.585)	evaratio_l	− 0.00271 *** (− 3.288)
sar_l	− 0.223 *** (− 2.979)	sar_l	− 0.0803 * (− 1.942)
gdbl	− 0.00532 ** (− 3.266)	gdbl	− 0.00101 (− 0.6755)
cfo	$-1.78e-10$ *** (− 2.998)	cfo	$-1.22e-10$ *** (− 3.002)
ldbl_l	0.00291 (0.613)	ldbl_l	− 0.000754 (− 1.067)
cqbl_l	0.00281 (0.5899)	cqbl_l	0.000361 (0.739)

变量	固定效应	变量	随机效应
tzsyl_l	8.61e－06 (0.577)	*tzsyl_l*	3.14e－05 (1.003)
ldzcl_l	0.000208 (0.749)	*ldzcl_l*	－0.00218* (－1.931)
year	*Yes*	*year*	*Yes*
hy	*Yes*	*hy*	*Yes*
Constant	24.31** (7.160)	*Constant*	7.257*** (4.516)
样本数	8261		5012
R－sq：within	0.3108		
sigma_u	2.3426495		
sigma_e	1.1827985		
rho	0.79686243		
Hausman 检验		$chi2(25) = (b－B)'[(V\_b－V\_B) \char94 (－1)] (b－B)$ $= 2567.37;$	
		$Prob > chi2 = 0.0000$	

注：（1）括号中的数值为相应变量的 *t* 值；（2）*、**、*** 分别表示在 0.10、0.05、0.01 水平下显著；（3）_*l* 为变量的滞后一阶。

由表 5 - 9 可知，hausman 检验的 *p* 值为 0，支持固定效应模型的估计。得到结论如下：（1）非均衡效率的当期和滞后一阶系数显著为正，说明上一年的资本配置情况会影响下一年的资本配置效率。（2）总资产收益率系数显著为正，说明资本流动未能按照资本逐利性的原则进行自由流动，有待进一步探讨。（3）非均衡配置效率与企业的规模呈反比，即随着企业规模的逐渐扩大，企业的资本配置效率逐渐提高。（4）前一年的资产负债率和流动资产率水平会促进企业资本非均衡配置效率的提高。（5）非均衡配置效率跟企业发展能力成反比，即制造业企业的资本更青睐于能够有长期发展能力的项目，更加注重企业的成长性。（6）企业的运营能力与资本非均衡配置系数显著为负，即上市公司更加倾向于通过提高运用能力来达到资本的均衡配置和效率的提高。（7）股权集中度系数显著为负。股权集中度较高的企业，其资本配置效率较高，股权集中度较低的企业的资本配置效率处于较低水平。(8) 企业偿债能力方面，净现金流指标系数显著为负，说明资本更愿意流向信誉较好、有足够现金流的企业。(9) EVA 收益率系数为负，但不显著。从显著性角度，非均衡配置跟 EVA 收益率呈反比。说明投资者更加倾向于投资水平较高的企业。

2. 国有企业和非国有企业实证结果

由表 5 - 10 可知，国有企业和非国有企业的非均衡资本配置效率拟合度较好，支持固定效应。国有企业的非均衡配置效率与上一期非均衡资本配置效率、企业效益显著正相关，与企业规模、发展能力显著负相关，与资产负债率，与流动资产率有一定程度的正相关，与净现金流的相关系数显著为负、产权比例显著为正、流动比例在一定程度上为正，营运能力在一定程度上为负，与 EVA 回报率的系数显著为负，与股权集中度有一定程度的负相关。而非国有企业的非均衡资本配置与上一期非均衡资本配置效率、企业效益、产权比率显著正相关，与企业规模、发展能力、EVA 回报率显著负相关，与资本结构、企业成熟度有一定程度的正相关，与营运能力、投资水平中投资收益有一定程度负相关。这说明：(1) 国有和非国有企业的当期资本配置效率与前一期企业效益成反比。资本配置跟企业发展能力、EVA 收益率、营运能力、股权集中度、净现金流成正比，说明投资者更看重企业的未来现金流状况，资本更倾向于流入风险较低、现金流周转能力强、高收益的项目和行业。(2) 资本结构方面，国有和非国有企业受到相反的影响。资产负债率的提高会促进国有企业的资本配置，抑制非国有企业资本效率的提高。这说明，国有企业资本配置较高的企业，其资本负债率较高，这一定程度上说明国有企业发展过度依赖于负债水平的提高①。(3) 经营成熟度方面，国有企业随着经营周期的逐渐延长，会提高资本配置效率。而非国有企业资本的配置更加偏好于经营周期较短的行业或者企业。(4) 偿债能力方面，国有和非国有企业的产权比率和流动比率对于资本配置效率的影响刚好相反。在产权比率方面，国有企业的资本配置效率随着产权比率的提高而下降，非国有企业的资本配置效率随着产权比率的提高而提高。说明国有企业资本配置效率较高的行业多为负债水平较高的行业，非国有企业资本配置效率较高的行业多为负债水平较低的行业。

---

① 详见盛明泉等（2012）和张娅等（2012）的研究文献。

表 5—10　国有企业和非国有企业资本非均衡配置影响因素实证结果

	国有企业		非国有企业	
变量	固定效应	随机效应	固定效应	随机效应
invest_l	0.245***	0.878***	0.250***	0.732***
	(3.0205)	(3.009)	(3.020)	(3.013)
roa	0.125***	0.0791***	0.141***	0.0875***
	(2.962)	(3.0055)	(3.0084)	(3.0069)
size	-0.718***	-0.209***	-0.739***	-0.424***
	(-3.067)	(-2.928)	(-3.096)	(-2.993)
lev_l	0.00553*	0.00394**	-0.00216	0.00349
	(1.890)	(2.689)	(-1.0036)	(0.8250)
growth	-0.000823**	-0.000977***	-0.000458	0.000211
	(-3.033)	(-3.0012)	(0.737)	(0.6816)
age_l	-0.542	0.00160	0.0200	-0.000128
	(0.505)	(0.578)	(0.4732)	(0.8256)
evaratio_l	-0.0208***	-0.0480***	-0.00109	-0.00153
	(-3.043)	(-2.996)	(-0.6104)	(-0.7804)
sar_l	-0.102	-0.0571	-0.197	-0.0905
	(-0.699)	(-0.6499)	(-0.853)	(-0.6749)
gdbl	-0.00330	0.000255	-0.00734*	-0.00172
	(-0.6534)	(0.717)	(-1.7952)	(-0.8243)
cfo	-2.14e-10***	-7.25e-11***	-7.52e-11***	-1.33e-10***
	(-3.215)	(-2.974)	(-3.361)	(-2.998)

	国有企业			非国有企业	
变量	固定效应	随机效应	变量	固定效应	随机效应
ldbl_l	0.0200	-0.0377***	ldbl_l	0.00213	-0.000121
	(0.829)	(0.7188)		(0.743)	(-1.0031)
cqbl_l	0.0186*	0.0446***	cqbl_l	-0.00572	-0.0154
	(1.762)	(3.0175)		(-0.8156)	(-0.8718)
tzsyl_l	-4.39e-05	-1.56e-05	tzsyl_l	1.22e-05	1.85e-05
	(-0.6512)	(-0.7527)		(0.765)	(1.005)
ldzcl_l	0.000294	0.00108	ldzcl_l	0.00184	-0.00174
	(0.9285)	(0.8146)		(0.7385)	(-0.8227)
year	Yes	Yes	year	Yes	Yes
hy	Yes	Yes	hy	Yes	Yes
Constant	25.16***	3.853***	Constant	15.73***	9.183***
	(9.423)	(3.628)		(2.984)	(3.002)
样本数	4183	4183	样本数	4078	4078
R^2: within	0.3647		R^2: within	0.2118	
sigma_u	0		sigma_u	0	
sigma_e	0.9516227		sigma_e	1.402502	
rho	0		rho	0	
Hausman	0.0000		Hausman	0.0000	

注：（1）模型中包含了年份虚拟变量和行业虚拟变量，这里没有列出其系数；（2）括号中的数值为相应变量的 t 值；（3）*、**、*** 分别表示在 0.10、0.05、0.01 水平下的双尾显著。

三、小结

制造业总体和国有企业、非国有企业资本配置效率在一定程度上有共性：趋利性都较弱，关注于企业的未来发展状况、投资水平、营运能力、股权集中度和偿债能力等，但是国有和非国有企业在资本结构和成熟度、偿债能力上略有差异。例如国有企业的资产负债率与资本配置效率成正比，非国有企业的资产负债率与资本配置效率成反比，即国有企业的资本配置效率越高的企业，其资本配置效率越高，而非国有企业刚好相反。从已有文献发现，国有企业资本结构的不合理性来自于其预算软约束较大，因此也导致了其偿债能力较差的状况。非国有企业由于其经营没有政府的扶持和政策导向，缺乏充足的自由资金，所以其吸引资本的途径，往往是资本结构的优化和经营状况的改善。从行业角度分析，非国有企业对于行业的敏感度要高于国有企业，即非国有企业可以根据各个行业的资本配置效率水平来决定资本的投入。国有企业的资本配置在行业上缺乏敏感性，行业分布较为稳定。

第二节　融资结构视角下非效率投资影响因素

资本结构理论是现代财务理论的基础和核心，它不仅影响公司的加权平均资本成本，而且影响企业的总价值和治理结构。而融资和投资是现代企业运营过程中不可分割的两个部分，分别考虑了企业投资资本的来源和去向，能够反映企业资源的优化配置问题。已有国内文献很少涉及投资和融资内在关联性问题。本节以我国上市制造业公司为样本，从动态角度研究融资结构（负债融资、权益融资和留存收益）和非效率投资关系，从而回答"融资结构与投资决策是否存在交叉相关性""不同的融资形式下非效率投资的影响因素"等问题。

一、融资结构和投资交叉相关性分析

融资结构对非效率投资影响的分析步骤如下：一是在考虑企业规模的情况下，研究融资结构对投资的影响；二是对融资结构与投资进行差量分析，进一步探讨债务融资、权益融资以及现金存量的变动对投资的影响；三是利用面板数据，实证分析非效率投资的影响因素。

(一）融资和投资交叉相关性

1. 样本选择与数据来源

样本选取为我国沪深两市上市的制造业公司的 2000～2015 年财务数据。原始数据来自于同花顺（iFinD）和 Wind 数据库，部分财务指标经自行计算得到。基于数据的可靠性和准确性原则，对样本进行了适当地处理：（1）通过散点图分析，剔除相关财务指标异常值的上市制造业公司。（2）为考察公司投融资行为的连续性，剔除连续观测值年份较短和有间断的样本数据。（3）剔除被标记 ST、＊ST 的公司的数据。经过上述筛选后，最终得到 2000～2015 年共 5897 个（国有企业 3662 个，非国有企业 2235 个）观测点（见图 5－3）。

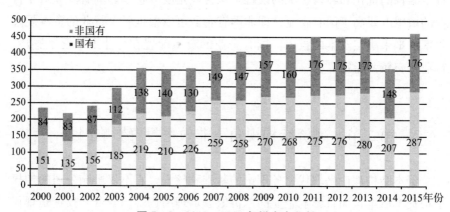

图 5－3　2010～2015 年样本企业数

2. 融资结构相关变量

对融资结构与投资的相关性分析主要从外部融资和内源融资角度进行。外部融资主要有负债和股权融资，内源融资主要包括留存收益和现金流量，负债融资按期限结构分为流动负债和非流动负债。为了反映融资结构中负债融资、权益融资、留存收益以及资本存量产生的融资效应，还采用了增量指标。融资结构相关变量名称、符号和计算公式如表 5－11 所示。

表 5－11　　　　　　　　　　变量定义及说明

变量名称	变量符合	计算方式
流动负债	*LD*	Ln（期末流动负债）
非流动负债	*FLD*	Ln（期末非流动负债）

变量名称	变量符合	计算方式
股东权益	E	Ln(期末股东权益)
留存收益	LC	Ln(期末未分配利润 + 期末盈余公积)
资本存量	ZC	Ln(期末现金流净值 + 期末流动资产)
流动负债增量	ΔLD	Ln(本年流动负债) − Ln(上年流动负债)
非流动负债增量	ΔFLD	Ln(本年非流动负债) − Ln(上年非流动负债)
股东权益增量	ΔE	Ln(本年股东权益) − Ln(上年股东权益)
留存收益增量	ΔLC	Ln(本年未分配利润 + 本年盈余公积) − Ln(上年未分配利润 + 上年盈余公积)
资本存量增量	ΔZC	Ln(本年现金流净值 + 本年流动资产) − Ln(上年现金流净值 + 上年流动资产)
投资增量	ΔI	Ln(本年固定资产 + 本年长期股权投资 + 本年无形资产) − Ln(上年固定资产 + 上年长期股权投资 + 上年无形资产)

3. 交叉相关公式

从权益融资（E）、留存收益（LC）、资本存量（ZC）、流动负债（LD）和非流动负债（FLD）视角，探寻企业融资结构与投资（I）之间的同期相关性和滞后两阶的交叉相关性问题。交叉相关系数公式为：

$$\rho_{X_{i,t}Y_{i,t-1}} = \frac{\sum_{i=1}^{N}(X_{i,t} - \bar{X})(Y_{i,t-1} - \bar{Y})}{(X_{i,t} - \bar{X})^2(Y_{i,t-1} - \bar{Y})^2}$$

$$\rho_{Y_{i,t}X_{i,t-1}} = \frac{\sum_{i=1}^{N}(Y_{i,t} - \bar{Y})(X_{i,t-1} - \bar{X})}{(Y_{i,t} - \bar{Y})^2(X_{i,t-1} - \bar{X})^2} \tag{5.3}$$

由于投资额和各融资来源的财务数据之间差异较大，为此，借鉴圣地亚哥（2013）研究，将投资和融资结构各年财务数据的平均值取对数后再进行相关性分析。

4. 结果分析

（1）融资结构与投资总量序列相关性。表 5 – 12 是全样本、国有企业和非国有企业的融资结构以及资本存量与投资总额之间的相关性分析结果。

表 5 – 12

融资结构与投资相关性分析结果

全样本

	LD	FLD	E	LC	ZC	I
LD	1.00 —					
FLD	0.989*** 24.58	1.00 —				
E	0.993*** 31.23	0.992*** 29.07	1.00 —			
LC	0.985*** 20.65	0.990*** 25.37	0.987*** 22.51	1.00 —		
ZC	0.988*** 23.27	0.987*** 21.80	0.998*** 54.83	0.983*** 19.46	1.00 —	
I	0.997*** 45.21	0.993*** 29.50	0.989*** 24.23	0.987*** 22.36	0.980*** 17.81	1.00 —

国有企业

	LD	FLD	E	LC	ZC	I
LD	1.00 —					
FLD	0.984*** 19.94	1.00 —				
E	0.995*** 36.88	0.993*** 29.82	1.00 —			
LC	0.980*** 17.66	0.991*** 26.24	0.986*** 21.16	1.00 —		
ZC	0.991*** 26.30	0.979*** 17.26	0.994*** 34.01	0.970*** 14.50	1.00 —	
I	0.992*** 29.26	0.992*** 27.57	0.991*** 27.27	0.989*** 24.87	0.977*** 16.37	1.00 —

非国有企业

	LD	FLD	E	LC	ZC	I
LD	1.00 —					
FLD	0.987*** 22.29	1.00 —				
E	0.967*** 13.59	0.982*** 18.48	1.00 —			
LC	0.959*** 12.24	0.968*** 13.88	0.984*** 20.21	1.00 —		
ZC	0.950*** 11.02	0.969*** 14.16	0.983*** 19.05	0.979*** 17.48	1.00 —	
I	0.993*** 30.82	0.987*** 21.95	0.980*** 17.91	0.961*** 12.52	0.959*** 12.34	1.00 —

注：***表示在 1% 的水平上显著；系数下面值为 t 统计量。

由表5-12可知，我国上市制造业公司（全样本、国有企业和非国有企业）的投资水平与各融资变量具有高度显著相关性。

（2）融资结构与投资总量趋势分析。由图5-4可知，投资额的变动与流动负债的变动幅度几乎完全一致，说明投资所需资金绝大部分来源于流动负债。相比于流动负债，非流动负债与投资的相关程度较弱，这说明管理者在选择负债融资时，往往偏好于短期负债筹资。从股权融资角度看，公司投资与权益资本的增加密切相关，2006年之后两者的变动趋势更为一致。公司的投资与留存收益在样本期间的变化趋势呈相反方向，说明我国上市制造业公司在进行筹资决策时，并非优先考虑自有留存资金。我国上市制造业公司在融资决策中，对外源融资有着异常狂热的情绪，重外源融资而轻内源融资，这不仅有悖于国外企业关于融资决策的经验顺序，也不符合现代资本结构理论，同时也反映出内部融资结构与投资之间呈现不匹配的关系。资本存量与投资呈现同方向变动并相关性较高，说明公司在具有自由现金可支配条件下往往增加投资支出。从国有企业融资结构与投资相关性的变动趋势中①发现，投资与股权融资变动幅度在2006年以后几乎同比增长，而2006年之前投资与流动负债相关性的变动趋势更为紧密，说明国有上市公司近年来在融资方式的选择上倾向于权益融资。非流动负债与投资变动趋势相关性较弱，非流动负债的变动趋势较投资变动更具有波动性，并且存在走势大致相反的年段。内源融资中，留存收益与投资的变动趋势相关性较弱，而且投资的增长幅度远大于留存收益的增加，留存收益的变动趋势表现出更大的波动性，说明相比较于其他方式的融资结构，留存收益与投资之间的关系并不十分显著。从上市制造业非国有企业融资结构与投资变动趋势中发现，其更偏好于外部融资中的股权融资。

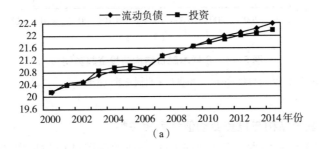

（a）

---

① 省略了国有和非国有企业的融资结构与投资相关性趋势图。

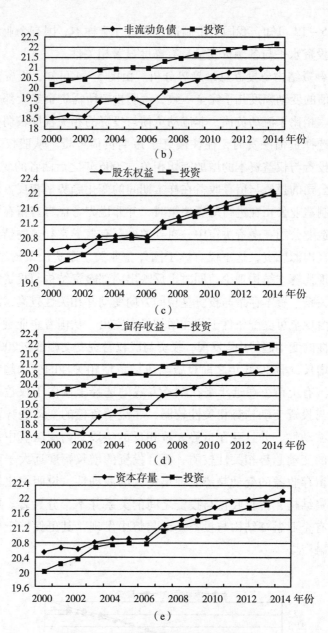

图 5 - 4　全样本融资结构与投资趋势图

注：图中纵轴数据为取对数后的值，数据均来自同花顺数据库。

（二）融资结构与投资变动值序列相关性

表 5 - 13 是全样本、国有和非国有企业的融资结构与投资变动值的同期相关系数。由表 5 - 13 可知，总体样本以及国有企业的投资增量与负债融资的增加额相关性最强，其次是权益的增加额。而非国有企业的投资增

量却与权益的增加额相关性最强，与非流动负债的增加额相关性最弱。但是从各新增的融资变量与投资增量之间相关性的变动趋势来看，它们之间的相关关系并非简单地呈正相关，其相互促进或削弱的作用有待进一步验证。

表 5 – 13　　　　　　　　　融资结构与投资变动值同期相关分析

	全部	国有	非国有
$\rho(\Delta I_t,\ \Delta LD_t)$	0.932	0.912	0.611
$\rho(\Delta I_t,\ \Delta FLD_t)$	0.651	0.611	0.353
$\rho(\Delta I_t,\ \Delta E_t)$	0.844	0.813	0.662
$\rho(\Delta I_t,\ \Delta LC_t)$	0.646	0.472	0.625
$\rho(\Delta I_t,\ \Delta ZC_t)$	0.763	0.771	0.566

借鉴韦尔奇（Welch, 2004）等的研究，基于盈利能力的滞后性假设，检验了融资增量与投资增量在滞后一期和滞后两期的情况下的相关性。表 5 – 14 和表 5 – 15 是新增的融资结构与投资变动值在滞后一期和滞后两期的相关性分析结果。

表 5 – 14　　　　　　融资结构与投资变动值滞后一期相关性分析

	全部	国有	非国有
$\rho(\Delta I_t,\ \Delta LD_{t-1})$	0.665	0.611	0.287
$\rho(\Delta I_t,\ \Delta FLD_{t-1})$	0.411	0.377	0.225
$\rho(\Delta I_t,\ \Delta E_{t-1})$	0.524	0.473	0.444
$\rho(\Delta I_t,\ \Delta LC_{t-1})$	0.403	0.341	0.363
$\rho(\Delta I_t,\ \Delta ZC_{t-1})$	0.474	0.465	0.288

表 5 – 15　　　　　　融资结构与投资变动值滞后两阶相关性分析

	全部	国有	非国有
$\rho(\Delta I_t,\ \Delta LD_{t-2})$	0.506	0.511	0.298
$\rho(\Delta I_t,\ \Delta FLD_{t-2})$	0.175	0.202	− 0.073
$\rho(\Delta I_t,\ \Delta E_{t-2})$	0.403	0.372	0.318

	全部	国有	非国有
$\rho(\Delta I_t, \Delta LC_{t-2})$	0.277	0.195	0.242
$\rho(\Delta I_t, \Delta ZC_{t-2})$	0.353	0.374	0.276

由表 5-14 和表 5-15 可知，滞后一期时，非国有企业投资增量与融资之间的相关性较弱，投资增量与权益增加额的相关程度最高，相关系数为 0.444；国有企业投资增量与流动负债增加额相关性最显著，其次是权益增加额。滞后两阶时，国有和非国有上市公司投资增量均与流动负债的增加额之间呈现显著的正相关关系，与非流动负债的增加额相关程度最弱，在非国有上市制造业公司中，两者的相关系数仅为 -0.073。

从相关性分析结果来看，可以得出以下几点结论：第一，上市制造业公司融资结构与投资之间存在正向关系；第二，公司的资本存量与投资之间具有显著的相关性，这与我们的假设条件相符；第三，公司的融资结构与投资之间虽然具有显著的正相关关系，但是融资结构与投资之间并不匹配，投资与负债融资中的流动负债相关性最显著，而与非流动负债的相关程度较小，在考虑差量的相关性时，非国有上市制造业公司的投资与非流动负债的相关程度更弱，在滞后两期的条件下，相关系数仅为 -0.07，这与我们普遍认同的投资主要来源于长期负债的结论相违背，说明我国上市制造业公司的投资存在效率低下的问题。

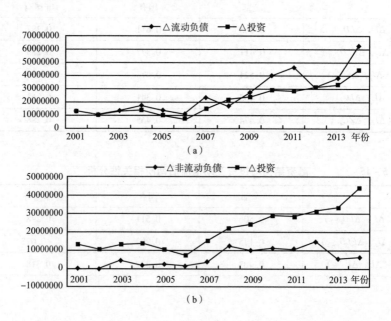

（a）

（b）

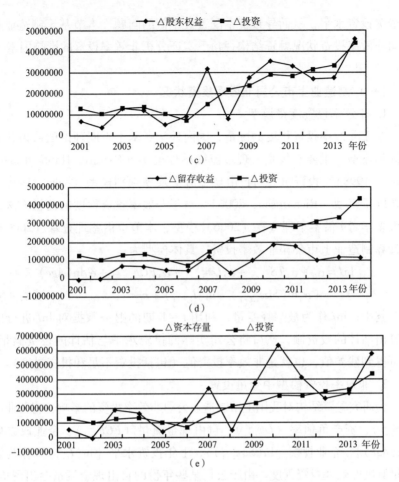

图 5 – 5　融资结构与投资变动值趋势

由图 5 – 5 可知，新增的各融资结构与投资增量之间波动较大。流动负债增加额与投资增量之间的变动方向大致呈现一致方向，但 2006 年以后，两者的变动走势相反并且变动的偏离程度逐渐加大。新增的非流动负债与投资增量之间变动趋势的差异性更明显，绝大多数年份里均呈现相反的走势。新增股东权益与投资增量变动具有随机性。新增留存收益与投资增量之间偏离程度逐渐加大。新增资本存量与投资增量之间很难判断正负关系。

二、非效率投资的影响因素实证分析

对融资结构与投资之间的相关性分析，一方面验证了公司的融资结构与投资存在一定的关联性，另一方面反映出上市制造业公司的投资并未达到最优投资水平，从而导致资本配置效率低的问题。本节基于制造业上市公司非效率投资状况融资结构视角下实证分析非效率投资的影响因素。

（一）制造业上市公司非效率投资状况

1. 非效率投资度量模型

对于非效率投资程度的度量，国内外学者基于不同理论的认识建立了不同的模型，主要有投资—现金流敏感性模型（Fazzari，Hubbard and Petersen，1998）、投资机会与自由现金流交乘项判别模型（Vogt，1994）和残差度量模型（Richardson，2006）。对于非效率投资程度的衡量方法，国内大多学者[①]借鉴了理查森（2006）模型，本节也借鉴理查森（2006）模型计算制造业上市公司非效率投资，具体模型为：

$$\ln I = \alpha_0 + \alpha_1 TS_{i,t-1} + \alpha_2 Lev_{i,t-1} + \alpha_3 FCF_{i,t-1} + \alpha_4 \ln(Age)$$
$$+ \alpha_5 \ln(Size_{i,t-1}) + \ln(I_{i,t-1}) + \varepsilon^{[②]} \qquad \text{模型（5.2）}$$

其中，$\ln I$ 作为被解释变量，利用 $t-1$ 期的财务数据对 $\ln I$ 进行回归计算出估计的投资额，然后将公司实际的投资水平与估计的投资额相减，就可得到残差值，也就是非效率投资值（包括投资不足和投资过度）。

2. 非效率投资模型中变量设置

为研究融资结构对我国上市制造业公司非效率投资的影响，将营业收入（TS_{t-1}）、资产负债率（Lev_{t-1}）、自由现金流量（FCF_{t-1}）、企业成立期限 [$\ln(Age)$]、企业规模 [$\ln(Size_{t-1})$]、上年投资水平 [$\ln(I_{t-1})$] 作为解释变量测度非效率投资程度。由于公司某些年份的自由现金流量会出现负值，并且数值差异较大，为保证实证结果的稳定性，本节在对自由现金流量进行计量之前，对其进行了处理，出现负值的年份记为 0，其余年份则为 1，然后对记为 1 的年份的自由现金流量取对数后再进行分析（见表 5 - 16）。

表 5 - 16　　　　　　　　　　非效率投资模型变量与解释

变量类型	变量名称	计算
	投资水平（$\ln I$）	固定资产原值、长期投资以及无形资产之和的对数
被解释变量	营业收入（TS_{t-1}）	$t-1$ 期营业收入总额与资产总额的比值
	资产负债率（Lev_{t-1}）	$t-1$ 期负债总额与资产总额的比值

[①] 魏明海等（2007）、姜付秀等（2009）、郭家驹（2014）和宇文晶等（2015）。

[②] 为保证计算的合理性，借鉴圣地亚哥（2013）的研究方法，将投资、企业成立年限及企业规模三个变量取对数值进行回归分析。

变量类型	变量名称	计算
解释变量	自由现金流量（FCF_{t-1}）	$t-1$期现金流量净值，若为非负数，则取对数值；否则记为0
	企业成立年限［$ln(Age)$］	成立年限，用对数来表示
	企业规模［$ln(Size_{t-1})$］	$t-1$期总资产的对数值
	上年投资水平［$ln(I_{t-1})$］	$t-1$期固定资产原值、长期投资以及无形资产之和的对数

3. 非效率投资状况分析

根据实证设计部分，本节通过模型（5.2）将回归的残差作为非效率投资。通过模型（5.2）可以计算出每一个样本公司的理想投资水平，并与公司的实际投资额比较来说明每一个上市制造业公司的投资是高于还是低于该理论值，若两者的差值小于0，则代表投资不足，反之，若差值大于0，则代表投资过度。表5-17是2001~2015年非效率投资情况。

表5-17　　　　　　　　　非效率（残差）描述统计表

年份	全样本				国有企业				非国有企业			
	均值	标准差	极小值	极大值	均值	标准差	极小值	极大值	均值	标准差	极小值	极大值
2001	-0.020	0.288	-0.795	0.868	-0.009	0.275	-0.781	0.868	-0.039	0.308	-0.795	0.640
2002	-0.051	0.275	0.845	0.758	-0.049	0.264	-0.845	0.758	-0.054	0.295	-0.703	0.613
2003	-0.029	0.265	-1.181	0.667	-0.017	0.254	-0.678	0.552	-0.050	0.282	-1.181	0.667
2004	-0.013	0.292	-1.058	1.013	0.003	0.303	-1.058	1.013	-0.039	0.272	-0.883	0.589
2005	-0.011	0.279	-1.121	0.932	0.003	0.298	-1.121	0.932	-0.032	0.248	-0.898	0.798
2006	-0.056	0.320	-1.874	0.895	-0.032	0.307	-1.151	0.895	-0.097	0.339	-1.874	0.733
2007	-0.025	0.323	-1.680	1.336	0.003	0.320	-1.680	1.336	-0.076	0.322	-1.135	1.190
2008	-0.027	0.330	-1.425	1.294	0.013	0.326	-1.049	1.294	-0.087	0.326	-1.425	0.931
2009	-0.035	0.314	-1.444	0.747	0.006	0.308	-1.048	0.747	-0.085	0.315	-1.444	0.632
2010	0.002	0.369	-1.364	2.517	0.028	0.343	-1.105	1.491	-0.044	0.407	-1.364	2.517
2011	-0.004	0.334	-1.538	1.644	0.021	0.311	-0.945	1.360	-0.044	0.364	-1.538	1.644
2012	0.008	0.347	-1.448	2.553	0.039	0.323	-1.022	1.146	-0.043	0.379	-1.448	2.553
2013	-0.003	0.408	-2.378	2.280	0.012	0.403	-1.407	2.280	-0.027	0.416	-2.378	2.074
2014	0.012	0.468	-2.407	2.852	0.050	0.409	-1.350	2.030	-0.041	0.537	-2.407	2.852
2015	-0.007	0.367	-1.715	1.984	0.024	0.346	-1.132	1.478	-0.053	0.392	-1.715	1.886

由表 5 - 17 可知，除了个别年份，全样本非效率投资的均值均小于 0，说明我国上市公司制造业公司的非效率投资主要表现为投资不足，尤其是 2006 年投资不足现象最为显著，这与相关性分析中得出的结论是一致的。标准差的波动性逐年增大，说明投资不足的离散程度较大，反映出各样本公司之间的非效率投资差异性较大。在国有上市公司和非国有上市公司的统计表中，我们发现国有上市制造业公司中绝大多数年份其非效率投资的均值大于 0，说明国有上市公司非效率投资更倾向于过度投资，而非国有上市公司所有年份的非效率投资的均值均为负值，其投资不足程度远高于国有上市公司，这也证实了前文所提出的关于所有权性质不同对公司非效率投资的影响的假设。

由表 5 - 18 和图 5 - 6 可知，所有样本公司中投资过度的有 2703 个，投资不足的有 2934 个。在国有上市公司中投资不足的有 1740 个，投资过度的有 1737 个。在非国有上市公司中投资不足的有 1194 个，过度投资的有 966 个，说明我国国有和非国有上市制造业公司的非效率投资程度具有差异性。

表 5 - 18　　　　2001 ~ 2015 年上市制造业公司的非效率投资情况

年份	投资不足		投资过度	
	国有企业	非国有企业	国有企业	非国有企业
2001	72	50	63	33
2002	91	45	65	42
2003	93	62	91	49
2004	107	67	112	69
2005	101	73	106	67
2006	119	81	107	49
2007	122	85	137	63
2008	123	91	135	55
2009	129	98	141	58
2010	127	85	141	74
2011	133	95	142	79
2012	127	104	149	70
2013	147	89	133	83
2014	100	81	106	67
2015	149	88	109	108
合计	1740	1194	1737	966

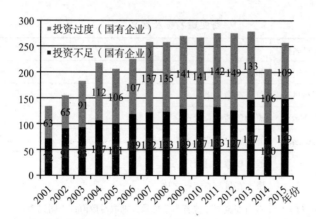

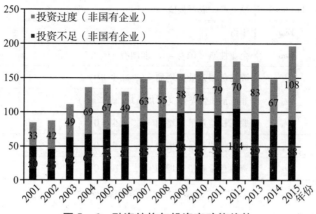

图 5 - 6　融资结构与投资变动值趋势

（二）非效率投资影响因素检验

1. 回归模型的构建

为检验融资结构视角下非效率投资的影响因素，借鉴圣地亚哥（2013）等研究，构建如下模型（各变量解释见表 5 - 19）①：

$$I^{\varepsilon} = \beta_0 + \beta_1 ROA_{t-1} + \beta_2 Short_{t-1} + \beta_3 Long + \beta_4 E_t + \beta_5 K_t$$

$$+ \beta_6 \text{Ln}(FCF)_{t-1} + \beta_7 \text{Ln}(Size)_{t-1} + \beta_8 State + \sum_{i=9}^{n=13} \sum_{j=1}^{n=5} \beta_i D_j + u_i + \varepsilon_{i,t}$$

模型（5.3）

---

① 在考虑模型变量的滞后期时，基于交叉相关性分析结论，模型 5.3 设定的滞后期数为滞后一期。

表 5 – 19　　　　　　　　　各变量名称及含义

	变量名称	变量含义
被解释变量	I^e	非效率投资
解释变量	ROA	总资产净利率
	Short	流动负债与总资产之比
	Long	非流动负债与总资产之比
	E	股东权益与总资产之比
	$K^①$	资本存量与总资产之比
	Ln(FCF)	自由现金流净值若为非负数，则取对数值；否则记为0
	Ln(Size)	总资产，取对数值
控制变量	Year	年份
	State	企业性质（国有 =1，非国有 =0）
	D_1	流动负债差量（增加 =1，减少 =0）
	D_2	非流动负债差量（增加 =1，减少 =0）
	D_3	股东权益差量（增加 =1，减少 =0）
	D_4	留存收益差量（增加 =1，减少 =0）
	D_5	资本存量差量（增加 =1，减少 =0）

2. 描述性分析

表 5 – 20 是所有变量的描述性统计结果。负债融资变量方面，流动负债均值和中位数为 0.4183 和 0.4132，非流动负债均值和中位数为 0.0813 和 0.0483，均明显低于流动负债变量，说明绝大多数样本企业更倾向于通过短期负债筹集投资所需资金。股权融资变量均值为 0.5005，中位数为 0.5114，与负债融资各变量相比，均超出流动负债和非流动负债，说明样本公司更倾向于权益进行筹资。资本存量对投资的影响也很大，其均值和中位数分别为 0.6088 和 0.5281，并且极小值和极大值之间的差距也很大。样本公司自由现金流净值的均值为 9.971，表明样本公司普遍拥有一定量的自由现金流，可能会对公司的投资效率产生影响。

---

① 国内大多数文献将融资结构局限在负债和股权融资方面，对于资本存量是否影响非效率投资几乎没有涉及。本文发现，公司的资本存量与投资之间显著相关，为此，考虑了资本存量对投资效率的影响。

表 5 – 20 **各变量描述统计**

		ROA	Short	Long	E	K	Ln(FCF)	Ln(Size)	I^e
样本数		5673	5673	5673	5673	5673	5673	5673	5673
均值		0.0332	0.4183	0.0813	0.5005	0.6088	9.9710	21.598	– 0.0163
中位数		0.1404	0.4132	0.0483	0.5114	0.5281	5.1322	21.524	– 0.0054
极小值		– 0.4711	0.0027	0.0004	– 0.0333	– 0.2352	0.0000	19.1197	– 2.4074
极大值		0.4688	1.0321	0.833	1.0729	50.833	22.687	25.378	2.851
标准差		0.0582	0.1592	0.0898	0.1692	1.1491	9.1134	0.9403	0.3387
频数分布	10%	– 0.0136	0.214	0.0038	0.291	0.259	2.623	20.5079	– 0.3981
	25%	0.0164	0.306	0.0154	0.379	0.383	3.531	20.993	– 0.2049
	50%	0.0328	0.413	0.0483	0.5	0.528	5.134	21.608	– 0.014
	75%	0.0611	0.524	0.119	0.614	0.667	7.245	22.256	0.1776
	90%	0.1004	0.628	0.208	0.729	0.81	11.203	22.965	0.3523

3. 回归分析

表 5 – 21 是模型 5.3 的面板数据回归分析结果和稳健性检验结果。由表中数据可知，F 值为 6.764，模型解释力较理想，支持固定效应。另外，稳健性检验的结果①并未实质性改变本节的结论。

表 5 – 21　　　　回归分析结果和稳健性检验

	回归结果			稳健性检验	
变量	系数	t 值	变量	系数	t 值
ROA	0.25 **	2.34	ROA	0.0021	2.37
Short	– 0.2852 ***	– 3.7	Short	– 0.2339 ***	– 3.68
Long	– 0.0733	– 0.76	Long	– 0.0601	– 0.62
E	– 0.4131 ***	– 5.63	E	– 0.3387 ***	– 5.52
K	– 0.0209 ***	– 3.21	K	– 0.0171 ***	– 3.18
Ln(FCF)	– 0.19 **	2.25	Ln(FCF)	– 0.17	2.21
Ln(Size)	– 0.0011	– 0.08	Ln(Size)	– 0.0009	– 0.06
State	0.0025	0.02	State	0.0019	0.01

---

① 稳健性检验时，选取剔除各解释变量 ≥90% 和 ≤10% 的数据，利用模型 5.3，重新进行回归估计。

	回归结果			稳健性检验	
变量	系数	t 值	变量	系数	t 值
D_1	0.0462 ***	4.13	D_1	0.0379 ***	4.21
D_2	0.0323 ***	3.13	D_2	0.0265 ***	2.93
D_3	0.0744 ***	5.13	D_3	0.0611 ***	4.98
D_4	−0.0035	−0.24	D_4	−0.0029	−0.23
D_5	0.0011	0.11	D_5	0.0009	0.17
cons	0.2734	0.83	cons	0.2242	0.68
F 值	6.76		F 值	6.56	
$R-sq: within$	0.3847		$R-sq: within$	0.4285	
$corr(u\_i, Xb)$	0.1399		$corr(u\_i, Xb)$	0.1547	
$sigma\_u$	0.2797		$sigma\_u$	0.2658	
$sigma\_e$	0.2551		$sigma\_e$	0.2532	
rho	0.5458		rho	0.5338	
Hausman 检验:	$Chi2(24) = 114.60$		Hausman 检验:	$Chi2(24) = 124.53$	
	$P > chi2 = 0.0000$			$P > chi2 = 0.0000$	

注：（1）模型中包含年份虚拟变量，只是这里没有列出其系数。（2） *** 和 ** 分别表示在 1% 和 5% 的水平上显著（双尾）。

流动负债系数显著为负（−0.285），非流动负债系数为负，但不显著，说明流动负债在一定程度上能够抑制公司的非效率投资程度。我国上市制造业公司普遍存在着流动负债明显高于非流动负债水平的现象，这一定程度上也增加了非效率投资程度，股权融资系数显著为负（−0.413），说明股权融资对过度投资行为产生影响。资本存量系数显著为负（−0.021），说明资本存量会引起过度投资的非效率投资行为。ROA 系数显著为正，但公司规模不显著[①]。控制变量的回归结果中发现，流动负债、非流动负债以及股东权益的增量的系数显著为正，但留存收益和资本存量增量系数不显著，说明我国上市制造业公司通过负债和权益筹集投资活动所需资金，这就使得两者对公司非效率投资的影响进一步加大。

---

① 也许与对样本公司没按照规模进行分类有关。

三、结论

1. 融资结构（流动负债、非流动负债、股东权益、留存收益以及资本存量）与公司的投资水平具有显著的正相关，国有上市公司比非国有上市公司的投资水平与股权融资、留存收益以及资本存量之间具有更高的相关性。从融资结构与投资变动值的序列相关性结果中发现，国有上市公司的投资增量与流动负债的增加额相关程度最高，其次是权益的增加额对投资增量的影响，而非国有上市公司的投资增量却与权益的增加额相关性最高，与非流动负债的增加额相关程度最小，说明我国上市制造业公司存在非效率投资问题。

2. 我国上市制造业公司整体存在投资不足的现象，同时，国有和非国有上市公司的投资行为表现出明显的差异性。在样本研究时期内，国有上市公司非效率投资行为更多地表现为过度投资，而非国有上市公司的投资不足程度远远高于国有上市公司。

3. 我国上市制造业公司不同的融资来源结构对非效率投资行为均产生了一定程度的影响。实证分析中发现，短期负债可以抑制上市公司的非效率投资行为，而非流动负债对于非效率投资的约束力相对较弱。同时，股权融资、自由现金流量以及资本存量系数显著为负，说明过度的股权融资和资本存量容易导致投资过度的行为。

第三节　上市公司资本误配置影响的微观因素

自从迪莫克（Demirguc. K，1998）等研究开始，财务结构[①]、投资绩效、融资约束[②]和外部融资依赖程度对资本误配置的影响问题已成为公司金融研究的主流领域，也是企业面临的重要现实问题。上市公司资本误配置是融资、资本运营和投资过程的系统表现，但如何聚合融资和资本运营

---

① 公司资产如短期债务、长期债务、股东权益的比例构成。财务结构不但描述长期负债比例，同时兼顾短期负债；而资本构成仅考虑公司的长期债务、股东权益。

② 企业的融资约束表现在外部融资的可获得性与外部融资的成本。企业面临投资机会，内源资金不足、外部融资成本过高或者获取困难时，企业就会面临外部融资约束。在资本市场完美的假设条件下，企业总能够从资本市场获得外部融资，且不同融资方式的融资成本相等，融资结构不会影响企业的市场价值，企业的投资行为与融资方式无关，这就是著名的 MM 定理最初的观点。然而，由于现实中资本市场的不完美性和信息不对称，企业面临不同程度的融资约束。众多研究说明，融资约束来自于企业融资依赖程度。

维度度量是一大难点①。

我国的转型经济特征使得资本市场虽然初具规模，但仍然存在结构性缺陷，如股市缺乏有效性、公司债券市场畸形发展、政策干预过多、银行贷款的信贷歧视等。这使得生存于其中的上市公司往往面临融资约束，影响资本误配置的微观因素更加复杂②。尤其是易受外部金融环境影响下我国上市公司的资本误配置程度如何？影响的微观因素有哪些？这些问题都有待进行理论分析和实证检验。

本节在此背景下，借鉴赫希尔和卢安诺（Klenow，2009）、塞丽娜（2012）及布拉克（2014）等研究，构建资本误配置度量模型，并利用上市公司面板数据（1995～2015年），引入了融资约束、财务信用评级、财务结构、投入资本、资本误配置、损失率等变量，实证研究了资源误配置影响的微观因素。

一、资本误配置度量模型与数据

（一）资本误配置度量模型

1. 模型推导中变量符号含义

P_{si}：s 行业第 i 企业产品价格

Y_{si}：$Y_{si}=A_{si}K_{si}^{\alpha s}L_{si}^{1-\alpha s}(0<\alpha_s<1)$，定义为 s 行业第 i 企业产量

A_{si}：第 i 企业累积分布函数 $F(A)$ 的独立分布

α：$0<\alpha<1$，生产函数中系数

w：工资率

L_{si}：s 行业第 i 企业劳动力供给

K_{si}：s 行业第 i 企业生产所需资本。企业可通过外部融资（K_{si}^E）和内部资金（K_{si}^I）来完成（$K_{si}^E+K_{si}^I=K_{si}$）。

R：企业边际资本成本

R^e：融资约束下资本成本

τ_{Li}：第 i 企业劳动力价格扭曲

τ_{Ki}：第 i 企业资本的扭曲

τ_{si}：金融抑制导致的不同企业资本租金扭曲度

---

① 雷丝图恰（Restuccia，D，2008）、塞丽娜（2012）和布拉克（2014）等。

② 德尼和西毕科（Deni and Sibilkov，2010）、宋等（2011）、盖庆恩等（2015）、李君平和徐龙炳（2015）等。

r^c：平均资本成本

ζ_{si}：第 i 企业资本持有率，$\zeta_{si}K_s$ 为第 i 企业在 s 行业资本持有量（K_s 为 s 行业总资本）

θ_{si}：s 行业第 i 企业财务信用评级

ω_{si}：行业资本流入

λ_{si}：s 行业第 i 企业的现金流动性；γ_{si}：资本—劳动比率扭曲

2. 企业资本误配置形成模型

企业作为理性经济人，投资决策是在权衡收益与成本下进行的。企业生产目的是利润最大化。s 行业第 i 企业的利润表达为：

$$\pi_{si} = P_{si}Y_{si} - (1 + \tau_{Li})wL_{si} - (1 + \tau_{Ki})RK_{si} \tag{5.4}$$

$$Y_{si} = A_{si}K_{si}^{\alpha s}L_{si}^{1-\alpha s} \tag{5.5}$$

假设 s 行业 i 企业生产所需资本为 K_{si}。企业可通过外部融资（K_{si}^E）和内部资金（K_{si}^I）来完成（$K_{si}^E + K_{si}^I = K_{si}$）。此时，外部资本融资成本受资本使用率 $[r^c(1+\tau_{si})]$、借款约束（B_{si}）、财务信用评级（θ_{si}）、企业资本增持（$\zeta_{si}K_s$）、行业资本流入（ω_{si}）和投入资本的影响。当 s 行业总资本为 K_s 时，良好的生产商可以占用其他企业所需资本，但企业财务评级制约着借款（B_{si}）。

$$B_{si} = (r^c(K_{si} - \xi_{si}K_s) - \omega_{si}) \leq \theta_{si}R^cK_{si} \tag{5.6}$$

每个企业有一个共同的累积分布函数 $J(\omega, \xi, \theta)$。不等式（5.6）意味着外部融资时，只有一部分可以通过借贷获取。剩下部分（$1 - \theta_{si}$）通过资金租借得到，利率为 $r^c(1 + \tau_{si})$。

每个行业存在两类企业，分别为投资者和借贷者。在均衡状态下，一个企业不可能同时是投资者和借贷者。借贷企业拥有足够的内部资本以达到资本投资的最优规模，然而投资企业则需要通过外部融资达到最优投资规模。

由于金融市场的作用，在无套利条件下资本的租借价格与购买价格相同，即 $r^c = R^c = R$，忽略劳动力价格扭曲 τ_{Li}，无融资约束的 s 行业第 i 企业（资本的边际成本等于 R）的利润目标函数为：

$$\max_{P_{si},K_{si},L_{si}} \pi_{si} = \{P_{si}A_{si}K_{si}^{\alpha}L_{si}^{1-\alpha} - wL_{si} - RK_{si}\} \tag{5.7}$$

借款约束下企业利润目标函数为：

$$\max_{P_{si},K_{si}^E,K_{si}^I,L_{si}} \pi_{si} = \left\{ \begin{array}{l} P_{si}A_{si}(K_{si}^E + K_{si}^I)^{\alpha}L_{si}^{1-\alpha} - wL_{si} - R \\ [(1+\tau_{si})(1-\theta_{si}) + \theta_{si}]K_{si}^E - RK_{si}^I \end{array} \right\} \tag{5.8}$$

$$s.t.\ R(K_{si} - \xi_{si}K_s) - \omega_{si} \leq \theta_{si}RK_{si}$$

假设 $1-\lambda_{si}$ 定义为企业投资资金的部分，此时 $\lambda_{si}=\min\left\{\dfrac{\omega_{si}+R\zeta_{si}K_s}{RK_{si}},\ 1\right\}$。
i 企业外部融资中，借款上限为 θ_{si}，所以企业通过借款投资的部分是 $(1-\lambda_{si})$ θ_{si}。因此，借款约束条件下，企业利润最大化问题简化为：

$$\max_{P_{si},K_{si},L_{si}}\pi_{si}=\left\{\begin{array}{l}P_{si}A_{si}(K_{si}^E+K_{si}^I)^\alpha L_{si}^{1-\alpha}-wL_{si}-R[\lambda_{si}\\+(1-\lambda_{si})[(1+\tau_{si})(1-\theta_{si})+\theta_{si}]]K_{si}\end{array}\right\} \tag{5.9}$$

目标函数说明资本扭曲、融资约束影响边际资本成本。λ_{si} 和 θ_{si} 越高，边际资本成本越低。如果 $\lambda_{si}=1$ 或 $\theta_{si}=1$，i 企业边际资本成本等于 R。如果 $\lambda_{si}<1$ 或 $\theta_{si}<1$，资本的边际成本大于 $R(\tau_{si}>0)$。因此，融资约束企业有 $\lambda_{si}<1$、$\theta_{si}<1$ 和 $\tau_{si}>0$。企业内部融资、财务结构和财务信用评级不仅影响融资的成本，也影响资本—劳动比。

公式（5.7）进行一阶求导，可以得出利润最大化函数：

$$\frac{\partial\pi_{si}}{\partial P_{si}}=A_{si}K_{si}^\alpha L_{si}^{1-\alpha}=0;\quad \frac{\partial\pi_{si}}{\partial K_{si}}=\alpha P_{si}A_{si}K_{si}^{\alpha-1}L_{si}^{1-\alpha}-R=0$$

$$\frac{\partial\pi_{si}}{\partial L_{si}}=(1-\alpha)P_{si}A_{si}K_{si}^\alpha L_{si}^{-\alpha}-w=0$$

无融资约束公司的利润最大化时，资本—劳动比率（k_{si}^u）为：

$$k_{si}^u\equiv\left(\frac{K_{si}}{L_{si}}\right)^u=\frac{\alpha}{1-\alpha}\frac{w}{R} \tag{5.10}$$

根据公式（5.8），可以求出融资约束公司利润最大化时，资本—劳动比率（k_{si}^c）为：

$$k_{si}^c\equiv\left(\frac{K_{si}}{L_{si}}\right)^c=\frac{\alpha}{1-\alpha}\frac{w}{R}\frac{1}{[\lambda_{si}+(1-\lambda_{si})[(1+\tau_{si})(1-\theta_{si})+\theta_{si}]]}$$

$$\tag{5.11}$$

利用公式（5.11），推导的融资约束企业的扭曲的资本—劳动比率为：

$$1+\underbrace{\tau_{si}(1-\theta_{si})(1-\lambda_{si})}_{\equiv\gamma_{si}}=\frac{\alpha}{1-\alpha}\frac{w}{R}\frac{L_{si}}{K_{si}} \tag{5.12}$$

$$\gamma_{si}=\tau_{si}(1-\theta_{si})(1-\lambda_{si})=\frac{\alpha}{1-\alpha}\frac{w}{R}\frac{L_{si}}{K_{si}}-1$$

公式（5.12）说明，资本—劳动比率扭曲（γ_{si}）有三个组成部分[①]。一是金融抑制导致的不同企业产生的资本租率（τ_{si}）［见 Antunes（2008）

---

① 资本－劳动比率扭曲由资本租金率、财务信用评级和财务流动性组成，所以应叫资本误配置率。

等研究]；二是企业财务信用评级（θ_{si}）。财务评级较低的企业，投资回报率差①；三是投资项目中能够利用的企业内部资金流动性（λ_{si}，$\lambda_{si} \leqslant 1$）。

（二）上市公司资本误配置类型及特征

1. 样本选择与数据来源

本节选取1995～2015年沪深两市的A股上市公司为初始样本。并按如下标准进行筛选：（1）剔除了公司财务数据中存在较多缺失值的样本；（2）剔除会计数据、股价变化百分比异常及公司资产价值无变动的公司；（3）剔除上市不满一年和盈利能力波动较大的公司。此外，对所有的连续变量在上下1%分位数上进行了缩尾处理（Winsorize）。最后，获得了21年共33721个观测点（见图5-7）。财务数据来自于同花顺和CSMAR数据库。

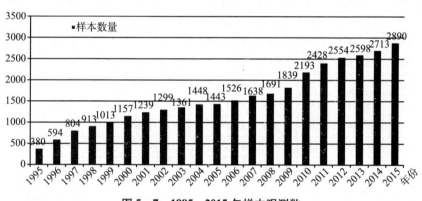

图5-7　1995～2015年样本观测数

2. 资本误配置率分布特征

表5-22是1995～2015年资本误配置率（$KLDistort_{it}$）描述统计结果。各年份均值、中位数和四分位50%的数大于0，说明一半以上企业存在资本误配置情况（见图5-8）。每年最大值和最小值之间差异较大，个别年份的标准误差特别大（见图5-9）。这是不同企业资本租金率、财务流动性和财务信用评级有较大差异引起的，检验财务流动性和财务信用评级对上市公司资本误配置的影响是本节研究的核心。

---

① Matsuyama（2007）研究发现，财务评级低的公司有较低的内源融资能力，劳动力密集的企业有较高的资本市场扭曲。

表 5 - 22　　　　　1995~2015 年资本误配置率（*KLDistort*ₐₜ）描述统计①

表 5 - 22　　　　　1995~2015 年资本误配置率（*KLDistort*ᵢₜ）描述统计①

年份	均值	中位数	标准差	最大值	最小值	25%	50%	75%	观测点
1995	-0.052	-0.15	0.361	2.3	-0.4	-0.27	-0.15	0.025	380
1996	-0.01	-0.15	0.806	17.3	-0.41	-0.26	-0.15	0.04	594
1997	-0.039	-0.15	0.397	4.52	-0.4	-0.26	-0.15	0.055	804
1998	-0.021	-0.05	0.422	11.04	-0.4	-0.14	-0.05	0.04	913
1999	-0.021	-0.07	0.434	8.9	-0.44	-0.18	-0.07	0.02	1013
2000	-0.004	-0.07	0.363	5.03	-0.54	-0.17	-0.07	0.04	1157
2001	0.038	-0.07	1.079	24.66	-0.44	-0.18	-0.07	0.04	1239
2002	0.033	-0.06	0.783	13.99	-0.41	-0.17	-0.06	0.03	1299
2003	0.07	-0.07	1.497	38.23	-0.41	-0.2	-0.07	0.03	1361
2004	0.064	-0.07	1.144	28.83	-0.89	-0.2	-0.07	0.04	1448
2005	0.003	-0.08	0.604	10.52	-0.86	-0.19	-0.08	0.03	1443
2006	0.026	-0.08	0.772	14.44	-1.26	-0.2	-0.08	0.04	1526
2007	0.192	-0.08	2.404	51.15	-2.39	-0.21	-0.08	0.05	1638
2008	0.123	-0.07	1.759	49.23	-2.44	-0.18	-0.07	0.05	1692
2009	0.268	-0.07	2.11	42.1	-3.71	-0.2	-0.07	0.07	1839
2010	0.344	-0.03	1.62	33.87	-8.85	-0.15	-0.03	0.24	2193
2011	0.243	-0.01	1.352	30.4	-6.02	-0.13	-0.01	0.16	2427
2012	0.244	-0.03	1.955	42.21	-4.47	-0.11	-0.03	0.12	2554
2013	0.158	-0.05	1.627	59.34	-0.82	-0.1	-0.05	0.07	2598
2014	0.0602	-0.09	0.958	18.75	-1.65	-0.24	-0.09	0.07	2713
2015	0.142	-0.14	1.544	51.3	-0.41	-0.25	-0.14	0.1	2900

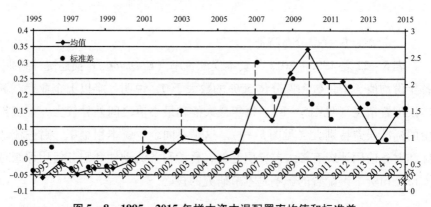

图 5 - 8　1995~2015 年样本资本误配置率均值和标准差

①　*KLDistort*ᵢₜ大于 0，说明企业存在资本误配置。

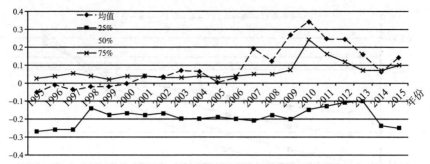

图 5 – 9　1995 ~ 2015 年样本资本误配置率趋势图

　　表 5 – 23 是资本误配置率 $[\tau_{si}(1-\theta_{si})(1-\lambda_{si})]$ 敏感性分析表①。由该表可知，企业的资本误配置对信用级别②、资本成本和流动性十分敏感。资本成本为 0.1 时，企业信用级别差，一般不会存在资本误配置情况，但这种情况很少出现。信用级别为 2 时，除资本成本 0.1 以外，所有值都为正值（见表 5 – 23 和图 5 – 10）。说明企业信用级别对资本误配置影响较大。

表 5 – 23　　　　　资本误配置 $[\tau_{si}(1-\theta_{si})(1-\lambda_{si})]$ 敏感性分析表

信用级别 资本成本	12 ln (12)	10 ln (10)	8 ln (8)	6 ln (6)	4 ln (4)	2 ln (2)
0.1	- 0.550	- 0.450	- 0.350	- 0.250	- 0.150	- 0.050
0.11	- 0.090	- 0.079	- 0.065	- 0.048	- 0.023	0.019
0.12	- 0.107	- 0.094	- 0.078	- 0.057	- 0.028	0.022
0.13	- 0.125	- 0.110	- 0.091	- 0.067	- 0.033	0.026
0.14	- 0.146	- 0.128	- 0.106	- 0.078	- 0.038	0.030
0.15	- 0.167	- 0.147	- 0.121	- 0.089	- 0.043	0.035
0.16	- 0.178	- 0.156	- 0.130	- 0.095	- 0.046	0.037
0.17	- 0.202	- 0.177	- 0.147	- 0.108	- 0.053	0.042

---

　　①　计算时，假设资本成本越高，相应的流动性比率越低。如：资本成本从 0.11 变成 0.12 时，流动性比率 0.55 变成 0.5。还有资本成本从 0.1 开始的原因是国内外众多研究中，资本成本假设为 10%。

　　②　信用级别分类详见下文。

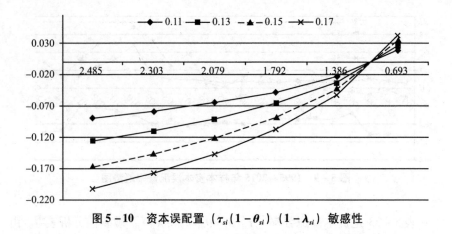

图 5 - 10 资本误配置 $(\tau_{si}(1-\theta_{si})(1-\lambda_{si})$ 敏感性

图 5 - 11 是资本误配置 $(\tau_{si}(1-\theta_{si})(1-\lambda_{si}))$ 趋势图。图中趋势线是百分位 (30) 值、均值和百分位 (60) 值①。百分位 (30) 值和均值的趋势线是 2009 年以后有下降趋势，但百分位 (60) 的趋势线是有上升趋势。因为众多样本数值体现在百分位 (60) 值上，所以不能忽视上市公司资本误配置问题。

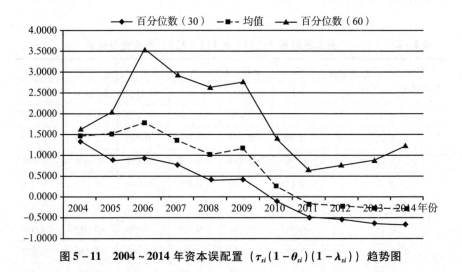

图 5 - 11 2004 ~ 2014 年资本误配置 $(\tau_{si}(1-\theta_{si})(1-\lambda_{si}))$ 趋势图

二、实证研究设计

（一）变量定义

为研究财务结构对资本误配置的影响，基于已有文献和理论分析，本

---

① 选取每年样本群的百分位 (30) 值、均值和百分位 (60) 值的原因是频率分布图中误配置分布大部分集中在 40% ~70% 之间。

研究相关变量的具体定义如表 5 - 24 所示。

表 5 - 24   变量定义

变量类型	名称	变量描述	变量定义
因变量	$KLDistort_{it}$	资源误配置率	$\tau_{si}(1 - \theta_{si})(1 - \lambda_{si})$
解释变量	$liquidity_{it}$	财务流动性	（流动资产 – 流动负债）/（流动负债）it
	$pledeability_{it}$	财务信用评级	详见下面（1）内容
控制变量	$Ln(A)$	企业规模	总资产（万元）的自然对数
	$Profitability_{it}$	盈利能力	（总营业收入 – 总营业成本）/总资产
	$Debt\ Structure$	债务结构	长期负债总额/总债务
	IFA investment in the fixed assets	固定资产投资	$LN(FA_t - FA_{t-1}(1 + \pi_t) + dep_t)$
	$Industry$	行业变量	虚拟变量，属于该行业为 1，否则为 0
	$year$	年度变量	虚拟变量，属于该年度为 1，否则为 0
	IP Innovationperformance	创新绩效	详见下面（3）内容
约束变量	EFD	外部融资依赖	详见下面（4）内容

1. 财务信用评级（Financial Pledeability）

国外众多研究（Li et al.，2012；Burak. R，2014）中企业财务信用评级普遍采用标准普尔（Standard & Poor's）的信用评级（Credit Rating）数据①。考虑到我国上市公司缺乏信用评级相关数据，借鉴维切利（2011）和塞维娜等（Serena S et al.，2012）等的偿付能力/流动性组合的企业财务条件图（见图 5 - 12）划分企业信用评级。

处于区域 1 的企业给予 12；区域 2 的企业给予 10；区域 4 的企业给予 8；区域 3 的企业给予 6；区域 6 的企业给予 4；区域 5 的企业给予 2②。

2. 固定资产投资（Investment in the fixed assets）

固定资产投资额选取上，借鉴罗德里格（Rodrigo vergara，2004）和布拉克（2014）等研究，利用如下公式：

$$I_t = FA_t - FA_t(1 + \pi_t) + dep_t \tag{5.13}$$

式中，FA_t 为固定资产；π_t 为通胀率；dep_t 为折旧。

---

① 利用标准普尔数据库，一般信用评级最差 C 为 2，最好的 AAA 为 24。

② 详见第 3 章第 3 节部分。

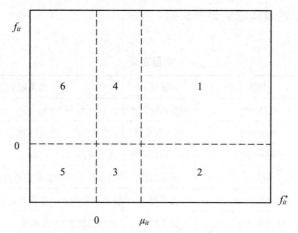

图 5 – 12　基于偿付能力/流动性组合的企业财务条件

3. 创新绩效（Innovation performance）

财务结构与研发能力有关[①]。企业的研发投资具有回报周期长、信息不对称程度高、不确定性大等特点，研发投资的资金主要来源于企业的自有资金。与固定资产投资相比，研发投资对融资约束更为敏感。融资约束下，企业理性决策的结果是将更多的资金配置于生产性投资，导致研发投资不足，投资结果失衡。为测出企业创新绩效，借鉴维萨罗（Vassalou，2004）等的思路，假设企业生产函数是 Cobb – Douglas 生产函数[②]：

$$Y_{it} = A_{it} K_{it}^{a_{1i}} L_{it}^{a_{2i}} \qquad (5.14)$$

式中，Y_{it} 为 t 时 i 企业的生产量；A_{it} 为 t 时 i 企业的技术贡献；$K_{it}^{a_{1i}}$ 为 t 时 i 企业的总资本；$L_{it}^{a_{2i}}$ 为 t 时 i 企业的劳动投入。

在完全竞争市场（competitive labor market）下，假设没有中间商品（intermediate goods）的投入，毛利率（GPM，gross profit margin）如下：

$$GPM_{it} = Y_{it} - L_{it} MP_{L_{it}} \qquad (5.15)$$

$$MP_{L_{it}} = a_{2i} A_{it} K_{it}^{a_{1i}} L_{it}^{a_{2i}-1} \qquad (5.16)$$

$$GPM_{it} = (A_{it} - a_{2i} A_{it}) K_{it}^{a_{1i}} L_{it}^{a_{2i}} \qquad (5.17)$$

式中，GPM_{it} 为 t 时 i 企业的毛利率；MP_{Lit} 为 t 时 i 企业边际产量

[①]　上节理论分析中可知，一般研发能力差的企业属于劳动密集型。

[②]　Griliches（1979）提出的研发投入与企业生产率关系的知识资本模型一直是学术界和实务界关注的热点问题，但该模型的研发 – 生产力线性关系和确定性创新过程这两个假设有缺陷。为克服两个假设，阿蒂斯（2016）、张志强（2016）等提出了结构生产函数来估计企业层面的生产率和广义倾向得分（GPS）来估计研发投入对企业生产率的影响的模型。

（marginal product）；$A_{it} - a_{2i}A_{it}$ 定义为企业创新（CI，corporate innovation）。

公式（5.17）两边取 log 值，得出公式（5.18）：

$$\ln GPM_{it} = \ln CI_{it} + a_{1i}\ln K_{it} + a_{2i}\ln L_{it} \qquad (5.18)$$

假设所有企业的 a_{1i} 和 a_{2i} 相同，公式（5.18）可以写成：

$$\ln GPM_{it} = \ln CI_{it} + a_1\ln K_{it} + a_2\ln L_{it} \qquad (5.19)$$

式中，K_{it} 和 L_{it} 表示资产合计和员工总数，因 CI_{it} 很难估算，所以借鉴式（5.18）可以得出公式（5.20）：

$$\ln CI_{it} = \ln GPM_{it} - (\beta_1\ln K_{it} + \beta_2\ln L_{it}) = \alpha + \varepsilon_{it} \qquad (5.20)$$

通过公式（5.20）中的 $\hat{\alpha} + e_{it}$ 值，可以算出企业创新。为克服各变量值的单位不同，借鉴维萨罗和阿皮基诺（2004）的方法，通过公式（5.20），求出 $\hat{\alpha} + e_{it}$。

$$\ln\left(\frac{GPM_{it}}{GPM_t}\right) = \hat{\alpha} + \beta_1\ln\left(\frac{K_{it}}{K_t}\right) + \beta_2\ln\left(\frac{L_{it}}{L_t}\right) + \varepsilon_{it} \qquad (5.21)$$

式中 $\hat{\alpha} + e_{it}$ 是除总资产和劳动力外所有因素对 GPM 的影响。我们把 $\hat{\alpha} + e_{it}$ 当成企业创新绩效（Innovation performance）。

4. 外部融资依赖程度（EFD，external finance dependence）

由于融资约束度量有较大争议[①]，本文选用企业外部融资依赖程度。拉詹（Rajan，1998）认为企业外部融资依赖程度为（经营现金流 - 资本支出）/资本支出。如果低于行业的平均外部融资依赖程度（AEFD，average external finance dependence），说明依赖程度较低。根据企业与行业的差异值，分为依赖程度低、一般和高。可以用 3、2 和 1 虚拟变量替代。

（二）实证模型设置

为了考察融资依赖程度、财务结构对资源误配置的影响，本文构造了模型 -1、模型 -2、模型 -3 和模型 -4。

$$KLDistort_{it} = a_{st} + \phi_1^* \times Fin.\ liquidity_{it} + \beta \times Controls_{it}$$
$$+ \sum_j Indus_j + \sum_t Year_t + \varepsilon_{it} \qquad （模型 -1）$$

$$KLDistort_{it} = a_{st} + \phi_2^* \times Fin.\ Pledgeability_{it} + \beta \times Controls_{it}$$
$$+ \sum_j Indus_j + \sum_t Year_t + \varepsilon_{it} \qquad （模型 -2）$$

---

① 关于融资约束标准的划分与衡量，国内外研究中通常通过设定一个代理或是分类变量来诠释融资约束，然后根据这个变量的相关特征来区分融资约束强弱不同的样本公司。而以上研究的难点在于如何找到一个合适恰当的代理变量。

$$KLDistort_{it} = a_{st} + \phi_1^* \times Fin.\ liquidity_{it} \times EFD_i + \beta \times Controls_{it}$$
$$+ \sum_j Indus_j + \sum_t Year_t + \varepsilon_{it} \qquad （模型 - 3）$$

$$KLDistort_{it} = a_{st} + \phi_2^* \times Fin.\ Pledgeability_{it} \times EFD_i + \beta \times Controls_{it}$$
$$+ \sum_j Indus_j + \sum_t Year_t + \varepsilon_{it} \qquad （模型 - 4）$$

式中，$KLDistort_{it} = \gamma_{it} = \dfrac{\alpha_s}{1 - \alpha_s} \dfrac{w}{R} \dfrac{L_{it}}{K_{it}} - 1$ 为 i 企业资源误配置率；α_{st} 为行业的固定效应；EFD_i 为外部融资的依赖；$Finliquidity_{it}$ 为企业财务流动性；$Pledeability_{it}$ 为企业财务信用评级；K_{it} 为企业资本存量（股权）；α_s 为特定行业的资本份额；wL 为劳动相关的费用（Chirinko et al.，2007）；R 为资本回报率①。高劳动密集型的生产企业有着更高的资本成本的扭曲。

三、实证结果及分析

首先，对样本资本误配置率、财务结构数据进行描述性统计，并考察变量间的相关关系，以控制变量间的多重共线性问题。然后，根据模型设定，对财务流动性对资本误配置的影响、财务信用级别对资本误配置的影响及外部融资依赖程度对资本误配置的影响进行面板数据分析，以检验影响因素。

（一）不同行业资本误配置率分布特征

表 5 - 25 是不同行业资本误配置率描述统计结果。18 个行业中，建筑业、信息软件、房地产、科技服务行业的均值、中位数、四分位 50% 的数都大于 0，说明存在资本误配置情况。每个行业最大值和最小值之间差异较大，其中制造业、批发零售业、信息软件、房地产和商务服务差异较为突出。由公式（5.10）可知，上市公司资本误配置率是资本租金率、财务流动性和财务信用评级组成。这是不同企业资本租金率、财务流动性和财务信用评级有较大差异引起的，检验财务流动性和财务信用评级对上市公司资本误配置的影响是本节研究的核心。

---

① 赫希尔和科洛诺（2009）研究中取 10%。

表 5-25

不同行业资本误配置率（$KLDistort_{it}$）描述统计

行业	农林等	采矿	制造业	电热燃气等	建筑业	批发零售	交通运输等	住宿餐饮	信息软件等	金融业	房地产	商务服务	科技服务	水利水电	居民服务业	卫生和社会	文体产业	综合类
均值	-0.031	-0.139	0.031	-0.216	0.409	0.062	-0.13	-0.214	0.581	-0.133	1.413	0.189	0.36	-0.102	0.389	0.201	0.645	0.089
中位数	-0.074	-0.178	-0.058	-0.264	0.115	-0.072	-0.236	-0.273	0.033	-0.182	0.279	-0.098	0.155	-0.151	-0.095	-0.066	-0.049	-0.062
标准差	0.326	0.288	0.841	0.168	0.971	1.008	1.075	0.168	2.086	0.129	4.181	2.886	0.738	0.406	1.607	1.683	3.54	1.009
最小值	-0.413	-0.399	-1.653	-0.408	-0.54	-0.723	-0.411	-0.412	-0.863	-0.364	-8.851	-1.491	-0.381	-0.405	-0.411	-0.338	-0.388	-3.705
最大值	3	3.156	49.267	1.511	9.3	39.16	19.138	0.7	29.87	0.942	59.344	51.3	5.004	3.361	10.011	12.54	32.57	18.904
25%	-0.189	-0.294	-0.173	-0.344	-0.361	-0.21	-0.341	-0.341	-0.091	-0.207	-0.029	-0.264	-0.066	-0.298	-0.219	-0.208	0.183	-0.197
50%	-0.074	-0.178	-0.058	-0.264	0.115	-0.072	-0.236	-0.273	0.033	-0.182	0.279	-0.098	0.155	-0.151	-0.095	-0.066	-0.049	-0.062
75%	0.019	-0.075	0.049	-0.098	0.503	0.069	-0.093	-0.095	0.41	-0.054	1.202	-0.034	0.551	-0.072	0.193	0.098	0.126	0.07
观测点	643	656	20648	1257	689	2225	1316	189	1419	490	1851	378	98	299	88	57	205	1223

（二）变量描述性统计及相关性分析

表 5 - 26 对解释变量和控制变量的全部公司年度数据进行了描述统计，并分别统计了外部融资依赖程度高、外部融资依赖程度一般和外部融资依赖程度低的公司组合群①的变量均值和样本，以对三组数据进行比较分析②。在全部公司样本中，外部融资依赖程度高的上市企业占据总样本的 56.57%，外部融资依赖程度一般的占比 41.10%，外部融资依赖程度低的上市企业占 2.31%。统计结果显示，外部融资依赖程度不同，变量之间有着显著性差异。外部融资依赖程度高的企业变量指标明显劣于外部融资依赖程度低的企业，但需要关注固定资产投资和创新绩效。固定资产投资均值最高的是外部融资依赖程度一般的上市公司，国内文献和统计年鉴中，盈利能力较强的上市公司对固定资产投资不够积极的结论较多。艾伯哈特（EberhartA. C，2004）等认为，劳动密集型企业创新能力差，盈利的不确定性和波动性大，外部融资依赖程度较高。提高企业的创新能力是降低外部融资依赖程度，提高配置效率的主要途径。

表 5 - 26　　　　　　　　　　主要变量的描述统计

变量	EFD = 3（外部融资依赖程度高）		EFD = 2（外部融资依赖程度一般）		EFD = 1（外部融资依赖程度低）	
	均值	观测数	均值	观测数	均值	观测数
财务流动性	1.75	18144	1.365	13082	8.074	697
财务信用评级	1.87	16558	2.066	12463	2.125	675
企业规模	21.49	18250	21.69	13251	21.46	739
盈利能力	−0.045	18281	0.035	13283	−0.076	747
债务结构	0.142	18281	0.109	13284	0.097	746
固定资产投资	19.6	13718	19.93	10104	18.21	644
创新绩效	−0.623	14350	−0.58	11138	−0.58	578

表 5 - 27 是各变量之间的 Pearson 相关系数结果。结果显示，除固定

---

① 外部融资依赖程度高的企业所占比重为 49.8% 左右；外部融资依赖程度一般企业所占比重为 16.148% 左右；外部融资依赖程度低企业所占比重为 31.8% 左右。

② 通过 ANOVA 分析发现，三组数据均值有显著性差异。

资产投资与盈利能力之间不显著外①，都存在显著性正负关系。财务流动性和财务信用评级之间高度正相关外，其他指标对财务流动性和财务信用评级显著性相关。为防止多重共线性的问题，在进行面板数据分析时对这些变量进行了适当的控制。

表 5 – 27　　　　　　　　　　　　主要变量 Pearson 相关系数

变量	流动性	信用评级	企业规模	盈利能力	债务结构	固定投资	创新绩效
财务流动性	1						
财务信用评级	0. 0389 *** (0. 0000)	1					
企业规模	0. 0036 (0. 096)	0. 0612 *** (0. 000)	1				
盈利能力	− 0. 0161 *** (0. 0032)	0. 0161 * (0. 053)	0. 0551 *** (0. 000)	1			
债务结构	0. 0519 *** (0. 000)	− 0. 0160 * (0. 0057)	0. 2763 *** (0. 000)	0. 0061 (0. 2619)	1		
固定资产投资	− 0. 2628 *** (0. 000)	− 0. 0086 * (0. 0947)	0. 4807 *** (0. 000)	0. 0366 (0. 000)	0. 2101 *** (0. 001)	1	
创新绩效	0. 0059 * (0. 0895)	− 0. 0923 (0. 000)	− 0. 1349 *** (0. 000)	− . 0058 * (0. 0832)	0. 0455 *** (0. 000)	0. 1409 *** (0. 000)	1

注：（1）括号中的数值为相应变量的 P 值；（2） *、**、*** 分别表示在 0.10、0.05、0.01 水平下的双尾显著。

（三）多元回归结果分析

1. 基于模型 – 1 和模型 – 2 的回归结果如表 5 – 28 所示。无论是否加入控制变量，财务流动性和财务信用评级的系数显著为正（0.15 和 0.14；0.130 和 0.072），模型 – 1 中，盈利能力显著为正（0.202），创新绩效显著为负（− 0.008），其他变量不显著。R^2（within）分别为 0.737、0.681，拟合度较好，支持固定效应模型。模型 – 2 中，企业规模和创新绩效显著为正，固定资产投资显著为负，而其他变量盈利能力和债务结构不显著。模型拟合度较差，支持固定效应模型。

① 固定资产投资对盈利能力的影响问题，考虑时滞性问题时检验过，但不显著。

表 5 - 28　　　　　　　　　　模型 -1 和模型 -2 的回归结果

变量	$\tau_{si}(1-\theta_{si})(1-\lambda_{si})$		变量	$\tau_{si}(1-\theta_{si})(1-\lambda_{si})$	
$liquidity_{it}$	0.1523 *** (290.87)	0.1436 *** (198.93)	$pledeability_{it}$	0.1303 *** (11.28)	0.0724 *** (5.27)
$Ln(A)$		0.0084 (1.03)	$Ln(A)$		0.0792 *** (5.81)
$Profitability_{it}$		0.2028 *** (6.94)	$Profitability_{it}$		0.0096 (0.2)
$Debt\ Structure$		0.0055 (0.14)	$Debt\ Structure$		-0.345 (-0.53)
IFA		-0.0024 (-0.62)	IFA		-0.1071 *** (-16.54)
IP		-0.0085 ** (-2.04)	IP		0.0253 *** (3.00)
$Industry$	yes	yes	$Industry$	yes	yes
$year$	yes	yes	$year$	yes	yes
$R-sq: within$	0.7371	0.6812	$R-sq: within$	0.0065	0.0198
Rho	0.2005	0.0713	Rho	0.3675	0.2681
$chi2$	56.33	11.26	$chi2$	64.54	291.83
$Hausman$	0.0000	0.1874	$Hausman$	0.0000	0.0000

2. 基于模型 -1 的各行业回归结果可知（见附录5.1、5.2 和 5.3），在无控制变量的情况下，各个行业财务流动性系数显著为正（农林等，采矿、制造业、电热燃气等，建筑业、批发零售、交通运输等，住宿餐饮、信息软件等，金融业、房地产、商务服务、水利水电、居民服务业，卫生和社会、文体产业和综合类行业）。在加入控制变量的情况下，只有卫生和社会行业财务流动性系数为负，但不显著。基于模型 -2 的各行业回归结果中可知① （见附录5.4、5.5 和 5.6），在无控制变量的情况下，一部分行业财务流动性系数显著为正（制造业、建筑业、批发零售、信息软件等、房地产、居民服务业），某些行业财务流动性系数为正（商务服务、科技服务、卫生和社会、综合类），但不显著；某些行业财务流动性系数

① 各行业分析中，影响因素系数有正负差异的原因是：（1）每年样本企业数变化较大；（2）变量之间差异较大。

显著为负（农林等，采矿、电热燃气等，交通运输等，住宿餐饮、金融业和水利水电行业）。在有控制变量的情况下，建筑业、信息软件等和房地产财务流动性系数显著为正，大多数行业财务流动性系数显著为负（农林等，采矿、制造业、电热燃气等，交通运输等，住宿餐饮、金融业、商务服务、水利水电、居民服务业）。

3. 基于模型 – 3 的不同外部融资依赖程度下财务流动性对资本误配置的影响，回归结果如表 5 – 29 所示。无论是否加入其他控制变量，财务流动性和外部融资依赖程度交乘项 $liquidity_{it} \times EFD$（3）（0.138 和 0.135）、$liquidity_{it} \times EFD$（2）（0.085 和 0.0809）和 $liquidity_{it} \times EFD$（1）（0.049和 0.034）系数均显著为正，且外部融资依赖程度越大，其系数也相对较大。说明企业流动性强，并外部融资依赖程度低的公司资本误配置率低，这与国外众多研究结论一致[1]。加入控制变量之后，对于不同的外部融资依赖程度，企业规模、固定资产投资、债务结构均不显著，但创新能力显著为负。众多学者[2]认为，创新能力强的企业比劳动密集型企业，具有更强的盈利能力、更好的财务流动性和信用级别，可以降低企业资本误配置率。国内众多研究还发现[3]，我国资产规模大并盈利能力强的上市公司易获得银行借款和股权融资，但违背资产匹配原则[4]。盈利能力对于外部融资依赖程度较小和较大的上市企业显著为正，对外部融资依赖程度一般的企业为负。模型拟合度较好，支持固定效应模型。从不同行业的回归结果来看（见附录5.7、5.8 和 5.9），无控制变量的情况下，除了商务服务以外，所有十七个行业的财务流动性和外部融资依赖程度交乘项系数显著为正。在控制变量的情况下十七个行业（卫生与社会行业以外）的财务流动性和外部融资依赖程度交乘项系数显著为正。

表 5 – 29 模型 – 3 的回归结果

变量	$\tau_{si}(1-\theta_{si})(1-\lambda_{si})$			
$liquidity_{it} \times EFD$（1）	0.049 *** (31.14)	0.0341 *** (16.98)		
$liquidity_{it} \times EFD$（2）			0.085 *** (197.76)	0.0809 *** (135.07)

① 塞丽娜（2012）、李（2012）和布拉克（2014）等。
② 罗萨洛（2004）、罗德里格（2004）和布拉克（2014）等。
③ 详见第一章文献部分。
④ 应付账款主要靠长期负债，资本缺口主要靠短期负债。

变量	$\tau_{si}(1-\theta_{si})(1-\lambda_{si})$					
$liquidity_{it} \times EFD$ (3)					0.138 *** (179.41)	0.135 *** (126.04)
Ln(A)		0.067 (0.49)		-0.0107 (-1.12)		-0.0038 (-0.29)
$Profitability_{it}$		2.129 ** (2.37)		-0.0308 (-1.27)		0.866 *** (12.73)
Debt Structure		0.573 (0.68)		0.0169 (0.36)		0.0097 (0.15)
IFA		-0.066 (-0.93)		-0.001 (-0.25)		0.0064 (1.03)
IP		0.0287 ** (2.37)		0.0003 (0.07)		-0.019 *** (-2.67)
Industry	yes	yes	yes	yes	yes	yes
year	yes	yes	yes	yes	yes	yes
$R-sq$: within	0.754	0.6084	0.787	0.7175	0.6766	0.6331
Rho	0.283	0.638	0.220	0.315	0.2500	0.0668
chi2	22.28	115.82	15.72	17.01	104.81	20.61
Hausman	0.0000	0.0000	0.0000	0.0000	0.0000	0.0000

注：（1）*** 为显著性1%，** 为显著性5%，* 为显著性10%；（2）括号为 T 值；（3）EFD（3）为企业外部融资依赖程度高、EFD（2）为企业外部融资依赖程度一般、EFD（1）为企业外部融资依赖程度低。

4. 基于模型 -4，本节研究了不同外部融资依赖程度下财务信用级别对资本误配置的影响，回归结果如表 5 -30 所示。从表 5 -30 的回归结果看，无论是否加入其他控制变量，财务信用评级和外部融资依赖程度交乘项 $pledeability_{it} \times EFD$（3）（0.074 和 0.064）、$pledeability_{it} \times EFD$（2）（0.018 和 -0.019）和 $pledeability_{it} \times EFD$（1）（0.177 和 0.158）系数显著，但对外融资依赖程度一般的上市企业其交互项的系数为负。说明企业财务信用级别高的企业一般不受外部融资依赖程度，资本误配置率普遍低。这与国外众多研究结论一致[①]。对于对外融资依赖程度不同的上市企业，固定资产

① 塞丽娜（2012）、李（2012）和卢太平（2014）等。

投资系数显著为负。模拟拟合度一般，支持固定效应模型。从不同行业的回归结果来看（见附录 5.10、5.11 和 5.12），无控制变量的情况下，电热燃气、交通运输、金融业、住宿餐饮、金融、水利水电六个行业的财务信用评级和外部融资依赖程度交乘项系数显著为负。居民服务行业、农林、批发零售、科技服务、卫生和社会、文体产业的回归系数分别为正。其他六个行业的财务信用评级和外部融资依赖程度交乘项系数显著为正。在有控制变量的情况下农林、制造业、批发零售、金融业、卫生与社会、综合六个行业的回归系数不显著。采矿、电热燃气等、交通运输、住宿餐饮、商务服务、水利水电、居民服务、文体产业等八个行业的财务信用评级和外部融资依赖程度交乘项系数显著为负。

表 5 – 30　　　　　　　　　模型 – 4 的回归结果

变量	$\tau_{si}(1-\theta_{si})(1-\lambda_{si})$					
$pledeability_{it} \times$ EFD（1）	0.177 ** (2.27)	0.158 ** (2.3)				
$pledeability_{it} \times$ EFD（2）			0.018 *** (2.9)	– 0.0198 *** （– 2.59）		
$pledeability_{it} \times$ EFD（3）					0.074 *** (5.47)	0.06402 *** (3.25)
Ln(A)		0.264 (1.26)		0.057 *** (3.19)		0.067 *** (3.1)
$Profitability_{it}$		2.687 ** (1.97)		0.0483 (1.07)		0.053 (0.48)
Debt Structure		– 0.264 （– 0.21）		0.011 (0.13)		0.0125 (0.12)
IFA		– 0.389 *** （– 3.75）		– 0.075 *** （– 8.73）		– 0.122 *** （– 12.02）
IP		0.0123 (0.11)		0.0377 *** (4.09)		0.021 * (1.73)
Industry	yes	yes	yes	yes	yes	yes
year	yes	yes	yes	yes	yes	yes
R – sq：within	0.0304	0.1098	0.0026	0.014	0.005	0.019
Rho	4.02	0.735	0.505	0.507	0.507	0.1855
chi2	0.2598	11.1	50.04	111.31	20.07	134.68
Hausman		0.0000	0.0000	0.0000	0.0000	0.0000

注：（1）*** 为显著性 1%，** 为显著性 5%，* 为显著性 10%；（2）括号为 T 值；（3）EFD（3）为企业外部融资依赖程度高、EFD（2）为企业外部融资依赖程度一般、EFD（1）为企业外部融资依赖程度低。

为了检验回归结论的可靠性，本文进行了以下稳健性检验：1. 选取样本20% ~80% 之间的数据进行了回归分析。2. 外部融资依赖程度划分时，剔除了债务没有增加或变动小的企业。3. 将原始样本数据分成2003 ~2007 年和2008 ~2015 年两部分。回归结果表明，基本结论不变。从表 5 - 31 和表 5 - 32 可知，稳健性检验结果与之前的回归结果基本一致，说明本文的研究结论具有较强的稳定性。

表 5 - 31   模型 - 3 回归结果的稳健性检验

变量	$\tau_{si}(1-\theta_{si})(1-\lambda_{si})$					
$liquidity_{it} \times EFD$ （3）	0.109 ** (2.52)	0.0923 ** (2.43)				
$liquidity_{it} \times EFD$ （2）			− 0.0352 ** (− 2.47)	− 0.0209 ** (− 2.44)		
$liquidity_{it} \times EFD$ （1）					− 1.039 *** (− 3.65)	− 0.867 *** (− 3.34)
$Ln(A)$		− 0.557 *** (− 4.03)		− 0.519 *** (− 4.03)		− 0.673 *** (− 3.55)
$Profitability_{it}$		− 0.225 ** (− 2.43)		− 0.316 *** (− 3.88)		− 0.619 ** (− 2.47)
$Debt\ Structure$		0.432 *** (3.34)		0.597 ** (2.46)		0.576 ** (2.52)
IFA		0.225 (0.783)		0.791 (1.23)		1.023 (0.968)
IP		− 0.877 *** (− 3.54)		− 1.21 *** (− 3.74)		− 1.049 *** (− 4.21)
$Industry$	Yes	Yes	Yes	Yes	Yes	Yes
$year$	Yes	Yes	Yes	Yes	Yes	Yes
$R - sq: within$	0.555	0.617	0.567	0.655	0.598	0.703
$Hausman$	0.0000	0.0000	0.0000	0.0000	0.0000	0.0000

注：（1） *** 为显著性1% ，** 为显著性5% ，* 为显著性10% ；（2）括号为 T 值；（3） EFD （3）为企业外部融资依赖程度高、EFD （2）为企业外部融资依赖程度一般、EFD （1）为企业外部融资依赖程度低。

表 5 –32　　　　　　　模型 –4 回归结果的稳健性检验

变量	$\tau_{si}(1-\theta_{si})(1-\lambda_{si})$					
$pledeability_{it} \times$ EFD（3）	0.041 ** (2.50)	0.037 ** (2.49)				
$pledeability_{it} \times$ EFD（2）			0.212 *** (4.13)	– 0.103 *** （– 4.01）		
$pledeability_{it} \times$ EFD（1）					0.597 *** (3.79)	0.556 *** (3.39)
Ln(A)		0.563 *** (3.28)		0.703 *** (3.45)		0.903 *** (4.22)
$Profitability_{it}$		0.419 * (1.84)		0.417 ** (2.44)		0.391 *** (3.64)
Debt Structure		0.635 ** (2.51)		0.663 ** (2.47)		0.441 * (1.88)
IFA		0.773 (0.97)		0.559 (1.35)		0.947 (1.13)
IP		0.904 *** (4.96)		0.724 ** (2.48)		0.891 *** (3.99)
Industry	yes	yes	yes	yes	yes	yes
year	yes	yes	yes	yes	yes	yes
R – sq：within	0.571	0.639	0.607	0.649	0.530	0.677
Hausman	0.0000	0.0000	0.0000	0.0000	0.0000	0.0000

注：（1）　*** 为显著性1%，** 为显著性5%，* 为显著性10%；（2）括号为 T 值；（3）EFD（3）为企业外部融资依赖程度高、EFD（2）为企业外部融资依赖程度一般、EFD（1）为企业外部融资依赖程度低。

四、研究结论

如何聚合融资和资本运营维度度量是本研究的重点和大难点。本章借鉴罗德里格（Rodrigo，2004）、安通纳斯（Antunes，2008）和布拉克（2014）等研究，构建聚合融资和资本运营维度的资本误配置模型、财务信用级别评价模型和企业创新绩效模型，以我国上市公司为例，实证检验不同外部融资依赖程度下财务结构对资本误配置的影响，探究影响资本误配置的关键因素。实证结果如下：

（1）从不同行业资本误配置率（$KLDistort_{it}$）描述统计中发现，1995 ~

2015 年 18 个行业的均值、中位数和四分位 50% 的资本误配置率数大于 0，说明一半以上企业存在资本误配置情况。

（2）虽然我国上市公司面临着融资约束、资本市场非效率等问题，但大部分企业仍依赖于外部融资。从 33721 个观测点中发现，在全部公司样本中，外部融资依赖程度高的上市企业占据总样本的 56.57%，外部融资依赖程度一般的占比 41.10%，外部融资依赖程度低的上市企业占2.31%。统计结果显示，外部融资依赖程度不同，变量之间有着显著性差异。

（3）影响上市公司资本误配置的主要因素是企业财务流动性和财务信用评级。实证分析中发现，虽在不同外部融资依赖程度下，回归系数显著性有所差异，但回归系数显著为负或正。

（4）劳动密集型企业一般创新能力差，易引起资本误配置。实证分析中发现，创新能力强的企业一般具有更强的盈利能力、更好的财务流动性和信用级别，可以降低企业资本误配置。

（5）国内众多研究还发现，我国资产规模大并盈利能力强的上市公司易获得银行借款和股权融资，但违背资产匹配原则。

本章的研究还存在很多不足之处。关于公司财务信用级别的度量，国外普遍采用标准普尔（Standard & Poor's）、穆迪投资者服务公司和惠誉国际信用评级公司的信用评级（Credit Rating）数据，但国内还没有统一的标准，如何更准确度量公司财务信用级别是公司金融研究的重要课题。

附录 5.1

基于模型 - 1 的各行业回归结果（1）

变量	农林等		采矿		制造业		电热燃气等		建筑业		批发零售	
				$\tau_{si}(1-\theta_{si})(1-\lambda_{si})$								
$Liquidity_{it}$	0.1524*** (25.14)	0.144*** (17.66)	0.167*** (24.5)	0.147*** (13.56)	0.13*** (211.14)	0.169*** (212.96)	0.165*** (22.96)	0.169*** (18.72)	0.151*** (25.54)	0.124*** (15.03)	0.168*** (67.61)	0.139*** (40.70)
$Ln(A)$		-0.0198 (-1.07)		-0.0175 (-1.49)		0.010** (2.44)		-0.0003 (-0.03)		-0.0102 (-0.44)		-0.008 (-0.81)
$Profitability_{it}$		0.0141 (0.11)		-0.103 (-1.01)		0.149*** (6.31)		-0.0955 (-0.97)		-0.132 (-0.46)		0.0575 (0.88)
$Debt\ Structure$		0.0879 (1.31)		0.0056 (0.13)		-0.015 (-0.69)		0.069** (2.27)		-0.461 (-0.34)		0.0082 (0.14)
IFA		0.0043 (0.35)		0.0002 (0.05)		0.003 (1.49)		0.0019 (0.62)		-0.0052 (0.48)		0.001 (0.18)
IP		0.0052 (0.82)		0.0156*** (3.81)		-0.0014 (-0.69)		0.016*** (3.94)		-0.024** (-2.02)		-0.0026 (-0.56)
$Industry$	yes	yes	yes	yes	yes	yes	yes	yes	yes	yes	yes	yes
$year$	yes	yes	yes	yes	yes	yes	yes	yes	yes	yes	yes	yes
$R-sq: within$	0.5489	0.4931	0.5555	0.3711	0.7052	0.8114	0.3245	0.3300	0.5194	0.4079	0.6929	0.5470
Rho	0.1205	0.2047	0.1203	0.2555	0.1407	0.1195	0.1019	0.0828	0.5381	0.3369	0.1524	0.1075
$chi2$	10.14	3.3	1.56	8.36	342.24	269.79	4.25	6.44	11.78	11.91	29.57	1.67
$Hausman$	0.0063	0.8564	0.4579	0.3023	0.0000	0.000	0.1195	0.4898	0.0028	0.1035	0.000	0.9758

注：（1）*** 为显著性 1%，** 为显著性 5%，* 为显著性 10%；（2）括号为 T 值。

附录 5.2

基于模型－1 的各行业回归结果（2）

变量	交通运输等		住宿餐饮		信息软件等 $\tau_{si}(1-\theta_{si})(1-\lambda_{si})$		金融业		房地产		商务服务	
$Liquidity_{it}$	0.155** (29.39)	0.106*** (12.86)	0.155*** (7.80)	0.171*** (4.29)	0.203*** (151.2)	0.182*** (57.56)	0.181*** (6.33)	0.181	0.153*** (59.58)	0.138*** (45.10)	0.044*** (4.47)	0.144*** (9.82)
$Ln(A)$		0.008 (0.74)		−0.009 (−0.33)		−0.014 (−0.42)		0.032 (1.05)		−0.146 (−1.23)		−0.006 (−0.32)
$Profitability_{it}$		0.040 (0.57)		0.095 (0.23)		0.039 (0.36)		−0.360 (−0.94)		−0.120 (−0.17)		−0.260 (−1.5)
Debt Structure		−0.14 (−0.56)		0.077 (0.74)		0.086 (0.51)		0.272 (1.42)		1.02* (1.55)		−0.048 (−1.00)
IFA		0.001 (0.28)		0.016 (0.78)		0.034** (2.03)		−0.001 (−0.10)		−0.20 (−0.44)		0.005 (0.73)
IP		0.009** (2.22)		0.019 (1.56)		−0.015 (−1.21)		0.0166 (0.99)		−0.097* (−1.69)		0.0135* (1.86)
Industry	yes	yes	yes	yes	yes	yes	yes	yes	yes	yes	yes	yes
year	yes	yes	yes	yes	yes	yes	yes	yes	yes	yes	yes	yes
$R-sq: within$	0.428	0.200	0.263	0.166	0.950	0.838	0.639	0.622	0.678	0.6328	0.066	0.366
Rho	0.979	0.118	0.104	0.071	0.484	0.208	0.379	0.522	0.152	0.201	0.721	0.144
chi2	0.22	10.55	7.06	3.86	94.55	12.83	0.64	3.31	15.87	10.17	80.68	4.94
Hausman	0.8953	0.1595	0.0292	0.7957	0.0000	0.0764	0.7261	0.8552	0.0004	0.1792	0.0000	0.6675

注：（1）*** 为显著性1%，** 为显著性5%，* 为显著性10%；（2）括号为 T 值。

附录 5.3

基于模型 – 1 的各行业回归结果 (3)

$$\tau_{si}(1-\theta_{si})(1-\lambda_{si})$$

变量	科技服务		水利水电		居民服务业		卫生和社会		文体产业		综合类	
$Liquidity_{it}$	0.215*** (9.63)	0.231** (4.03)	0.145*** (6.73)	0.091** (-0.49)	0.177*** (9.03)	0.182*** (4.27)	0.016** (2.146)	-0.245 (-1.15)	0.160*** (15.15)	0.158*** (10.81)	0.156*** (51.81)	0.163*** (40.22)
$Ln(A)$		-0.073 (-1.02)		0.001 (0.02)		0.080 (-1.08)		-0.073 (-1.26)		0.001 (0.05)		-0.033*** (-2.81)
$Profitability_{it}$		1.902 (1.07)		-0.077 (-0.22)		-0.813 (-0.88)		3.153 (2.62)		-0.18 (-0.39)		0.040 (0.62)
$Debt\ Structure$		0.443 (1.03)		-0.033 (-0.49)		0.023 (0.12)		0.572 (0.91)		-0.92 (-0.92)		0.001 (0.02)
IFA		-0.044 (-1.28)		-0.006 (-0.56)				0.064 (1.15)		0.001 (0.2)		0.002 (0.31)
IP		-0.028 (-1.06)		0.010 (1.08)		0.004 (-0.05)		0.062 (1.74)		0.006 (0.98)		0.003 (0.36)
$Industry$	yes	yes	yes	yes	yes	yes	yes	yes	yes	yes	yes	yes
$year$	yes	yes	yes	yes	yes	yes	yes	yes	yes	yes	yes	yes
$R-sq$: $within$	0.846	0.932	0.303	0.099	0.723	0.696	0.871	0.908	0.790	0.593	0.733	0.705
Rho	0.347	0.803	0.160	0.142	0.129	0.145	0.834	0.971	0.991	0.231	0.471	0.230
$chi2$	12.48	7.15	3.51	2.46	3.72	1.13	0.40	6.22	87.54	9.17	41.05	21.83
$Hausman$	0.1874	0.4137	1.0000	0.9303	0.9997	0.9924	1.0000	0.5140	0.0000	0.2404	0.0055	0.0027

注: (1) *** 为显著性 1%, ** 为显著性 5%, * 为显著性 10%; (2) 括号为 T 值。

附录 5.4

基于模型 -2 的各行业回归结果（1）

$$\tau_{si}(1-\theta_{si})(1-\lambda_{si})$$

变量	农林等		采矿		制造业		电热燃气等		建筑业		批发零售	
$Pledeability_{it}$	-0.026* (-1.86)	-0.052*** (-3.16)	-0.138*** (-13.16)	-0.166*** (-19.50)	0.036*** (4.94)	-0.029*** (-3.73)	-0.209*** (-44.73)	-0.218*** (-46.54)	0.317*** (7.93)	0.199*** (7.60)	0.053*** (3.14)	0.009 (0.69)
$Ln(A)$		-0.032 (-1.25)		0.0094 (0.91)		0.05*** (6.14)		0.0086 (1.58)		0.07*** (2.69)		0.085*** (5.74)
$Profitability_{it}$		0.363** (2.06)		0.143 (1.54)		0.34*** (7.36)		0.0105 (0.18)		-0.443 (-1.14)		0.053 (0.55)
$Debt\ Structure$		0.0096 (0.10)		-0.164*** (-4.37)		-0.042 (-0.98)		-0.067*** (-3.79)		-0.54*** (-3.24)		-0.016 (-0.18)
IFA		-0.032* (-1.79)		0.009 (0.91)		-0.07*** (-16.93)		-0.0026 (-1.45)		-0.029** (-2.28)		-0.026*** (-2.98)
IP		0.0014 (0.14)		-0.0032 (-0.72)		-0.0004 (-0.07)		-0.0024 (-0.88)		0.011 (0.59)		0.0133 (1.47)
$Industry$	yes	yes	yes	yes	yes	yes	yes	yes	yes	yes	yes	yes
$year$	yes	yes	yes	yes	yes	yes	yes	yes	yes	yes	yes	yes
$R-sq:within$	0.0103	0.0548	0.2879	0.5269	0.0017	0.0356	0.6751	0.7451	0.1058	0.1677	0.0071	0.0319
Rho	0.4432	0.5576	0.6769	0.6388	0.3698	0.2811	0.6105	0.6861	0.8049	0.5350	0.6831	0.5511
$chi2$	3.71	8.41	5.38	9.48	75.84	88.17	0.13	9.35	8.69	10.51	7.05	31.11
$Hausman$	0.1562	0.2977	0.0679	0.2202	0.000	0.000	0.9389	0.2284	0.0130	0.1616	0.0294	0.0001

注：（1）*** 为显著性1%，** 为显著性5%，* 为显著性10%；（2）括号为 T 值。

基于模型 -2 的各行业回归结果（2)

$$\tau_{si}(1-\theta_{si})(1-\lambda_{si})$$

变量	交通运输等		住宿餐饮		信息软件等		金融业		房地产		商务服务	
$Pledgeability_{it}$	-0.189*** (-33.28)	-2.00*** (-37.38)	-0.191*** (-17.96)	-2.06*** (-21.34)	0.634*** (6.46)	0.294*** (4.03)	-0.138*** (-25.54)	-0.130** (-3.35)	1.740*** (9.39)	1.64*** (8.84)	0.041 (0.66)	-0.177*** (-15.87)
$Ln(A)$		0.030*** (4.10)		-0.014 (0.97)		0.109 (1.2)		-0.049 (-1.39)		0.212 (1.27)		0.064*** (4.25)
$Profitability_{it}$		0.140** (2.81)		-0.349* (-0.60)		0.006 (-0.02)		0.131 (0.28)		0.643 (0.56)		0.159 (1.12)
Debt Structure		-0.071*** (-4.36)		-0.010 (-0.21)		-0.554 (-1.32)		0.095 (0.43)		0.248 (0.32)		-0.024 (-0.64)
IFA		-0.04 (-1.32)		-0.021** (-2.28)		-0.151*** (-3.59)		-0.023 (-0.74)		-0.325*** (-4.93)		-0.009 (-1.39)
IP		-0.04 (-1.36)		-0.008 (-1.39)		0.128*** (2.9)		-0.105** (-3.03)		0.102 (0.97)		0.008 (1.00)
Industry	yes	yes	yes	yes	yes	yes	yes	yes	yes	yes	yes	yes
year	yes	yes	yes	yes	yes	yes	yes	yes	yes	yes	yes	yes
R - sq : within	0.519	0.652	0.702	0.8418	0.060	0.071	0.659	0.490	0.060	0.088	0.006	0.0583
Rho	0.701	0.609	0.561	0.636	0.566	0.560	0.585	0.215	0.500	0.330	0.854	0.704
chi2	8.47	54.97	-28.55	-7.54	22.44	-22.19	0.60	12.33	5.27	8.13	5.28	25.49
Hausman	0.0145	0.0000			0.0000		0.7261	0.0903	0.0718	0.3215	0.0714	0.0006

注：(1) *** 为显著性 1%，** 为显著性 5%，* 为显著性 10%；(2) 括号为 T 值。

附录5.6

基于模型-2的各行业回归结果(3)

被解释变量：$\tau_{si}(1-\theta_{si})(1-\lambda_{si})$

变量	科技服务		水利水电		居民服务业		卫生和社会		文体产业		综合类	
$pledgeability_{it}$	0.126 (0.09)	0.013 (0.06)	-0.193*** (23.97)	-0.201*** (-23.41)	0.073*** (6.89)	-0.150*** (-3.87)	0.021 (0.47)	-0.051 (-0.03)	-0.01 (-0.36)	-0.042 (-0.13)	0.004 (0.23)	-0.010 (-0.53)
Ln(A)		-0.172 (-1.90)		0.005 (0.35)		0.038 (0.52)		-0.062 (1.53)		-0.076** (2.31)		0.018 (0.88)
$Profitability_{it}$		7.597 (-2.93)		0.037 (0.25)		-0.316 (-0.33)		0.831 (1.35)		-0.085 (-0.22)		0.109 (0.78)
Debt Structure		0.418 (0.45)		-0.039 (-1.39)		0.276 (1.39)		5.247* (1.74)		-0.607*** (-3.48)		-0.235** (-2.41)
IFA		-0.026 (-0.37)		-0.005 (-1.09)		-0.300*** (-5.44)		0		-0.017 (-1.48)		-0.047*** (-4.44)
IP		-1.815 (-2.62)		-0.014** (-2.55)		0.042 (0.46)		0.483** (2.47)		-0.004 (-0.27)		0.017 (0.98)
Industry	yes	yes	yes	yes	yes	yes	yes	yes	yes	yes	yes	yes
year	yes	yes	yes	yes	yes	yes	yes	yes	yes	yes	yes	yes
R-sq: within	0.376	0.926	0.821	0.836	0.268	0.677	0.864	0.942	0.219	0.208	0.016	0.044
Rho	0.597	0.9994	0.613	0.627	0.167	0.245	0.915	0	0.288	0.671	0.539	0.501
chi2	3.27	15.820	5.14	6.75	2.17	4.15	6.59		-4.17	76.84	13.68	-39.05
Hausman	0.9528	0.0269	0.9986	0.4558	1.0000	0.7625	0.4727			0.0000		0.7499

注：(1) *** 为显著性1%，** 为显著性5%，* 为显著性10%；(2) 括号为T值。

附录 5.7

基于模型 -3 的各行业回归结果 (1)

变量	农林等		采矿		制造业		电热燃气等		建筑业		批发零售	
					$\tau_{si}(1-\theta_{si})(1-\lambda_{si})$							
$Liquidity_{it} \times EFD_i$	0.066*** (17.93)	0.054*** (12.66)	0.095*** (16.59)	0.085*** (11.90)	0.087*** (166.22)	0.098*** (133.10)	0.077*** (17.46)	0.077*** (14.84)	0.091*** (25.39)	0.071*** (15.53)	0.081*** (46.01)	0.062*** (28.50)
$\text{Ln}(A)$		-0.034 (-1.61)		-0.014 (-1.17)		0.028*** (4.79)		0.0018 (0.18)		0.005 (0.22)		0.034*** (2.88)
$Profitability_{it}$		0.139 (0.99)		-0.0244 (-0.23)		0.127*** (3.86)		-0.1108 (-1.06)		-0.354 (-1.24)		-0.0031 (-0.04)
$Debt\ Structure$		0.0647 (0.85)		-0.0499 (-1.10)		0.0234 (0.75)		0.0209 (0.65)		-0.126 (-0.94)		0.0297 (0.43)
IFA		-0.0035 (-0.25)		-0.0011 (-0.24)		-0.010*** (-3.19)		0.00008 (0.03)		-0.0099 (-0.93)		-0.0112* (-1.67)
IP		0.0055 (0.77)		0.015*** (3.48)		-0.0022 (-0.78)		0.019*** (4.49)		-0.031** (-2.53)		-0.0013 (0.23)
$Industry$	yes	yes	yes	yes	yes	yes	yes	yes	yes	yes	yes	yes
$year$	yes	yes	yes	yes	yes	yes	yes	yes	yes	yes	yes	yes
$R-sq:\ within$	0.3843	0.3400	0.3843	0.3237	0.5969	0.6300	0.2207	0.2475	0.5166	0.4219	0.5111	0.3797
Rho	0.2015	0.2761	0.3117	0.6258	0.1478	0.0705	0.1233	0.1152	0.7855	0.3301	0.2821	0.3607
$chi2$	13.67	13.06	19.82	25.28	409.98	38.90	3.11	5.14	20.74	9.62	78.59	71.89
$Hausman$	0.0011	0.0707	0.0000	0.0000	0.0000	0.0000	0.2117	0.6433	0.0000	0.2108	0.0000	0.0000

注：（1）*** 为显著性1%，** 为显著性5%，* 为显著性10%；（2）括号为为 T 值；（3）EFD（3）为企业外部融资依赖程度高，EFD（2）为企业外部融资依赖程度一般，EFD（1）为企业外部融资依赖程度低。

附录 5.8

基于模型 -3 的各行业回归结果（2）

$$\tau_{si}(1-\theta_{si})(1-\lambda_{si})$$

变量	交通运输等		住宿餐饮		信息软件等		金融业		房地产		商务服务	
$Liquidity_{it} \times EFD_i$	0.099*** (24.52)	0.066*** (12.83)	0.075*** (5.27)	0.055** (2.06)	0.102*** (68.28)	0.072*** (41.60)	0.011** (1.98)	0.077*** (5067)	0.069*** (39.08)	0.065*** (33.59)	0.0001 (0.001)	0.103*** (9.96)
$Ln(A)$		0.005 (0.44)		0.008 (0.3)		0.008 (0.19)		0.023 (0.77)		-0.113 (-0.81)		0.004 (0.21)
$Profitability_{it}$		0.028 (0.40)		0.549 (1.29)		0.131 (0.95)		-0.392 (-0.96)		-0.832 (-1.01)		-2.44 (-1.41)
$Debt\ Structure$		-0.024 (-0.4)		0.006 (0.05)		-0.171 (-0.79)		0.294 (1.55)		1.59** (2.48)		-0.764 (-1.61)
IFA		0.001 (0.18)		0.007 (0.32)		-0.048** (-2.23)		-0.008 (-0.59)		-0.069 (-1.25)		0.008 (1.05)
IP		0.010** (2.57)		0.007 (0.54)		0.021 (1.35)		0.021 (1.18)		-0.043 (-0.64)		0.018* (2.45)
Industry	*yes*	*yes*	*yes*	*yes*	*yes*	*yes*	*yes*	*yes*	*yes*	*yes*	*yes*	*yes*
year	*yes*	*yes*	*yes*	*yes*	*yes*	*yes*	*yes*	*yes*	*yes*	*yes*	*yes*	*yes*
$R-sq:\ within$	0.343	0.200	0.142	0.055	0.795	0.732	0.019	0.557	0.475	0.491	0.0091	0.372
Rho	0.150	0.129	0.162	0.236	0.432	0.354	0.745	0.809	0.251	0.171	0.834	0.202
$chi2$	9.52	12.73	11.78	8.09	2.02	3.24	30.02	25.74	139.53	63.52	358.19	9.59
$Hausman$	0.0086	0.0791	0.0028	0.3248	0.3647	0.8623	0.0000	0.0006	0.0000	0.0000	0.0000	0.2128

注：（1）****为显著性1%，***为显著性5%，*为显著性10%；（2）括号内为T值；（3）EFD（3）为企业外部融资依赖程度高，EFD（2）为企业外部融资依赖程度一般，EFD（1）为企业外部融资依赖程度低。

附录 5.9

基于模型 -3 的各行业回归结果（3）

变量	科技服务		水利水电		居民服务业		卫生和社会		文体产业		综合类	
	$\tau_{si}(1-\theta_{si})(1-\lambda_{si})$											
$Liquidity_{it} \times EFD_i$	0.090*** (9.66)	0.103** (5.81)	0.077*** (4.80)	0.039* (1.81)	0.075*** (10.49)	0.039*** (2.94)	0.080*** (4.85)	-0.197 (-2.55)	0.090*** (13.92)	0.081*** (10.50)	0.088*** (34.76)	0.075*** (27.28)
$Ln(A)$		-0.002 (-0.04)		-0.003 (-0.09)		-0.20 (-0.26)		-0.081 (-0.23)		0.006 (0.29)		-0.022 (-1.50)
$Profitability_{it}$		1.453 (1.10)		-0.118 (-0.34)		-0.294 (-0.29)		3.416* (4.95)		-0.025 (-0.53)		0.008 (0.10)
$Debt\ Structure$		0.334 (1.10)		-0.041 (-0.61)		0.186 (0.87)		0.068* 3.57		-0.167 (-1.59)		-0.056 (-0.79)
IFA		-0.048 (-1.93)		-0.010 (-0.94)		-1.67 (-2.21)		0.101 (2.53)		0.000 (0.00)		-0.007 (-0.90)
IP		0.022 (-1.18)		0.006 (0.67)		0.022 (0.22)		0.081* (3.37)		-0.0005 (-0.09)		0.003 (0.34)
$Industry$	yes	yes	yes	yes	yes	yes	yes	yes	yes	yes	yes	yes
$year$	yes	yes	yes	yes	yes	yes	yes	yes	yes	yes	yes	yes
$R-sq:\ within$	0.847	0.963	0.230	0.079	0.616	0.634	0.909	0.964	0.765	0.580	0.533	0.529
Rho	0.578	0.799	0.189	0.219	0.167	0.199	0.220	0.991	0.998	0.320	0.533	0.205
$chi2$	-38.02	8.46	5.35	7.25	2.71	1.55	2.21	16.37	442.24	16.64	2.07	9.39
$Hausman$	0.2938	0.9998	0.9998	0.4030	1.0000	0.9804	0.9878	0.0595	0.00000	0.0199	1.0000	0.985

注：（1）*** 为显著性 1%，** 为显著性 5%，* 为显著性 10%；（2）括号为 T 值；（3）EFD（3）为企业外部融资依赖程度高，EFD（2）为企业外部融资依赖程度一般，EFD（1）为企业外部融资依赖程度低。

附录 5.10

基于模型 -4 的各行业回归结果 (1)

$\tau_{si}(1-\theta_{si})(1-\lambda_{si})$

变量	农林等		采矿		制造业		电热燃气等		建筑业		批发零售	
$Pledgeability_{it} \times EFD_i$	0.0035 (0.63)	-0.003 (-0.46)	-0.026*** (-6.37)	-0.035*** (-9.11)	0.016*** (5.62)	-0.004 (-1.09)	-0.031*** (-11.05)	-0.053*** (-15.81)	0.083*** (5.61)	0.06*** (5.19)	0.0083 (1.56)	-0.002 (-0.41)
$\text{Ln}(A)$		-0.027 (-1.07)		-0.0049 (-0.39)		0.029*** (3.07)		-0.0077 (-0.78)		0.069** (2.52)		0.092*** (6.35)
$Profitability_{it}$		0.278 (1.64)		0.1755 (1.57)		0.498*** (4.34)		-0.0599 (-0.58)		-0.6503* (-1.86)		0.094 (0.99)
$Debt\ Structure$		0.0201 (0.22)		-0.187*** (-3.96)		-0.087* (-1.73)		-0.079** (-2.46)		-0.370** (-2.27)		-0.0269 (-0.31)
IFA		-0.0278 (-1.62)		-0.0008 (-0.18)		-0.083*** (-16.46)		-0.0039 (-1.18)		-0.029** (-2.30)		-0.031*** (-3.63)
IP		0.0118 (1.35)		0.019*** (4.21)		0.0099** (2.05)		0.036*** (8.19)		-0.031** (-2.07)		0.0072 (1.02)
$Industry$	yes	yes	yes	yes	yes	yes	yes	yes	yes	yes	yes	yes
$year$	yes	yes	yes	yes	yes	yes	yes	yes	yes	yes	yes	yes
$R-sq$: within	0.0117	0.0303	0.1445	0.2446	0.0017	0.0352	0.1085	0.2681	0.0515	0.1319	0.0025	0.0380
Rho	0.4445	0.5457	0.6244	0.6918	0.3185	0.2665	0.2463	0.2871	0.8853	0.7108	0.6691	0.6025
$chi2$	6.39	46.51	12.42	18.25	61.52	56.62	13.74	32.52	27.68	10.32	9.30	38.45
$Hausman$	0.0411	0.0000	0.0020	0.0109	0.0000	0.0000	0.0010	0.000	0.0000	0.1710	0.0096	0.0000

注：(1) *** 为显著性 1%，** 为显著性 5%，* 为显著性 10%；(2) 括号为 T 值；(3) EFD (3) 为企业外部融资依赖程度高，EFD (2) 为企业外部融资依赖程度一般，EFD (1) 为企业外部融资依赖程度低。

附录 5.11

基于模型 -4 的各行业回归结果 (2)

$$\tau_{si}(1-\theta_{si})(1-\lambda_{si})$$

变量	交通运输等		住宿餐饮		信息软件等		金融业		房地产		商务服务	
$Pledgeability_{it} \times EFD_i$	-0.03*** (-9.66)	-0.05*** (-4.36)	-0.036*** (-5.03)	-0.053*** (-6.40)	0.225*** (6.78)	0.116* (4.15)	-0.015*** (-6.90)	-0.008 (-0.56)	0.223*** (3.82)	0.176* (2.67)	0.021 (0.92)	-0.087* (-1.86)
$Ln(A)$		0.020** (1.97)		-0.017 (-0.73)		0.056 (0.70)		-0.027 (-0.67)		0.134 (0.69)		0.052*** (2.98)
$Profitability_{it}$		0.144** (2.1)		0.921 (2.47)		0.133 (0.52)		-0.274 (-0.48)		-0.889 (-0.77)		0.130 (0.77)
$Debt\ Structure$		-1.05*** (-4.36)		-0.035 (-0.38)		-0.586 (-1.46)		0.243 (0.92)		1.525* (1.71)		-0.087* (-1.86)
IFA		-0.02 (-0.46)		-0.004 (-0.24)		-0.167*** (-4.28)		-0.00 (-0.02)		-0.304 (0.69)		0.001 (0.1)
IP		0.01*** (2.87)		0.001 (0.07)		0.082*** (2.78)		0.004 (-0.16)		0.088 (0.95)		0.036*** (4.94)
$Industry$	yes	yes	yes	yes	yes	yes	yes	yes	yes	yes	yes	yes
$year$	yes	yes	yes	yes	yes	yes	yes	yes	yes	yes	yes	yes
$R-sq:\ within$	0.078	0.252	0.131	0.298	0.50	0.083	0.114	0.157	0.009	0.024	0.0116	0.392
Rho	0.508	0.418	0.474	0.56	0.500	0.541	0.761	0.745	0.512	0.384	0.833	0.692
$chi2$	0.43	29.86	51.86	-3.72	22.72	20.57	5.58	-15980	3.81	12.98	18.26	47.68
$Hausman$	0.8082	0.0001	0.00000		0.0000	0.0045	0.0616	0.0000	0.1489	0.0726	0.0001	0.0000

注：（1）*** 为显著性 1%，** 为显著性 5%，* 为显著性 10%；（2）括号为 T 值；（3）EFD（3）为企业外部融资依赖程度高，EFD（2）为企业外部融资依赖程度一般，EFD（1）为企业外部融资依赖程度低。

附录 5.12

基于模型 -4 的各行业回归结果 (3)

变量	科技服务		水利水电		居民服务业		卫生和社会		文体产业		综合类	
	$\tau_{si}(1-\theta_{si})(1-\lambda_{si})$											
$Pledgeability_{it} \times EFD_i$	0.011 (0.28)	0.145** (4.29)	−0.047*** (−8.07)	−0.050*** (−7.69)	−0.029 (−1.15)	−0.030* (−1.94)	0.005 (0.2)	0.033 (0.92)	0.183 (1.01)	−0.011*** (−1.33)	0.011* (1.67)	0.007 (0.99)
$Ln(A)$		−0.073 (−3.88)		−0.010 (−0.37)		0.034 (0.42)		−0.053 (−0.93)		0.036 (1.30)		−0.004 (−0.18)
$Profitability_{it}$		−2.127 (−0.95)		−0.337 (−1.18)		−0.878 (−0.82)		0.562 (1.92)		−0.64 (−0.94)		0.072 (0.61)
$Debt\ Structure$		1.103 (2.25)		−0.077 (−1.40)		0.239 (1.07)		0.319 (1.43)		−0.418 (−2.80)		−0.242** (−2.40)
IFA		−0.286 (2.59)		−0.014 (−1.72)		−0.326*** (−5.20)		−0.022 (−0.62)		−0.07 (−0.71)		−0.043*** (−4.03)
IP		−0.002 (−0.08)		−0.023*** (2.87)		0.107 (1.07)		−0.011 (−0.24)		0.008 (0.82)		0.015 (1.00)
$Industry$	yes	yes	yes	yes	yes	yes	yes	yes	yes	yes	yes	yes
$year$	yes	yes	yes	yes	yes	yes	yes	yes	yes	yes	yes	yes
$R-sq:within$	0.278	0.938	0.358	0.365	0.187	0.591	0.760	0.893	0.105	0.128	0.032	0.041
Rho	0.631	0.981	0.392	0.409	0.295	0.176	0.932	0.920	0.680	0.683	0.468	0.476
$chi2$	13.76	36.98	5.09	4.35	−2.54	−2.54	0.01	11.40	3.47	13.84	19.04	33.65
$Hausman$	0.1312	0.0000	0.9998	0.7386	不通过		1.0000	0.1220	1.0000	0.0541	0.5826	0.0000

注：(1) **** 为显著性1%，*** 为显著性5%，* 为显著性10%；(2) 括号为 T 值；(3) EFD (3) 为企业外部融资依赖程度高、EFD (2) 为企业外部融资依赖程度一般、EFD (1) 为企业外部融资依赖程度低。

第六章 上市公司资本误配置多维度 影响因素及关联性

上市公司在资本融资、运营和投资过程中常常面临多种不确定性因素的共同影响。这些不确定性因素之间不是相互独立，毫无关联，而是彼此影响、紧密联系在一起的。在这种情况下，"单维度"资本误配置管理模式往往难以兼顾多种不确定性因素同时影响的问题，容易出现跨期效率和效果的脱节，导致上市公司资本配置效率和效果越来越偏离最优值。

为了解决"单维度"资本误配置管理模式的不足，投融资配置效率管理应运而生，但前期研究中发现，引起资本误配置的最主要因素来自于资本运营。如何构建多维度监测体系还处于探索阶段，目前也没有一个完整的理论体系，对于我国上市公司的借鉴作用非常有限。而且，该领域多维度构建和关联性研究十分少见。各维度指标体系的构建是监测体系设计的关键。为此，本章针对我国上市公司实际情况，基于上市公司资本误配置形成机理，利用因子分析、频率分析、灰色关联性分析和固定效应研究，提出了符合我国上市公司实情的"多维度"资本误配置监测体系概念，并探究了"融资""资本运营""投资"维度的影响因素和指标体系。

第一节 上市公司资本配置关联性 理论和度量模型

一、上市公司资本配置关联性理论基础

上市公司资本配置效率关联性理论基础来自于上市公司金融效率。上

市公司金融效率理论主要来自于经济效率（economic efficiency）[1]、金融配置效率、微观金融效率[2]和公司金融决策理论（见图6-1）。

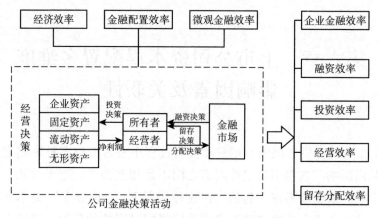

图6-1 上市公司金融效率理论基础

罗宾逊等（R. I. Robinson et al. , 1974）认为金融效率分为运行效率和配置效率。金融配置效率是指以尽可能低的成本[3]，将有限的金融资源进行最优配置以实现其最有效利用。在现代金融经济条件下，金融效率就是在金融市场上，在健康的金融监督管理体制下和有效的金融调节机制下，由金融机构作为金融中介完成的或者由融资双方或多方在市场服务体系下实现的资金融通活动的效率。在现代经济活动中，资源分配是人们关注的永久性话题。金融资源作为社会各经济主体分配社会经济资源的手段，其分配状态直接决定了经济资源的分配结构与利用状态，而经济资源的帕累托最优分配要求金融资源分配也必须达到帕累托最优。

综观上市公司金融效率相关理论，企业的金融效率主要包括融资效率、投资效率、经营效率和留存分配效率。前章研究中发现，上市公司资本误配置是融资、资本运营和投资环节的系统表现，如何探寻融资、资本

---

① 怀塞特尔（Whitesell, 1994）指出，经济效率是指一种经济在既定的生产目标下的生产能力，也就是指在恰当的生产可能性曲线上的恰当的点。它可以分为技术效率（Technical Efficiency）和配置效率（Allocation Efficiency）。技术效率是指在给定技术和投入要素情况下，实际产出和潜在产出的比较。配置效率是指投入要素的组合按成本最小的方式进行，即按照要素在不同使用方式下边际要素替代率相等的方式进行。

② 贝恩（A. D. Bain, 1992）认为微观金融效率指标体系主要包括金融机构的资本创利水平、资产盈利水平、金融机构人均资产持有量、人均资本（一级资本）持有量、人均利润水平和金融机构（特别是银行）的资产质量。

③ 机会成本和交易成本等。

运营和投资维度关联性是构建多维度监测体系的关键。

二、上市公司资本配置关联性理论分析

库伯（Cooper，R，2006）、圣地亚哥（2013）等学者，构建了财务结构、资本误配置对企业价值关联性理论模型，具体推导过程如下：

企业实现股东利益最大化，需要在营业利润、现金积累、债务融资、权益融资和预算约束下实现。因此，企业在任何特定时期 t 的目标是净资产最大化，用 Bellman 方程给出定义如下：

$$V_t = \max\left(0, \max_{I_t, BI_t, CA_t, X_t}\left[\left((1-\tau_D) \ D_t - X_t + \frac{E_t\left[V'_{t+1}\right]}{1+r}\right)\right]\right) \quad (6.1)$$

$$\text{s. t.} \quad \left.\begin{array}{c} X_t = -FE_t \\ D_t = 0 \end{array}\right\} \forall \ FE_t < 0, \quad \left.\begin{array}{c} X_t = 0 \\ D_t = FE_t \end{array}\right\} \forall \ FE_t > 0$$

式中，τ_D 为股利税率；FE_t 为预算约束（Budget Constraint）；X_t 为权益。由式（6.1）可知，营业利润、现金积累、债务融资和资本误配置影响企业预算约束。

1. 营业利润

对于动态优化问题在企业层面最一般的表达函数是：

$$V(A, K) = \max_I \prod (A, K) - C(I, A, K) + \beta E_{A^0 \mid A} V(A', K') \quad (6.2)$$

其中 $\prod (A, K)$ 表示企业通过资本 K 所获得的利润（简化形式），A 为盈利能力的冲击，I 为投资水平，$K' = K(1-\delta) + I$。δ 为资本折旧率，I 为投资水平，具有滞后一期的特点。

在给定的资本条件下，当前利润用 $\prod (A, K)$ 表示，投入变量（L）为最佳选择，A 表示盈利能力的冲击，K 表示当前的资本存量，即

$$\prod (A, K) = \max_L R(\hat{A}, K, L) - Lw(L) \quad (6.3)$$

$R(\hat{A}, K, L)$ 为给定资本（K）、劳动力（L）和冲击（$\hat{A}$）下的收入，$Lw(L)$ 为总的劳动力成本。很显然上述式子假定不存在调整劳动力的成本。一旦我们设定了收入函数，就可以利用最优化问题解出 L 并推导出利润函数 $\prod (A, K)$，其中 A 不仅表示利润函数的冲击，还反映了劳动力成本的变化。通过这一分析，可以定义企业的利润函数为[1]：

---

① 其中 θ 为利润函数的曲率，这一收入函数可以在 $C-D$ 生产函数的模型中得到，并且企业在不完美的竞争市场中出售产品。如果 α_L 为 $C-D$ 生产函数中劳动力产出的系数，ξ 为需求曲线的弹性，那么：$\theta = \left[(1-\alpha_L)(1+\xi)\right] / \left[(1-\alpha_L)(1+\xi)\right]$。

$$\prod (A, K) = AK^{\theta} \qquad (6.4)$$

2. 现金积累和债务融资

现金的运营规律：

$$C_{t+1} = C_t + CA_t \qquad (6.5)$$

式中，C_t 为 t 时期的现金，CA_t 为 t 期到 $t+1$ 期的现金积累。

债务的运营规律：

$$B_{t+1} = (1 - \lambda) B_t + BI_t \qquad (6.6)$$

式中，B_t 为 t 期未偿还的债务；BI_t 为 t 期到 $t+1$ 期债务的发行（债务增加）；λ 为债务到期率或摊销率。

3. 预算约束

企业预算约束被定义为：

$$FE_t = (1 - \tau^c) A_t K_t^{\alpha} - I_t - \tau^c \delta K_t - \lambda B_t - CA_t + BI_t - \gamma_t (C_{t+1} + B_{t+1}) \qquad (6.7)$$

式中，FE_t 是来自投资者的流动资金，τ^c 为企业所得税率，γ_t 为资本误配置率。

综上可得，财务结构和资本误配置会对企业价值产生影响，但对不同财务结构的公司，影响效果并不相同。财务结构包括负债、权益、自有资金、融资约束和资本流动性。高融资约束公司，因缺乏现金积累、偿付能力差、公司投资受阻，降低企业价值，但少受资本误配置的影响。低融资约束公司，因为有足够的自有资金支持其投资，提升企业价值，但易受资本误配置的影响。因此，资本误配置程度成为财务结构与企业价值这一因果关系的调节变量。由以上公式可以得出如下结论：（1）相比权益融资企业而言，债务和自有资金投资的企业资本误配置率更高；（2）资本误配置对企业价值具有显著的负向影响；（3）其他条件相同的情况下，财务结构与资本误配置率的交互作用导致企业价值减少。

三、关联性度量模型

1. "风险关联度" 模型

上市公司资本误配置产生于融资、资本运营和投资过程中偏离最优配置效率的程度。"多维度" 资本误配置度量类似于 "多维度" 风险管理。"多维度" 风险管理的核心是 "风险关联度"。"风险关联度" 是指不同风险类型之间的相关程度①。从数学上进行定义，它是风险向量之间的协方差矩阵。设 $X = [x_1', x_2', \cdots, x_n']$，其中 $x_i = [x_{i1}, x_{i2}, \cdots, x_{iT}]'$，$i = 1$，$2$，$\cdots$，$n$，$n$ 为 n 种不同类型的风险向量，则"风险关联度"可以定义为 $\Omega = corr(X)$。

设 $\Delta X = [\Delta x_1', \Delta x_2', \cdots, \Delta x_n']$，$i = 1$，$2$，$\cdots$，$n$，$n$ 为实施某项风险管理政策以后，各种类型风险的变化程度，则"风险变动关联度"可以定义为 $\sum = corr(X)$。

在引入"多维度"风险度量体系，测定融资、资本运营和投资中风险类型的基础上，对整体的风险状况进行评价。对于上市公司而言，实质上需要对它相对于各种风险的效用函数进行测定，但具体的函数形式是无法进行测量的。为此，通常将复杂的非线性函数形式进行二阶泰勒级数展开：

$$U(Y) = U(Y_0) + \Delta U(Y - Y_0) + (Y - Y_0)H(Y - Y_0)' \qquad (6.8)$$

其中 H 为效用函数 $U(Y)$ 的 Hessian 矩阵，$Y = (x_{1i}, x_{2i}, \cdots, x_{ni})$ 为上市公司在 t 时刻所面临的资本误配置的各种风险。将上式可以写成下列形式：

$$U(Y) = a_0 + \sum_{i=1}^{n} a_i(x_{it} - x_{it0}) + \sum_{i=1}^{n}\sum_{j=1}^{n} \beta_m(x_{it} - x_{it0})(x_{jt} - x_{jt0}),$$
$$m = 1, 2, \cdots, \frac{n(n+1)}{2} \qquad (6.9)$$

上式中，只需要设定 $\dfrac{(n+2)(n+1)}{2}$ 个参数就可以确定上市公司的效用函数形式，并对整体的风险进行评价。根据效用函数形式单调变换的不变性，可以将 a_0 排除在效用函数之外，这样系数进一步减少为 $\dfrac{1}{2}(n+2)(n+1) - 1$ 个，这就是"多维度"风险度量体系的概念。

在"多维度"风险度量体系的基础上，把多目标决策方法②引入到效用函数最优化决策过程之中，实现成本最小化的风险管理。在多种风险管

---

① "风险关联度"反映了不同类型风险之间的相互联系，为"多维度"风险管理提供了基础。与"风险关联度"相关的另一个概念是"风险变动关联度"，它是与各种风险管理措施联系在一起的，可以对某个特定的风险管理政策或措施的实施效果进行评价，并更深入地研究不同类型的风险变动的相关程度。

② 20 世纪 70 年代中期发展起来的一种决策分析方法。决策分析是在系统规划、设计和制造等阶段为解决当前或未来可能发生的问题，在若干可选的方案中选择和决定最佳方案的一种分析过程。多目标决策主要有：化多为少法、分层序列法、直接求非劣解法、目标规划法、多属性效用法、层次分析法、重排序法、多目标群决策和多目标模糊决策等。

理方案中，挑选出最合适的风险管理方案。"多维度"风险管理①中，主要采用的多目标决策方法为多属性效用法。

2. 灰色关联分析（*Gray Correlation Analysis*）

（1）根据监测指标体系，收集汇总和计算监测数据。设 n 个数据序列形成如下矩阵：

$$(X_1', X_2', \cdots, X_n') = \begin{pmatrix} x_1'(1) & x_2'(1) & \cdots & x_n'(1) \\ x_1'(2) & x_2'(2) & \cdots & x_n'(2) \\ \vdots & \vdots & \cdots & \vdots \\ x_1'(m) & x_2'(m) & \cdots & x_n'(m) \end{pmatrix} \qquad (6.10)$$

其中 m 为指标的个数，$X_i' = (x_1'(1), x_1'(2), \cdots, x_1'(m))^T$，$i = 1, 2, \cdots, n$。

（2）确定参数的数据列。

参数数据列是一个理想的比较标准，可以选用各指标的最优值（或最劣值）构成参数数据列，也可根据评价目的选择其他参照值。

$$X_0' = (x_0'(1), x_0'(2), \cdots, x_0'(m)) \qquad (6.11)$$

（3）对指标数据进行无量纲化。

无量纲化后的数据序列形成如下矩阵：

$$(X_0, X_1, \cdots, X_n) = \begin{pmatrix} x_0(1) & x_1(1) & \cdots & x_n(1) \\ x_0(2) & x_1(2) & \cdots & x_n(2) \\ \vdots & \vdots & \cdots & \vdots \\ x_0(m) & x_1(m) & \cdots & x_n(m) \end{pmatrix} \qquad (6.12)$$

常用的无量纲方法有均值化法（6.13）、初值化法（6.14）和变换 $\dfrac{x - \bar{x}}{s}$

$$x_i(k) = \frac{x_i'(k)}{\frac{1}{m}\sum\limits_{i=1}^{m} x_i'(k)} \qquad (6.13)$$

$$x_i(k) = \frac{x_i'(k)}{x_i'(1)}, \quad i = 0, 1, 2, \cdots, n; \ k = 1, 2, \cdots, m \qquad (6.14)$$

（4）逐个计算每个被评价对象指标序列（比较序列）与参考序列对应元素的绝对差值。

---

① 全面风险管理比较而言，"多维度"风险管理更为灵活，对数据库的要求更低，也更为实用。

即 $|x_0(k) - x_i(k)|$

（5）确定最小值和最大值。

$$\underset{i=1}{\overset{n}{\min}}\underset{k=1}{\overset{m}{\min}}|x_0(k) - x_i(k)| \quad 与 \underset{i=1}{\overset{n}{\max}}\underset{k=1}{\overset{m}{\max}}|x_0(k) - x_i(k)|$$

（6）计算关联系数。

$$\xi_i(k) = \frac{\underset{i=1}{\overset{n}{\min}}\underset{k=1}{\overset{m}{\min}}|x_0(k) - x_i(k)| + \rho \cdot \underset{i=1}{\overset{n}{\max}}\underset{k=1}{\overset{m}{\max}}|x_0(k) - x_i(k)|}{|x_0(k) - x_i(k)| + \rho \cdot \underset{i=1}{\overset{n}{\max}}\underset{k=1}{\overset{m}{\max}}|x_0(k) - x_i(k)|},$$

$$k = 1, 2, \cdots, m \tag{6.15}$$

式中，$\rho \in [0, 1]$ 为分辨系数，ρ 越小，关联系数间差异越大，区分能力越强。通常 ρ 取 0.5。

当用各指标的最优值（或最劣值），构成参数数据列计算关联系数时，也可用改进的方法：

$$\xi_i(k) = \frac{\underset{i}{\min}|x_0{}'(k) - x_i{}'(k)| + \rho \cdot \underset{i}{\max}|x_0{}'(k) - x_i{}'(k)|}{|x_0{}'(k) - x_i{}'(k)| + \rho \cdot \underset{i}{\max}|x_0{}'(k) - x_i{}'(k)|} \tag{6.16}$$

第二节 "融资、资本运营和投资"
维度内容及影响因素

一、"融资"维度内容及影响因素

融资（financing）是一个企业资金筹集的行为与过程，也就是公司根据自身的经营状况、现金流的状况，以及公司未来生产经营发展的需要，通过科学的估测，采用一定的方式，从一定的渠道向公司的投资者筹集资金，以保证公司正常生产经营管理需要的理财行为。企业融资问题是现代企业财务理论研究的一个重要方面，它所揭示的是企业在特定环境下资本来源、资本获得方式以及资本的形成结构等方面的内容。而在多数情况下，企业融资结构特指企业债务融资与股权融资的比例关系。它不仅涉及企业的筹资方式、筹资成本和筹资风险等企业的重大财务问题，更重要的是企业资本结构的决策会影响到企业剩余收益的分配、企业剩余控制权以及企业的治理结构等，最终会影响到企业的价值。资本结构对企业的资本成本、经营效率、公司治理结构以及市场价值都存在重大影响。从宏观经济角度考察，企业资本结构和融资顺序又会对资金供需双方，甚至国家经济发展产生重大影响。综观已有文献，融资维度①主要包括融资渠道②、融资结构、融资成本和融资决策。

1. 融资渠道

融资渠道③主要包括内源融资和外源融资，其中内源融资主要是指企业的自有资金和在生产经营过程中的资金积累部分；协助企业融资即企业的外部资金来源部分，主要包括直接融资和间接协助企业融资两类方式。直接协助企业融资是指企业进行的首次上市募集资金（*IPO*）、配股和增发等股权协助企业融资活动，所以也称为股权融资④；间接融资是指企业资金来自于银行、非银行金融机构的贷款等债权融资活动，所以也称为债务融资⑤。随着技术的进步和生产规模的扩大，单纯依靠内部协助企业融资已经很难满足企业的资金需求。外部协助企业融资成为企业获取资金的重要方式。外部协助企业融资又可分为债务协助企业融资和股权协助企业融资。从筹集资金来源的角度看，筹资渠道可以分为企业的内部渠道和外部渠道。企业内部筹资渠道是指从企业内部开辟资金来源。从企业内部开辟资金来源有三个方面：企业自有资金、企业应付税利和利息、企业未使用或未分配的专项基金⑥。外部筹资渠道是指企业从外部开辟的资金来源，其主要包括：专业银行信贷资金、非银行金融机构资金、其他企业资金、民间资金和外资。外部筹资具有速度快、弹性大、资金量大的优点⑦。

2. 融资结构

融资结构是指企业资金来源项目的构成及其比例关系，其包含的内容比资本结构要大得多。融资结构除了包括资产负债表右方各项目之间的比例关系，即全部负债与所有者权益的比例关系外，还涉及项目内部构成的比例关系，如股权按不同分类标准形成的股权结构以及各种负债

---

① 维度（dimension）是一种能够表现空间某种特性变化属性的向量。维度可分解为向度（sub-dimension），一种更低层次的向量，向度是用来表现维度的某种特性变化属性的向量。

② 债务融资、权益融资和自有资金。

③ 指企业的资金来源或融资来源。

④ 股权融资主要有股权出让融资、增资扩股融资、风险投资融资、投资银行融资和国内上市融资。

⑤ 债权融资主要有国内银行贷款、国外银行贷款、发行债券融资、民间借贷融资、信用担保融资和金融租赁融资。

⑥ 一般在企业并购中，企业都尽可能选择这一渠道，因为这种方式保密性好，企业不必向外支付借款成本，因而风险很小，但资金来源数额与企业利润有关。

⑦ 在并购过程中外部融资一般是筹集资金的主要来源。但其缺点是保密性差，企业需要负担高额成本，因此产生较高的风险，在使用过程中应当注意。

结构。

资本结构①和融资行为是财务学中两个不同的概念，但这两个概念又具有密切的联系。公司在取得长期资金时不同的融资行为将导致不同的结果，形成不同的资本结构。即从本质上说，资本结构是融资行为的结果，合理的融资行为必然形成优化的资本结构，融资行为的扭曲必然导致资本结构的失衡②，融资行为及资本结构是否合理直接影响到企业的长远发展。资本结构的债务资本和权益资本比例关系不仅影响企业的财务风险、治理结构、市场价值，还会影响企业剩余索取权和控制权的分配，进而影响企业利益相关者的利益制衡机制③。

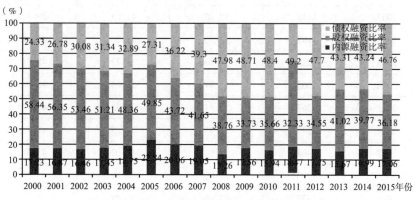

图6-2　2000~2015年上市公司融资结构比率

3. 融资成本

融资成本是资金所有权与资金使用权分离的产物，融资成本的实质是资金使用者支付给资金所有者的报酬，融资成本是资金的使用代价，包括"资金筹集费"和"资金占用费"两部分，是资金所有权与资金使用权分

---

① 资本结构是指企业各种长期资金来源的构成及其比例关系。作为反映企业财务状况的指标，资本结构通过负债与股东权益之间的比例关系进行衡量。但在学术界，就负债是否包括短期负债，目前主要有三种不同的观点：一是负债仅指长期负债，资本结构是指长期负债与股东权益之间的比例关系；二是资本结构是指所有负债和股东权益之间的比例关系；三是资本结构分为广义和狭义，广义资本结构包含了所有负债，而狭义资本结构包含了长期负债。本文采用第一种观点。

② 我国上市公司融资结构不同于国外上市公司融资结构（见图6-2和表6-1），对于融资结构不合理或是否符合资本结构理论方面有很多争议论文。

③ 详见财务契约论、优序融资理论、控制权理论、代理成本理论等资本结构相关理论。

表 6 - 1 　　　　　　　　2000～2015 年上市公司融资结构比率①

| 年份 | 样本数② | 内源融资比率（%） | 外源融资比率（%） | |
			股权融资比率	债权融资比率
2000	822	17.23	58.44	24.33
2001	934	16.87	56.35	26.78
2002	974	16.46	53.46	30.08
2003	1007	17.45	51.21	31.34
2004	1018	18.75	48.36	32.89
2005	1033	22.84	49.85	27.31
2006	1089	20.06	43.72	36.22
2007	1135	19.05	41.65	39.3
2008	1197	13.26	38.76	47.98
2009	1225	17.56	33.73	48.71
2010	1302	15.94	35.66	48.4
2011	1367	18.47	32.33	49.2
2012	1394	17.75	34.55	47.7
2013	1408	15.67	41.02	43.31
2014	1295	16.99	39.77	43.24
2015	1437	17.06	36.18	46.76

离的产物，实质是资金的使用者支付给资金的所有者的回报③。当以股票方式筹集权益资本时，需要支付股票印刷费用、发行手续费用、资产评估费用、广告费用、律师费用等。可行性研究中要对融资成本有足够的估计

---

① 内源融资 = 盈余公积 + 未分配利润 + 折旧；外源融资 = 股权融资 + 债券融资；股权融资 = 股本 + 资本公积；债券融资 = 短期借款 + 长期借款 + 应付债券。

② 样本数选择是内源融资和外源融资数据完整的制造业、科技服务业、信息软件行业的上市公司。

③ 从现代财务管理理念来看，这样的分析和评价不能完全满足现代理财的需要，应从更深层次的意义上来考虑融资的几个其他相关成本。首先是机会成本。就企业内源融资来说，它无须实际对外支付融资成本。但是如果从社会各种投资或资本所取得平均收益的角度看，与其他融资方式没有区别，所不同的只是内源融资不需对外支付，而其他融资方式必须对外支付企业内源融资的融资成本，只不过它没有融资费用而已。其次是风险成本，企业融资的风险成本主要指破产成本和财务困境成本。最后，企业融资还必须支付代理成本。资金的使用者和提供者之间会产生委托—代理关系，这就要求委托人为了约束代理人行为而必须进行监督和激励，如此产生的监督成本和约束成本便是所谓的代理成本。

和说明，因为所筹集的权益资本要扣除这些资金筹集费用之后，才能真正用于投资。由于企业融资是一种市场交易行为，因为有交易就会有交易费用成本问题，资金使用者为了从资金的所有者中获得资金使用权，就必须支付相关的使用费用。资金使用者获资金使用权而支付的相关费用，如发行股票债券的注册费、向银行借款的手续费等，即称融资费用。从成本费用角度看，企业融资是一种市场交易活动，存在交易成本；从资金所有者看，是资金所有者提供资本时要求的补偿报酬率；从资金的使用者看，是企业为获得资金支付的最低价格。融资成本以加权平均资本成本表示，计算公式为：

$$K_{WACC} = K_D \cdot \left(\frac{D}{S+D} \right) \cdot (1-T) + K_S \cdot \left(\frac{S}{S+D} \right) \qquad (6.17)$$

式中，K_{WACC} 为加权平均资本成本；K_D 为负债资本成本；K_S 为权益资本成本；T 为税率；D 为负债；S 为权益。

4. 融资决策

融资决策（financing decision-making）是指为企业并购筹集所需要的大量资金定出最佳的融资方案。融资决策是每个企业都会面临的问题，也是企业生存和发展的关键问题之一。融资决策需要考虑众多因素，税收因素是其中之一。利用不同融资方式、融资条件对税收的影响，精心设计企业融资项目，以实现企业税后利润或者股东收益最大化，是税收筹划的任务和目的。

（1）融资决策原则。

第一，收益与风险相匹配原则。企业融资的目的是将所融资资本投入企业经营中，最终获取经济效益，实现股东价值最大化。在每次融资之前，企业往往会预测本次融资能够给企业带来的最终收益，收益越大往往意味着企业利润越多，因此融资总收益最大似乎应该成为企业融资的一大原则。然而，企业也要承担相应的风险。对企业而言，因投资项目的不可逆，一旦发生，企业就要承担百分之百的损失。因此企业在融资的时候千万不能只把目光集中于最后的总收益如何，还要考虑在既定的总收益下，企业要承担怎样的风险以及这些风险一旦演变成最终的损失，企业能否承受。即融资收益要和融资风险相匹配。

第二，融资规模量力而行原则。确定企业的融资规模，在企业融资过程中也非常重要。筹资过多，可能造成资金闲置浪费，增加融资成本；或者可能导致企业负债过多，使其无法承受，偿还困难，增加经营风险。而如果企业筹资不足，又会影响企业投融资计划及其他业务的正常开展。因此，企业在进行融资决策之初，要根据企业对资金的需要、企业自身的实际条件以及融资的难易程度和成本情况，量力而行来确定企业合理的融资规模。

（2）融资时机。

融资机会①是有利于企业融资的一系列因素所构成的有利的融资环境和时机②。一般来说，要充分考虑以下几个方面：

第一，由于企业融资机会是在某一特定时间所出现的一种客观环境，虽然企业本身也会对融资活动产生重要影响，但与企业外部环境相比较，企业本身对整个融资环境的影响是有限的。在大多数情况下，企业实际上只能适应外部融资环境而无法左右它，这就要求企业必须充分发挥主动性，积极地寻求并及时把握住各种有利时机，确保融资获得成功。

第二，由于外部融资环境复杂多变，企业融资决策要有超前预见性，为此，企业要能够及时掌握国内和国外利率、汇率等金融市场的各种信息，了解国内外宏观经济形势、国家货币及财政政策以及国内外政治环境等各种外部环境因素，合理分析和预测能够影响企业融资的各种有利和不利条件，以及可能的各种变化趋势，以便寻求最佳融资时机，果断决策。

第三，企业在分析融资机会时，必须要考虑具体的融资方式所具有的特点，并结合本企业自身的实际情况，适时制定出合理的融资决策。比如，企业可能在某一特定的环境下，不适合发行股票融资，却可能适合银行贷款融资；企业可能在某一地区不适合发行债券融资，但可能在另一地区却相当适合。

（3）融资决策影响因素。

企业筹资面临着内外各种不确定因素的影响。要制定合理的筹资政策，只有充分研究和分析这些因素把握各种筹资方法，才能作出准确的筹资决策。不同的研究者对于融资决策影响因素有不同的划分，划分标准各异，且有的因素之间存在耦合，不利于融资决策的进行。本文按照系统分析的思想，运用系统分析的方法，综合考虑影响融资决策的因素。将融资决策影响因素分为两类：间接因素和直接因素。其中间接因素通过直接因素发生作用。

影响融资决策的间接因素③包括：内部因素和外部因素。内部因素是

---

① 选择融资机会的过程，就是企业寻求与企业内部条件相适应的外部环境的过程。

② 企业融资时所要解决的问题是如何取得企业需要的资金，包括以何种方式融资、何时融资和融资多少等，即融资方式、融资时机和融资量的确定。

③ 指相对稳定的，不随具体融资方案而变化，因而对融资决策起间接作用。

与企业自身所处状态有关的因素，如企业的组织形式、企业的规模及业绩、企业所处的生命周期阶段、企业的资产结构、企业的盈利能力、偿债能力和资本结构。外部因素是经济环境、法律环境、金融环境、金融政策和利率。

影响融资决策的直接因素是指随着具体融资方案不同而变化的影响因素，主要包括：融资成本、融资效益和融资风险。

融资维度影响因素研究中，众多学者[1]普遍选用货币政策、利率水平、融资成本、资产负债率、债务比率（期限比率和结构比率）、融资约束、融资依赖程度等。

二、"资本运营"维度内容及影响因素

资本运营（capital operation）[2] 是指利用资本市场，通过买卖企业和资产而赚钱的经营活动和以小变大、以无生有的诀窍和手段。资本运营分为资本扩张与资本收缩两种运营模式。广义的资本经营是指以资本增值最大化为根本目的，以价值管理为特征，通过企业全部资本与生产要素的优化配置和产业结构的动态调整，对企业的全部资本进行有效运营的一种经营方式，包括所有以资本增值最大化为目的的企业经营活动，自然包括产品经营和商品经营。狭义的资本经营是指独立于商品经营而存在的，以价值化、证券化的资本或可以按价值化、证券化操作的物化资本为基础，通过流动、收购、兼并、战略联盟、股份回购、企业分立、资产剥离、资产重组、破产重组、债转股、租赁经营、托管经营、参股、控股、交易、转让等各种途径优化配置，提高资本运营效率和效益，以实现最大限度增值目标的一种经营方式。这里所要分析的是狭义的资本运营[3]中期限匹配能力[4]、财务流动性和财务风险控制等[5]。

1. 主要特征

资本运作和商品经营、资产经营在本质上存在着紧密的联系，但它们之间存在着区别，不能将资产经营、商品经营与资本经营相等同。资本经营具有以下三大特征：

---

[1] 详见第一章的文献部分。

[2] 资本运营又称资本运作、资本营运和资本经营。

[3] 达摩达兰（Aswath Damodaran，2012）。

[4] 唐纳德（Donald H. Chew，Jr，2007）。

[5] 资本运营模式中研究最多话题是资本扩张和资本收缩。资本扩张主要有横向型、纵向型和混合型，资本收缩主要有资产剥离、公司分立、分拆上市和股票回购。

（1）流动性。资本是能够带来价值增值的价值，资本的闲置就是资本的损失，资本运作的生命在于运动，资本是有时间价值的，一定量的资本在不同时间具有不同价值，今天的一定量资本，比未来的同量资本具有更高的价值。

（2）增值性。实现资本增值，这是资本运作的本质要求，是资本的内在特征。资本的流动与重组的目的是实现资本增值的最大化。企业的资本运动，是资本参与企业再生产过程并不断变换其形式，参与产品价值形成运动，在这种运动中使劳动者的活劳动与生产资料物化劳动相结合，资本作为活劳动的吸收器，实现资本的增值。

（3）不确定性。资本运作活动，风险的不确定性与利益并存。任何投资活动都是某种风险的资本投入，不存在无风险的投资和收益。这就要求经营者要力争在进行资本经营决策时，必须同时考虑资本的增值和存在的风险，应该从企业的长远发展着想，企业经营者要尽量分散资本的经营风险，把现有资本分散出去，同时吸收其他资本参股，实现股权多元化，优化资本结构来增强资本的抗风险能力，保证风险一定的情况下收益最大。资本运作除了上述的三个主要的特征。还具有资本运作的价值性、市场性和相对性特征。

2. 上市公司资本运营维度的影响因素

（1）资本运营的宏观影响因素有金融体制、信用体系和法律环境。

（2）资本运营的微观影响因素有企业规模、企业组织结构、企业管理水平和企业信用水平。众多学者[1]认为，企业盈利增长能力（包括企业创新绩效）、期限匹配能力、资产规模、财务流动性和财务信用级别是最主要的影响因素。

三、"投资"维度内容及影响因素

企业投资包括对内投资[2]和对外投资。生产经营相关的可分为直接投资和间接投资，直接投资是指把资金投放于生产经营环节中[3]，以期获取利益的投资。在非金融性企业中，直接投资所占比重较大。间接投资又称证券投资，是指把资金投放于证券等金融性资产，以期获取股利或利息收入的投资。随着我国证券市场的完善和多渠道筹资的形成，企业的间接投

---

[1] 详见第一章的文献部分。

[2] 主要是固定资产投资。

[3] 可分为建设性投资、更新性投资、追加性投资和转向性投资。

资会越来越广泛。

1. 企业投资特点

（1）投资目的多样性。总体上说，企业投资的目的是获得投资收益，从而实现企业的财务目标。但企业的投资总是通过各个相对独立的投资项目进行的，具体投资业务的直接目的也是有区别的。企业的投资目的可以分为：扩充规模、控制相关企业、维持现有规模效益、提高质量和降低成本、应对经营风险和承担社会义务。

（2）投放时机选择性。投资并不是随便进行的，只有客观上存在投资的有利条件时，投资时机才能真正到来。

（3）投资收回时限性。任何投资都必须收回，由于资金时间价值的客观存在，投资不仅要收回，而且要及时收回并有收益。

（4）投资收益不确定性。投资收益是在未来才能获得的，最终收益多少，事先难以准确把握。正由于投资收益的这种不确定性，使投资存在一定的风险。

2. 企业投资影响因素

（1）投资收益。尽管投资的目的多种多样，但根本动机是追求较多的投资收益和实现最大限度的投资增值。在投资中考虑投资收益，要求在投资方案的选择上必须以投资收益的大小来取舍，要以投资收益具有确定性的方案为选择对象，要分析影响投资收益的因素，并针对这些因素及其对投资方案作用的方向、程度，寻求提高投资收益的有效途径。

（2）投资风险。投资风险表现为未来收益和增值的不确定性。诱发投资风险的主要因素有政治因素、经济因素、技术因素、自然因素和企业自身的因素，各种因素往往结合在一起共同发生影响。在投资中考虑投资风险意味着必须权衡风险与收益的关系，充分合理预测投资风险，防止和减少投资风险给企业带来损失的可能性，并提出合理规避投资风险的策略。

（3）投资弹性。投资弹性涉及两个方面：一是规模弹性，即投资企业必须根据自身资金的可供能力和市场供求状况，调整投资规模，或者收缩或者扩张；二是结构弹性，即投资企业必须根据市场的变化，及时调整投资结构，主要是调整现存投资结构，这种调整只有在投资结构具有弹性的情况下才能进行。

（4）管理和经营控制权能力。对外投资管理与对内投资管理比较，涉及因素多、关系复杂、管理难度大①。所以，对外投资要有相应的业务知

---

① 比如，股票投资就需要有扎实的证券知识和较强的证券运作技能。

识、法律知识、管理技能、市场运作经验为基础。在许多情况下，通过投资获得其他企业的部分或全部的经营控制权，以服务于本企业的经营目标，这就应该认真考虑用多大的投资额才能拥有必要的经营控制权，取得控制权后，如何实现其权利等问题。

（5）筹资能力。企业对外投资是将企业的资金在一定时间内让渡给其他企业。这种让渡必须以不影响本企业生产经营所需资金正常周转为前提。如果企业资金短缺，尚不能维持正常生产，筹资能力又较弱，对外投资必将受到极大限制。对外投资决策要求企业能够及时、足额、低成本地筹集到所需资金。

（6）投资环境。市场经济条件下的投资环境具有构成复杂、变化较快等特点。这就要求财务管理人员在投资决策分析时，必须熟知投资环境的要素、性质，认清投资环境的特点，预知投资环境的发展变化，重视投资环境的影响作用，不断增强对投资环境的适应能力、应变能力和利用能力，根据投资环境的发展变化，采取相应的投资策略。

投资维度影响因素众多，但实证研究中①普遍选用货币政策、利率水平、股权结构、外部融资、现金流、资产负债率、企业成长性、行业前景、固定资产投资效率和投资绩效②。

第三节　多维度关联性实证分析

一、样本选择与数据来源

本书选取 2001～2015 年沪、深两市的 A 股七大行业上市公司为初始样本，并按如下标准进行筛选：（1）剔除了公司财务数据中存在较多缺失值的样本。（2）剔除会计数据、股价变化百分比异常及公司资产价值无变动的公司。（3）剔除上市不满一年和盈利能力波动较大的公司。（4）剔除各维度财务指标缺乏完整和连续性的公司。此外，对所有的连续变量在上下 1% 分位数上进行了缩尾处理（Winsorize）。最后，获得了 200 多家上市公司的 15 年共 3256 个观测点（见图 6-3 和表 6-2）。本书的财务数据

---

① 周伟贤（2010）、程新生等（2012）、徐明东（2012）、孔东民等（2014）、Santiago B.（2013）等。

② 详见第三、第四和第五章。

来自于同花顺和 CSMAR 数据库。

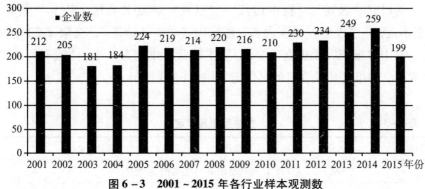

图 6 - 3　2001 ~ 2015 年各行业样本观测数

表 6 - 2　　　　　　　　2001 ~ 2015 年各行业样本观测数

年份 \ 行业	农业	制造业	批发零售	交通运输	信息软件	房地产	其他
2001	20	30	30	31	33	38	30
2002	20	32	30	30	34	29	30
2003	14	30	29	27	23	29	29
2004	16	30	30	27	26	27	28
2005	27	30	30	27	38	29	43
2006	28	30	30	27	35	29	40
2007	25	30	30	30	34	29	36
2008	28	31	30	29	37	29	36
2009	22	30	30	38	34	29	33
2010	23	30	30	30	36	29	32
2011	24	30	30	28	59	29	30
2012	22	30	30	30	63	29	30
2013	22	30	30	30	78	29	30
2014	20	30	30	30	90	29	30
2015	20	30	30	25	35	29	30
合计	331	453	449	439	655	442	487

二、变量设置

为研究"融资""资本运营""投资"维度关联性，基于"融资""资本运营""投资"维度内容、影响因素和实证结果①，选取了22个变量，其中"融资"维度有7个，"资本运营"维度有7个，"投资"维度有8个，各维度相关变量的具体定义如表6-3所示。

表6-3 多维度变量设定

维度	名称	变量描述	变量定义
融资	Lev_t	资产负债率	总负债/总资产
	IR，Interest Rate	利率水平	名义利率
	MP，money policy	货币政策②	虚拟变量。当 M2 增长率小于 GDP 增长率时，货币趋紧，取为 0；否则为 1③
	$WACC$	融资成本	加权平均资本成本
	Debt Structure	债务结构比率	长期负债总额/总债务
	FC，Financing Constraints	融资约束	虚拟变量，融资约束程度高时取 1，否则为 0，详见下面 2 的内容
	EFD（External finance dependency）	融资依赖程度	详见第 5 章外部融资依赖程度内容
资本运营	$liquidity_{it}$	财务流动性	（流动资产 − 流动负债）/（流动负债）it
	$pledeability_{it}$	财务信用评级	详见第 5 章财务信用级别内容
	IP，Innovation performance	创新绩效	详见第 5 章创新绩效公式推导
	$Profitability_{it}$	盈利增长能力	（总营业收入 − 总营业成本）/总资产
	Immunisation	期限匹配能力	（流动负债/流动资产）的标准差
	$CAdj$，Costs of adjustment	调整资本成本	详见下面 1 的内容
	$Ln(A)$	资产规模	总资产（万元）的自然对数
投资	MEC，Macro Economy cycle	宏观经济周期	GDP 年度同比增长率
	EF，external financing	外部融资	（股权融资 + 债券融资）/融资总额
	NCF，Net cash flow	净现金流	现金流入 − 现金流出（单位：万元）

① 详见第三、第四和第五章的实证结果。
② 靳庆鲁等（2008）将宏观经济政策分为财政政策和货币政策，其研究过对公司业绩的影响，本文更关注的是货币政策，所以没有选用经济政策。
③ 详见万良勇等（2015）研究。

维度	名称	变量描述	变量定义
投资	*IFA*, investment in the fixed assets	Ln(固定资产投资)	$Ln(FA_t - FA_{t-1}(1+\pi_t) + dep_t)$
	Lev_{t-1}	资产负债率	(总负债/总资产)$_{t-1}$
	Industry outlook	行业前景	行业景气指数[①]
	IP, Investment Performance	投资绩效	(利润)t/(固定资产投资)$t-1$
	Over I/Under I	非效率投资	过度投资或投资不足，详见第二章

1. 调整资本成本（Costs of adjustment）

企业在投资和外部融资时面临着调整的非凸成本。当企业发行股票和债券、偿还债务和进行投资时，会发生成本。这三种成本都是固定成本，它们与企业的调整或者发行量都是相对独立的（Leary, M et al., 2005）。借鉴轩尼诗（Hennessy, C, 2007）等研究，构建如下模型：

$$Costs_t = K_t(C^Q (I_t/K_t)^2 + \Gamma_I Z(I_t > 0) + \Gamma_X Z(X \neq 0)$$
$$+ \Gamma_{BI} Z(BI \neq 0) - \Phi Z(I < 0)I_t/K_t)$$

式中，I_t/K_t 表示企业的投资率；$K_t\Gamma_I$ 为总投资时发生的成本；$K_t\Gamma_X$ 为发行股票时的成本；$K_t\Gamma_{BI}$ 为发行或偿还债务时的成本；Φ 为这个过程中丢失的资金部分。借鉴圣地亚哥（2013）等研究，C^Q 为投资凸成本系数（Coefficient on the convex cost of investment），设为 2；Γ_{BI} 固定发债或偿还成本系数（Fixed cost of debt issuance coefficient），设为 0.01；Γ_X 固定权益成本系数（Fixed cost of equity issuance coefficient），设为 0.03；Γ_I 固定资产投资系数成本（Fixed cost of investment coefficient），设为 0.03[②]。本研究中，选用 Ln(*Costs*) 来计算调整资本成本。

2. 融资约束（FC, Financing Constraints）

融资约束（FC）衡量方法主要有基于内生性财务指标的 *KZ* 指数[③]和

---

① 行业景气指数主要有中经产业指数和 DRC 指数。本研究借鉴了"国务院发展研究中心（DRC Industry Climate Monitoring System）"公布的数据（www. drcnet. com. cn）、中国经济信息网（www. cei. gov. cn）。

② 系数的推导详见圣地亚哥（2013）等研究，以我国上市公司为样本，探究系数的研究十分少见。

③ 代表性研究有卡普兰和金嘉莱斯（*Kaplan and Zingales*, 1997），该研究以经营性净现金流、现金持有量、派现水平、负债程度以及成长性作为融资约束的代理变量。

哈德洛克（Hadlock，C，2010）的 SA 指数[1]。SA 指数具体公式为 $-0.737 \times$ $Size + 0.043 \times Size^2 - 0.04 \times Age^2$，式中，$Size$ 为企业规模的自然对数，Age 为企业成立时间长短。该指数的绝对值越大，表示融资约束程度越低。在此基础上，本书将大于行业年度均值的 FC 记为1，否则记为0。

表6-4是对各维度财务指标的646家公司全部年度数据进行了描述统计。统计结果显示，22个变量最大值和最小值差异较大，其中，相对差异值最大的变量有融资成本、财务流动性、盈利增长能力、期限匹配能力、调整资本成本和非效率投资，但标准差与均值比较较小，较接近于正态分布。

表6-4　　　　　　　　　　主要变量的描述统计

维度	变量	均值	中位数	最大值	最小值	标准差
融资	资产负债率$_t$（%）	52.725	46.343	96.959	0.000	1.444
	利率水平（%）	6.144	5.985	11.520	4.850	1.144
	货币政策	0.830	1.000	1.000	0.000	0.375
	融资成本（%）	10.874	10.934	14.985	1.086	0.020
	债务结构比率	12.762	4.661	97.11	-9.680	0.173
	融资约束	0.445	0.000	1.000	0.000	0.497
	融资依赖程度	1.458	1.000	3.000	1.000	0.544
资本运营	财务流动性	2.021	0.298	53.844	-1.000	1.903
	财务信用评级	2.026	2.303	2.485	0.693	0.572
	创新绩效	-0.639	-0.218	2.143	-10.937	1.533
	盈利增长能力	-0.075	0.029	1.402	-2057.6	0.246
	期限匹配能力	1.217	0.891	97.320	0.000	2.644
	Ln(调整资本成本)	2.772	3.555	5.010	0.000	1.581
	Ln(资产规模)	21.533	21.356	30.732	10.842	1.429
投资	宏观经济周期（%）	9.205	9.297	14.200	6.900	1.812
	外部融资（%）	56.386	39.612	69.970	-29.04	12.15
	Ln(净现金流)	1.000	0.014	24.98	0.00	23.377
	Ln(固定资产投资)	19.647	19.768	27.083	5.585	2.017

---

[1]　国内研究中，卢太平等（2014）选用 SA 指数，魏志华等（2014）选用重新计算的 KZ 指数。

维度	变量	均值	中位数	最大值	最小值	标准差
投资	资产负债率$_{t-1}$（%）	53.663	46.753	141.78	0.00	1.865
	行业前景	126.761	128.400	151.80	85.70	9.718
	投资绩效	1.361	0.166	24.876	-96.71	9.493
	非效率投资	0.000	0.061	11.180	-12.400	0.973

三、关联性实证结果

1. 分析步骤

为探究"融资、资本运营和投资"维度的财务指标有效性和稳定性，关联性实证分析步骤如下：

（1）提取公共因子。利用 2000～2015 年七大行业上市公司的"融资、资本运营和投资"维度相关的财务指标，通过因子分析提取公共因子。通过各行业的不同年份的公共因子进行频数分析，确定各财务指标归属的维度。

（2）灰色关联性分析。为探究公共因子与资本误配置率的变化态势的比较分析，利用 2000～2015 年七大行业提取的公共因子，通过灰色关联性分析，检验公共因子与资本误配置率的关联性并明确主导因子和潜在因子等。

2. 提取公共因子

（1）利用"融资、资本运营和投资"维度的财务指标，提取公共因子的步骤如下：

①利用 Pearson 相关系数，分析各维度变量之间的相关性。通过 Pearson 相关系数结果发现[1]，资产负债率$_{(t)}$和资产负债率$_{(t-1)}$相关系数过于显著。在维度体系中利用资产负债率差分（资产负债率$_{(t)}$ - 资产负债率$_{(t-1)}$）。

②为提高各财务指标归属维度的准确性，用因子分析（Factor Analysis）法[2]计算时，通过各行业的不同年份的公共因子进行频数分析，提高

---

① 篇幅关系省略。

② 因子分析法的主要目的是浓缩数据，提取关键特征信息。它通过研究众多变量之间的内在依赖关系，探求观测数据中的基本结构，并用少数几个遐想变量进行表示。这些遐想变量能够反映原来众多的观测变量所代表的主要信息，并解释这些观测变量之间的相互依存关系，被称为主因子（Factors）。

影响因素的效度①，确定各财务指标归属的维度。

（2）因子分析结果。

①数据检验。由表6-5可知，2000～2015年的KMO统计量值为0.626、0.695、0.681和0.675，做因子分析效果较好；球形检验的*Sig*值小于0.05，说明拒绝球形假设，各变量之间并非各自独立，取值相关，可以做因子分析。同时，主成分方差比中，大部分原始量中提取的方差值都在80%以上，有助于进行因子分析。

表6-5   KMO统计量和球形检验

时期		2000	2000～2007	2008～2015	2015
Kaiser – Meyer – Olkin 度量		0.626	0.695	0.681	0.6755
Bartlett 的球形度检验	近似卡方	5741.11	8731.52	9003.16	7963.54
	df	196	1154	1026	227
	Sig.	0.000	0.000	0.000	0.000

②总方差解释表（total variance explained）。总方差解释表中的特征值（eigenvalues）在某种程度上，可以被看成是表示主成分影响力大小的指标，如果特征值小于1，说明该主成分的解释还不如直接引入一个原变量的平均解释力大，因此一般可以将特征值大于1纳入标准。Cumulative（主成分的累计贡献率）而言，萃取出来的主成分的累计贡献率达到80%～85%以上就比较满意了，可以由此决定需要萃取多少个主成分。由表6-6可知，2000～2015年间②，第一个主成分的特征值为5.55>1，它解释了总变量的36.93%；第二个主成分的特征值是3.08>1，解释了总变量的20.49%；第三个主成分的特征值是2.13>1，解释了总变量的14.18%；第四个主成分的特征值是1.60>1，解释了总变量的10.66%。因此21个变量只需萃取出四个主成分即可。

---

① 效度（Validity）即有效性，它是指测量工具或手段能够准确测出所需测量的事物的程度。效度是指所测量到的结果反映所想要考察内容的程度，测量结果与要考察的内容越吻合，则效度越高；反之，则效度越低。效度分为三种类型：内容效度、准则效度和结构效度。

② 2003～2007年间，总方差解释表与该表内容较接近。同时，以每年为单位，也进行过因子分析，除了2008年外总方差解释表与该表内容较接近。

表 6 – 6   2000 ~ 2015 年间总方差解释表（Total Variance Explained）

成分	初始特征值			提取平方和载入		
	合计	方差的%	累积%	合计	方差的%	累积%
1	5.55	36.93	36.93	5.55	36.93	36.93
2	3.08	20.49	57.41	3.08	20.49	57.41
3	2.13	14.18	71.60	2.13	14.18	71.60
4	1.60	10.66	82.26	1.60	10.66	82.26
5	0.91	3.56	85.82			
6	0.88	3.35	89.18			
7	0.82	1.83	91.00			
8	0.80	1.42	92.42			
9	0.75	1.27	93.69			
10	0.71	1.43	95.12			
11	0.55	1.16	96.28			
12	0.52	0.99	97.26			
13	0.34	0.76	98.03			
14	0.24	0.56	98.59			
15	0.23	0.37	98.96			
16	0.11	0.34	99.31			
17	0.07	0.33	99.56			
18	0.07	0.31	99.87			
19	0.02	0.12	99.98			
20	0.00	0.02	100.00			
21	0.00	0.00	100.00			

③因子解释。表 6 – 7 和图 6 – 4 是 2000 ~ 2015 年旋转后的因子载荷矩阵表（Rotated Component Matrix）[1] 变量的因子归属次数。为提高各财务指标归属维度的准确性，不同行业、年份共进行了 115 次因子分析。

表 6 – 7   2000 ~ 2015 年公共因子结果（次数）

	$F1$（融资）	$F2$（资本运营）	$F3$（投资）	$F4$（待定）	次数
D 资产负债率（差分）	50	27	7	31	115
利率水平（%）[2]	6	1	1	1	9
货币政策	5	1	2	1	9
融资成本	49	26	9	32	115

---

① 载荷值就是变量与因子之间的相关系数，反映出每个因子可以由哪些变量提供信息。

② 利率水平、货币政策和宏观经济周期的次数为 9 次，包括整体样本 2 次和七大行业的因子分析 7 次。如果截面数据计算时考虑该因素，因每年数据相同，无法计算。

	F1（融资）	F2（资本运营）	F3（投资）	F4（待定）	次数
债务结构	39	12	37	27	115
融资约束（FC）	79	21	5	8	113
融资依赖程度（FED）	38	16	13	48	115
财务流动性	19	37	25	29	110
财务信用评级（ple）	25	41	19	30	115
创新绩效	14	42	23	36	115
盈利增长能力	25	44	11	35	115
期限匹配能力	21	33	16	44	115
调整资本成本	0	34	75	7	116
ln（总资产）	18	52	22	21	115
宏观经济周期（%）	6	1	1	1	9
外部融资	27	24	40	24	115
现金流净值	33	20	44	18	115
Ln（固定资产投资）	0	34	75	6	115
投资绩效	15	29	39	32	115
非效率投资	18	32	39	26	115

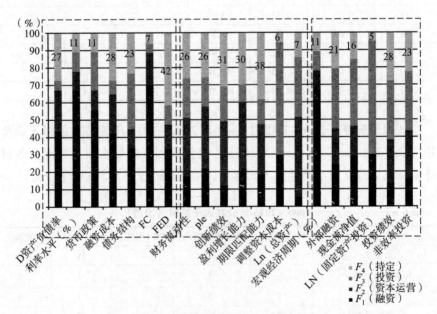

图6-4　载荷矩阵表变量的因子归属百分比

主因子F_1中，资产负债率、利率水平、货币政策、债务结构比率、融资约束的贡献值和频数最高，这些指标符合融资维度的影响因素，F_1称之为融资维度因子。但文献中，外部融资依赖程度（FED）属于 F_4 的比重也较高。主因子 F_2 主要有财务流动性、财务信用评级、创新绩效、盈利增长能力、Ln（调整资本成本）和 Ln（总资产）所决定，F_2 称之为资本运营维度因子。但文献中，期限匹配能力属于 F_4 的比重也较高。主因子 F_3 中，宏观经济周期、外部融资、Ln（净现金流）、Ln（固定资产投资）、行业前景、投资绩效和非效率投资贡献最多，F_3 称之为投资维度因子，但投资绩效属于 F_4 的比重也较高。为进一步探索公共因子的准确性，进行四个公共因子与资本误配置率的灰色关联性分析。

3. 灰色关联性分析

（1）维度因子的描述统计。

表6－8 和图6－5 是融资、资本运营、投资维度因子和资本误配置率（KLD）的描述统计表正态分布图。四个维度的均值接近于 0，标准差接近于 1，但最小值和最大值差异较大。正态分布图中发现，KLD 分布分散度较大，融资维度（F_1）、资本运营维度（F_2）和投资维度（F_3）因子有偏离分布的特征。说明存在着资本配置效率低的特征。

表6－8   4 个公共因子和 KLD 描述统计表

因子	均值	中值	标准差	最小值	最大值	百分位数			N
						25%	50%	75%	
F_1	－0.1195	－0.1322	1.0229	－3.17	3.67	－0.7431	－0.1322	0.5404	315
F_2	0.0078	0.001	1.0437	－4.36	3.27	－0.5445	0.0010	0.6724	315
F_3	0.0132	0.0049	1.0304	－4.44	4.18	－0.5400	0.0049	0.5083	315
F_4	0.0603	0.067	0.979	－3.91	2.67	－0.5373	0.0670	0.6442	315
KLD	0.1774	－0.0250	0.9929	－2.44	6.74	－0.1812	－0.025	0.1425	315

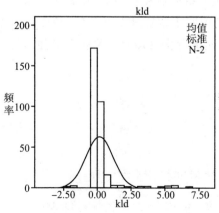

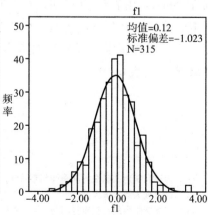

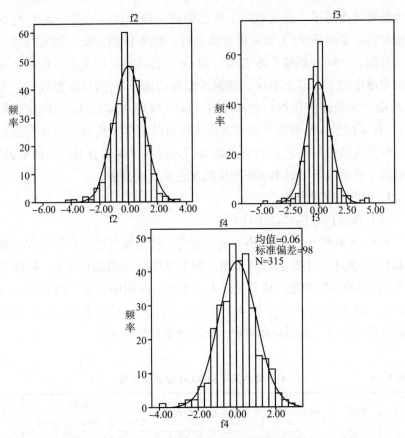

图6-5　四个维度和KLD正态分布图

（2）灰色关联性分析结果。

为检验四个公共因子维度的有效性，利用 DPS（Data Processing System）软件，利用315个样本（表6-8的数据），进行了与 *KLD* 的灰色关联性分析①。由表6-9可知，除了第一组样本外②、第二组样本和第三组样本的关联序为 $F_1 > F_2 > F_3 > F_4$③。说明于融资维度（F_1）、资本运营维度（F_2）和投资维度（F_3）与资本误配置率（*KLD*）关联性最强，可以忽略 F_4（见表6-9）。

---

① 为提高灰色关联性的准确性和有效性，随意抽出3组样本进行分析。
② 这组最大差值很大。
③ 误配置临界值、权重等问题在第7章探究，本部分主要探索三个维度的关联性。

表 6-9　KLD 和四个维度灰色关联度分析结果

第一组样本

KLD 和其他因子关联序（最大差值 Δmax=238.01）

No.	因子	关联系数
X1	fac1	0.8659
X3	fac3	0.8344
X4	fac4	0.6381
X2	fac2	0.2834

关联矩阵	fac1	fac2	fac3	fac4	KLD
fac1	1	0.2955	0.7606	0.6045	0.8661
fac2	0.2994	1	0.2757	0.334	0.2875
fac3	0.7554	0.2664	1	0.6133	0.8306
fac4	0.6089	0.334	0.624	1	0.6428
KLD	0.8659	0.2834	0.8344	0.6381	1

第二组样本

KLD 和其他因子关联序（最大差值 Δmax=97.708）

No.	因子	关联系数
X1	fac1	0.9222
X2	fac2	0.8025
X3	fac3	0.6027
X4	fac4	0.3243

因子	fac1	fac2	fac3	fac4	KLD
fac1	1	0.8232	0.6253	0.3369	0.9225
fac2	0.8204	1	0.5472	0.3049	0.7999
fac3	0.6497	0.5811	1	0.348	0.6301
fac4	0.3614	0.3328	0.348	1	0.3507
KLD	0.9222	0.8025	0.6027	0.3243	1

第三组样本

KLD 和其他因子关联序（最大差值 Δmax=65.94）

No.	因子	关联系数
X1	fac1	0.6645
X2	fac2	0.664
X3	fac3	0.5732
X4	fac4	0.343

因子	fac1	fac2	fac3	fac4	KLD
fac1	1	0.8448	0.6274	0.375	0.6904
fac2	0.8444	1	0.6055	0.398	0.6887
fac3	0.605	0.5848	1	0.2957	0.5773
fac4	0.375	0.3986	0.315	1	0.3661
KLD	0.6645	0.664	0.5732	0.343	1

表 6-10 是七大行业的四个维度和 KLD 灰色关联度分析结果。除房地产和其他行业中各一个样本组外，所有样本组的关联序中 F_4 最弱。每个行业的关联序中 F_1、F_2 和 F_3 的关联系数稍有差异。说明融资维度（F_1）、资本运营维度（F_2）和投资维度（F_3）与资本误配置率（KLD）关联性最强，可以忽略 F_4。

表 6-10　　　　　　　　　KLD 和四个维度灰色关联度分析结果（按行业）

农业（KLD 和其他因子的关联序）						制造业（KLD 和其他因子的关联序）					
样本 1		样本 2		样本 3		样本 1		样本 2		样本 3	
因子	系数	因子	系数	因子	系数	因子	系数	因子	系数	因子	系数
$F2$	0.4344	$F3$	0.4732	$F3$	0.3947	$F1$	0.427	$F2$	0.48	$F3$	0.339
$F3$	0.3711	$F1$	0.4345	$F1$	0.3767	$F2$	0.383	$F1$	0.39	$F2$	0.345
$F1$	0.3665	$F2$	0.4209	$F2$	0.3583	$F3$	0.334	$F3$	0.395	$F1$	0.358
$F4$	0.3287	$F4$	0.3449	$F4$	0.3546	$F4$	0.285	$F4$	0.366	$F4$	0.251
批发零售（KLD 和其他因子的关联序）						交通运输等（KLD 和其他因子的关联序）					
样本 1		样本 2		样本 3		样本 1		样本 2		样本 3	
因子	系数	因子	系数	因子	系数	因子	系数	因子	系数	因子	系数
$F2$	0.411	$F2$	0.428	$F2$	0.351	$F2$	0.367	$F2$	0.409	$F1$	0.366
$F3$	0.367	$F3$	0.391	$F3$	0.289	$F3$	0.369	$F3$	0.371	$F2$	0.347
$F1$	0.345	$F1$	0.384	$F1$	0.294	$F1$	0.357	$F1$	0.319	$F3$	0.294
$F4$	0.32	$F4$	0.27	$F4$	0.258	$F4$	0.28	$F4$	0.301	$F4$	0.236
信息软件等（KLD 和其他因子的关联序）						房地产等（KLD 和其他因子的关联序）					
样本 1		样本 2		样本 3		样本 1		样本 2		样本 3	
因子	系数	因子	系数	因子	系数	因子	系数	因子	系数	因子	系数
$F3$	0.821	$F3$	0.737	$F3$	0.371	$F3$	0.53	$F3$	0.617	$F3$	0.739
$F1$	0.686	$F1$	0.727	$F2$	0.307	$F1$	0.377	$F1$	0.519	$F2$	0.477
$F2$	0.622	$F2$	0.65	$F1$	0.303	$F2$	0.372	$F2$	0.309	$F4$	0.446
$F4$	0.451	$F4$	0.403	$F4$	0.241	$F4$	0.302	$F4$	0.213	$F1$	0.313

其他（KLD 和其他因子的关联序）					
样本 1		样本 2		样本 3	
因子	系数	因子	系数	因子	系数
$F1$	0.685	$F3$	0.561	$F1$	0.601
$F2$	0.538	$F1$	0.455	$F2$	0.508
$F3$	0.465	$F2$	0.447	$F4$	0.477
$F4$	0.372	$F4$	0.395	$F3$	0.385

（3）四个维度对 *KLD* 的影响度检验。

为进一步检验四个维度对资本误配置率的影响，进行了回归分析①和固定效应分析。由表6-11可知，截面回归分析中，F_1、F_2和F_3的系数显著为负，F_4系数不显著。固定效应分析中，F_1和F_3的系数显著为负，F_2的系数显著为正，F_4系数不显著。虽两个分析中，F_2系数显著性方向不一致，但F_4对 *KLD* 的影响不显著。说明可以构建基于"融资维度（F_1）、资本运营（F_2）和投资（F_3）"维度的资本误配置率（*KLD*）监测体系。

表6-11　　　　*KLD* 和四个维度灰色关联度分析结果（按行业）

	KLD	*KLD*
F_1	-1.8277 *** (-10.00)	-0.0513 * (-1.746)
F_2	-0.578 *** (-4.52)	0.0773 * (1.721)
F_3	-0.208 * (-1.99)	-0.029 ** (-2.246)
F_4	-0.123 (-1.39)	-0.0307 (-0.543)
Year（年份）		*Yes*
Indu（行业）		*yes*
chi2		457.22
Prob		0.000
R2	0.906	0.365
N	96	315

注：（1）左侧为截面回归分析结果，右侧为固定效应结果；（2）各变量的回归系数下面的括号内的数值为 *T* 值；***、**、*分别表示1%、5%、10%的显著性水平。

第四节　本章小结

构建上市公司资本误配置多维度监测体系的关键是构建"融资、资本运营和投资"维度的指标体系。本章基于公司金融相关理论，借鉴已有文

---

① 因不同行业数据有较大差异，选用了稳健标准差加 OLS 法。

献和前章节实证结果，利用因子分析和频数分析，探究了"融资""资本运营""投资"维度影响因素和指标。为进一步探索公共因子的准确性，利用灰色关联性和回归分析，进行公共因子与资本误配置率的关联序列分析。实证结果如下：

（1）公共因子维度探寻分析中发现，主因子 F_1 中，资产负债率、利率水平、货币政策、债务结构比率、外部融资依赖程度（FED）、融资约束的贡献值和频数最高，这些指标符合融资维度的影响因素，F_1 称之为融资维度因子。但文献中的外部融资依赖程度（FED）属于 F_4（待定）的比重也较高。主因子 F_2 主要有财务流动性、财务信用评级、创新绩效、期限匹配能力、盈利增长能力、Ln（调整资本成本）和 Ln（总资产）所决定，F_2 称之为资本运营维度因子。但文献中的期限匹配能力属于 F_4 的比重也较高。主因子 F_3 中，宏观经济周期、外部融资、Ln（净现金流）、Ln（固定资产投资）、行业前景、投资绩效和非效率投资贡献最多，F_3 称之为投资维度因子，但投资绩效属于 F_4 的比重也较高。

（2）四个维度和 KLD 灰色关联度分析中发现，虽不同行业关联序中 F_1、F_2 和 F_3 的关联系数稍有差异，但融资维度（F_1）、资本运营维度（F_2）和投资维度（F_3）与资本误配置率（KLD）关联性最强，可以忽略 F_4。

（3）进一步检验四个维度对资本误配置率的影响的分析中，由截面回归和固定效应结果可知，F_1、F_2 和 F_3 的系数显著为正负，但 F_4 系数不显著。说明可以构建基于"融资（F_1）、资本运营（F_2）和投资（F_3）"维度的资本误配置率监测体系。

第七章 上市公司资本误配置多维度监测体系构建

构建上市公司资本误配置多维度监测体系的关键是科学合理地确定资本误配置判断区间、监测辨识参数、指标权重和临界值等。本章的主要内容包括：上市公司资本误配置多维度监测指标体系框架、上市公司资本误配置多维度监测方法及实证研究。实证研究包括：一是基于熵权的多层次模糊综合评价法进行①上市公司资本误配置多维度监测体系有效性检验。二是基于全要素生产率指标的上市公司资本误配置多维度监测指数及有效性检验等。构建上市公司资本误配置监测体系、指数和方法是防范资本误配置风险，提高上市公司资本配置效率的关键，是确保监测纵向深入，得出准确监测结论的重要途径。

第一节 上市公司资本误配置多维度监测指标体系框架

一、建立资本误配置监测指标体系遵循的基本原则

（1）全面性原则。上市公司资本误配置产生于融资、资本运营和投资的跨期效率和效益上。跨期的效率和效益的度量受到很多因素的影响，决策从立项到建设再到运营全过程中有很多因素制约投资项目的成败，任何一个环节出现问题都将影响项目实行的效果。所以监测指标体系应该全方位的考虑，主要包括项目立项决策、运营效果、实施管理三个方面的过程指标。

（2）有效性原则。上市公司资本配置管理情况应该与指标的选取相结合，通过对效果的评价和对指标的考核，真正起到改进工作并为决策提供

---

① 因第六章财务指标的公共因子不够稳定并很难确定权重，所以本章选用了模糊评判综合（Fuzzy Comprehensive Judgment）方法。

科学依据。

（3）通用性原则。投资项目分布的领域十分广泛，有以经济效益为主或以社会效益为主的；有无形受益的或能形成现实的资产或效果的。为了能够运用于所有领域的不同项目，指标应该具有通用性，使其能够在同一标准下进行评价，评价结果也具有可比性。

（4）操作性原则。操作性原则是指资本误配置监测评价指标体系必须具有可操作性，易于计算机运算程序的编辑。这一原则对指标可获得性及可操作性有较高的要求，因此，在选取指标时，如果该指标对上市公司资本误配置的某一个方面能非常到位地反映，而实际操作中它难以取得，这样这个指标就失去了它原有的可用价值。

（5）科学性原则。科学性原则是指资本误配置监测评价指标的选取须遵循科学性原理，每个指标都要具有代表性，且对企业生产经营中某一方面的特点起到代表性作用，它不仅要求指标能反映全局情况，而且要求其对定性指标能最大可能量化。建立资本误配置监测评价的各项指标须有机配合，形成体系，既不重复，又无矛盾。同时，指标的计算和评价方法必须按照科学的依据。构建整个指标体系，来源于实践，同时也能经得起实践的考验，这样循环往复才能增强指标体系的科学性。

二、监测指标体系设计概要

我国上市公司的投融资行为一直是理论和实务界关注的重点话题。上市公司已成为我国经济发展中的主力军，但融资环境不成熟、资本市场发展不平衡、投资者保护不健全和政府过度介入等使得上市公司的融资结构、资本运营与企业价值之间的关系更加复杂。具体表现在以下几个方面：

（1）资源配置不合理。由于众多上市公司①与政府之间的天然密切关系，获得了更多的信贷、权益融资等，但债务不断提升、权益融资盲目性、资本运营低效性和投资提低效益等，导致资本误配置。上市公司只注重事前准备，这其中有对投资项目的前期准备、评估和在项目实施前的管理，而对于项目事后的管理就不在乎，忽视了检查是否实现了设计目标、项目的完成是否对经济、社会和环境产生了哪些影响。

（2）投资项目实施过程中由于疏于管理而影响偿还贷款能力、股东利益和项目效果。

（3）政府部门监管不力，它们往往只监管上市公司外部资本市场配置

---

① 1991年上海和深证证券交易所成立开始，大部分上市公司是国有企业。

状况，而对上市公司内部资本市场配置状况缺乏有效的监控和评价体系，并且缺乏对信息重要性的认识，从而导致一方面难以客观评价投资项目的效益和效果，另一方面也不能防范上市公司资本误配置状况，无法有效提高上市公司资本配置效率。

三、资本误配置监测框架设计

上市公司资本误配置监测是指对企业融资、资本运营和投资过程的实施和经营效果进行客观系统的分析。只有通过"多维度"系统建模和优化，才能系统地监测出资本误配置环节。监测体系通过上市公司实证分析，从"融资、资本运营和投资"维度探究资本误配置程度、维度关联性和影响的主要因素，并及时总结经验教训的同时进行有效的信息反馈，为后来的上市公司投融资活动做出正确决策提供建议，同时也对上市公司资本配置中存在的问题做出有效改进建议。

目前，上市公司资本误配置的单维度分析①和影响因素领域已经取得了较丰硕的成果，但资本误配置度量方法的应用及监测体系研究，仍缺乏连续性的、系统的分析。因此，本节设计的上市公司资本误配置多维度监测框架将成为上市公司资本配置管理体系的一个有机组成部分，是上市公司融资、投资、资本运营、留存分配决策等金融活动的重要信息来源。

其设计思路是，将上市公司资本误配置分成"融资、资本运营和投资"三个维度，从这三个维度中选取合适的指标作为评价因素，并基于"融资、资本运营和投资"三个维度的动态关联性，设计框架如表7-1和图7-1所示。同时，基于上市公司全要素生产率指标来判断资本误配置状况。

表7-1　　　　　　　　　　资本误配置多维度监测体系

	维度	变量
资本误配置多维度监测体系	融资（A）	（A_1）资产负债率（差分）
		（A_2）利率水平（%）
		（A_3）货币政策
		（A_4）融资成本
		（A_5）债务结构比率（%）
		（A_6）融资约束
		（A_7）融资依赖程度

①　众多研究主要集中在投融资、融资和投资视角进行分析。

续表

维度		变量
资本误配置多维度监测体系	资本运营（B）	（B_1）财务流动性
		（B_2）财务信用评级
		（B_3）创新绩效
		（B_4）盈利增长能力
		（B_5）期限匹配能力
		（B_6）Ln(调整资本成本)
		（B_7）Ln(资产规模)
	投资（C）	（C_1）宏观经济周期（%）
		（C_2）外部融资（%）
		（C_3）Ln(净现金流)
		（C_4）Ln(固定资产投资)
		（C_5）行业前景
		（C_6）投资绩效
		（C_7）非效率投资

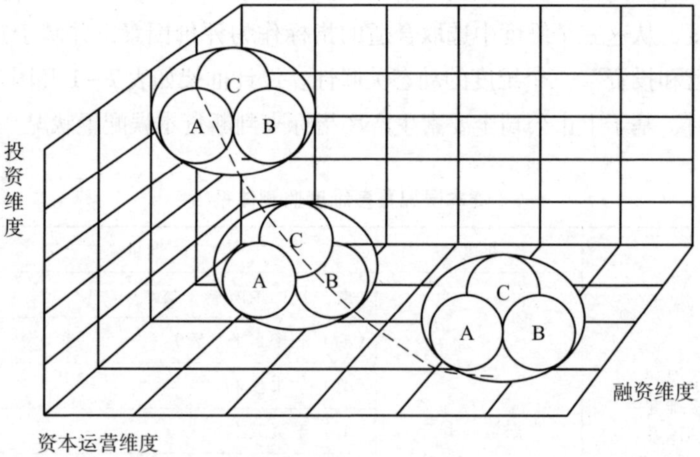

图7－1　“融资、资本运营和投资”三个维度的动态关联性指数

注：虚线为聚合三个维度时，最有目标值。

第二节　上市公司资本误配置多维度监测方法

一、基于熵（Entropy）权的多层次模糊综合评价方法

在全面梳理影响上市公司资本误配置的模糊性和企业绩效评价体系中指标的多层次、定量指标和不确定指标①相结合的特点后，利用基于熵权的多层次模糊综合评价方法，对上市公司资本误配置监测体系进行评价。在使用基于熵权的多层次模糊综合评价方法②时，要将上市公司资本误配置这一复杂问题按照其构成的层次，整理成为一种递阶层次的顺序，按照相对的重要性排序，然后综合判断哪些指标对企业的绩效有着更大的影响。

1. 熵值法赋权的过程

从熵值法的物理意义来理解，信息熵描述了样本数据变化的相对速率，系数越接近1，距目标就越近；系数越接近0，距目标就越远。相对于指标理想值而言，指标值变化的越快，得到的指标信息熵就越小，其效用值越大，指标权重就越大；反之亦然。因此，熵值法求得的指标权重代表了该指标在指标体系中变化的相对速率，而指标的相对水平则由样本标准化后的接近度表述。最终评价值由两者相乘得到，这体现出指标发展水平和相对速度的结合。

（1）指标正向化处理。

由于有些评价指标值越大越好，有些指标值越小越好，而有些指标值在某点处是最优的。为了能用指标值大小来说明其优劣，必须对各个评价指标进行正向化处理。其处理方法如下：

指标值越大越优指标的正向化处理：

---

① 个别指标计算中，参数和系数有待规范化。

② 选择熵值法和模糊综合评判相结合的综合评价方法的理由：一是采用熵值法确定二级财务指标的权重，使评价结果具有较强的数理依据和客观性；二是充分发挥层次分析法的层层分解的优点，让企业能够根据评价结果直接发现资本误配置形成的关键因素，了解企业的哪些影响因素还存在不足以及解决这些影响因素对资本误配置到底有多大影响；三是模糊综合评价法是对受多种因素影响的事物做出全面评价的一种十分有效的多因素决策方法，该方法既有严格的定量刻画，又有对难以定量分析的模糊现象进行主观上的定性描述，把定性描述和定量分析紧密地结合起来，应用面广，对主观指标、客观指标都适用。

$$r(x) = \begin{cases} 0, & x \leqslant m \\ \dfrac{x-m}{n-m}, & m < x < n \\ 1, & m \leqslant x \end{cases} \tag{7.1}$$

指标值越小越优指标的正向化处理：

$$r(x) = \begin{cases} 0, & n \leqslant x \\ \dfrac{n-x}{n-m}, & m < x < n \\ 1, & n \leqslant x \end{cases} \tag{7.2}$$

（m，n 是根据指标的正逆特性来确定的）

（2）数据标准化处理。

由于在不同的评估指标之间存在不可公度性，为消除不同的物理量纲对决策结果的影响，因此在计算之前需要对指标数据进行标准化处理。所以，对于不同类型的指标要采取不同的标准化处理方法。

对于成本型指标，标准化变换公式为：

$$b_{ij} = \frac{\max d_j - d_{ij}}{\max d_j - \min d_j}, \ i = 1, 2, \cdots, n, \ j = 1, 2, \cdots, m \tag{7.3}$$

式中，$\max d_j = \max\{d_{1j}, d_{2j}, \cdots, d_{nj}\}$，$\min d_j = \min\{d_{1j}, d_{2j}, \cdots, d_{nj}\}$。$\max d_j$ 和 $\min d_j$ 是指标体系中最大值和最小值。

对于效益型指标，标准化变换公式为：

$$b_{ij} = \frac{d_{ij} - \max d_j}{\max d_j - \min d_j} \tag{7.4}$$

（3）用熵权法确定各评价指标的权重。

第一步，计算 p_{ij}（第 j 个指标下第 i 年企业的指标值的比重）。

$$p_{ij} = \frac{r_{ij}}{\sum\limits_{i=1}^{n} r_{ij}} \tag{7.5}$$

第二步，计算第 j 个指标的熵值 e_j[①]。

$$e_j = -k \sum_{i=1}^{n} p_{ij} \cdot \ln p_{ij}, \ k = \frac{1}{\ln(n)} \tag{7.6}$$

第三步，计算权重 W_j（第 j 个指标的权重）。

$$W_j = \frac{1 - e_j}{\sum\limits_{i=1}^{n} (1 - e_j)}, \ (0 \leqslant W_j \leqslant 1) \tag{7.7}$$

---

① 熵大：越无序、信息少、效用值小和权重小；熵小：越有序、信息多、效用值大和权重大。

2. 模糊综合评价的评价过程

（1）确定评价因素、评价等级。设 $U = \{u_1, u_2, \cdots, u_m\}$ 为刻画被评价对象的 m 种因素（即评价指标）；$V = \{v_1, v_2, \cdots, v_n\}$ 为刻画每一因素所处的状态的 n 种决断（即评价指标）。这里，m 为评价因素的个数；n 为评语的个数。这些评价因素可以衡量一个备择对象"水平"的测度。考核成绩的评定若习惯于四级评分制，则取优秀、良好、及格、不及格。评判等级应尽可能满足人们区分能力要求和符合人事部门的一般习惯。

（2）构造评判矩阵和确定权重。首先对着眼因素集中地单因素 u_i（$i = 1, 2, \cdots, m$）作单因素评判，从因素 u_i 着眼该事物对抉择等级 v_j（$j = 1, 2, \cdots, n$）的隶属度为 r_{ij}，这样就得出第 i 个因素 u_i 的单因素评判集：$r_i = (r_{i1}, r_{i2}, \cdots, r_{in})$。这样 m 个着眼因素的评价集就构造出一个总的评价矩阵 R。即每一个被评价对象确定了 U 到 V 的模糊关系 R，它是一个矩阵：

$$R = (r_{ij})_{m \times n} = \begin{bmatrix} r_{11} & r_{12} & \cdots & r_{1n} \\ r_{21} & r_{22} & \cdots & r_{2n} \\ \vdots & \vdots & \cdots & \vdots \\ r_{m1} & r_{m2} & \cdots & r_{mn} \end{bmatrix} \tag{7.8}$$

$$(i = 1, 2, \cdots, m; j = 1, 2, \cdots, n)$$

一般来说，用等级比重确定隶属矩阵的方法，可以满足模糊综合评判的要求。用等级比重法确定隶属度时，为了保证可靠性，一般要注意两个问题：第一，评价者人数不能太少，因为只有这样，等级比重才趋于隶属度；第二，评价者必须对被评事物有相当的了解特别是一些涉及专业方面的评价。这样的模糊关系矩阵，尚不足以对事物做出评价。评价因素中的各个因素在"评价目标"中有不同的地位和作用，即各评价对象在综合评价中占有不同的比重。拟引 U 上的一个模糊子集 A，称权重或权数分配集，$A = (\alpha_1, \alpha_2, \cdots, \alpha_m)$，$\sum \alpha_i = 1$。它反映对诸因素的一种权衡。

（3）进行模糊合成和做出决策。R 中不同的行反映了某个被评价事物从不同的单因素来看对各等级模糊子集的隶属程度。用模糊权向量 A 将不同的进行综合，就可得到该被评事物从总体上来看对各等级模糊子集的隶属程度，即模糊综合评价结果向量。引入 V 上的一个模糊子集 B，称模糊评价（决策集）。$B = (B_1, B_2, \cdots, B_n)$。一般地令 $B = A \times R$，称之为模糊变换。B 是对每个被评判对象综合状况分等级的程度描述，它不能直接用于被评判对象间的排序评优，必须要更进一步的分析处理后才能应用。通常可以采用最大隶属度法则对其处理，得到最终评判结果。设相对于各

等级 V_j 规定的参数列向量为：

$$C = (C_1, \ C_2, \ \cdots, \ C_n)。$$

则得出等级参数评判结果为：$B \times C = P$，P 是一个实数。它反映了有等级模糊子集 B 和等级参数向量 C 所带来的综合信息，在许多实际应用中，它是十分有用的综合参数。

3. 基于熵权的多层次模糊综合评价结果处理

一般采用最大隶属度评判法和加权平均法对模糊综合评价的结果进行处理。（1）最大隶属度评判法。最大隶属度评判法是直接把模糊等级向量 $B = \{b_1, \ b_2, \ \cdots, \ b_n\}$ 中具有最大隶属值的等级为评判等级，该方法的优点是简单明了，但缺点是只利用了 $b_i (i = 1, \ 2, \ \cdots, \ n)$ 中的最大值，没有充分利用模糊等级向量 B 带来的信息，有时会出现较大的偏差。（2）加权平均法。对于评语集 $V = \{v_1, \ v_2, \ \cdots, \ v_n\}$ 中的每一等级 v_j 事先规定一个数值 c_j。则根据模糊等级向量中各隶属度 b_i 的幂为权，取加权平均的方法求常数 C。

该方法与最大隶属度评判法相比较为合理些，加权平均法充分利用了模糊等级向量中的信息，但该方法也有不足之处，其中等级划分的 c_i 值以及指数 k 值的取定都是人为的，主观性较强，缺乏可靠的理论依据，有时也会有所偏差。

4. 模糊聚类分析

从模糊综合评价中，求出各维度的评判区间，一般利用模糊集理论进行聚类分析。具体步骤如下：

（1）计算模糊相似矩阵。设 U 是需要被分类对象的全体，建立 U 上的相似系数 R，$R(i, j)$ 表示 i 与 j 之间的相似程度，当 U 为有限集时，R 是一个矩阵，称为相似系数矩阵。定义相似系数矩阵的工作，原则上可以按系统聚类分析中的相似系数确定方法，但也可以用主观评定或集体打分的办法。DPS 平台，对数据集

$$X = \begin{bmatrix} x_{11} & x_{12} & \cdots & x_{1m} \\ x_{21} & x_{22} & \cdots & x_{2m} \\ \vdots & \vdots & \vdots & \vdots \\ x_{n1} & x_{n2} & \cdots & x_{nm} \end{bmatrix}_{n \times m}$$

建立相似矩阵的方法[①]一般选用欧式距离：

[①] DPS 软件提供相关系数法、最大最小法、算术平均最小法、几何平均最小法、绝对值指数法、绝对值减数法、夹角余弦法和欧式距离等八种方法。

$$r_{ij} = 1 - \frac{\sqrt{\sum_{k=1}^{m} (x_{ik} - x_{jk})^2}}{\max D} \quad (i, j \leqslant n)$$

式中 $\max D$ 等于 $\sqrt{\sum_{k=1}^{m} (x_{ik} - x_{jk})^2}$ 中的最大值。

（2）聚类分析。用上述方法建立起来的相似关系，R 一般只满足反射性和对对称性，不满足传递性，因而还不是模糊等价关系。为此，需要将 R 改造成 R^* 后得到聚类图，在适当的阈值上进行截取，便可得到所需要的分类。将 R 改造成 R^*，可用求传递闭包的方法，R 自乘的思想是按最短距离法原则，寻求两个向量 x_i 与 x_j 的亲密程度。

假设 $R^2 = (r_{ij})$，即 $r_{ij} = V_{k=1}^n (r_{ik} \wedge r_{jk})$，说明 x_i 与 x_j 是通过第三者 k 作为媒介而发生关系，$r_{ik} \wedge r_{jk}$ 表示 x_i 与 x_j 的关系密切程度是以 $\min (r_{ik}, r_{jk})$ 为准则，因 k 是任意的，故从一切 $r_{ik} \wedge r_{jk}$ 中寻求一个使 x_i 和 x_j 关系最密切的通道。R^m 随 m 的增加，允许连接 x_i 与 x_j 的链的边就越多。由于从 x_i 到 x_j 的一切链中，一定存在一个使最大边长达到极小的链，这个边长就是相当于 r_{ij}^∞。

在实际处理过程中，R 的收敛速度是比较快的。为进一步加快收敛速度，通常采取如下处理方法：$R \to R^2 \to R^4 \to R^8 \to \cdots \to R^{2k}$，即将 R 自乘改造为 R^2，在自乘得 R^4，如此继续下去，直到某一步出现 $R^{2k} = R^k = R^*$。此时 R^* 满足了传递性，于是模糊相似矩阵（R）就被改造成了一个模糊等价关系矩阵（R^*）。

（3）模糊聚类。对于满足传递性的模糊分类关系 R^* 的进行聚类处理，给定不同置信水平的 λ，求 R_λ^* 阵，找出 R^* 的 λ 显示，得到普通的分类关系。当 $\lambda = 1$ 时，每个样本自成一类，随 λ 值的降低，由细到粗逐渐归并，最后得到动态聚类谱系图。

二、基于全要素生产率（TFP）指标的监测方法

自从赫赛尔和卡兰诺（Hsieh and Klenow，2009）等研究开始，众多学者利用全要素生产率分解方法，研究宏微观层面上资本误配置率问题[1]。为了上市公司资本误配置多维度监测，借鉴福斯特（Foster，2008）、赫赛尔和卡兰诺（2009）及布拉克（2014）等研究[2]，构建了包含资本租金扭曲（τ_{si}）、财务评级（θ_{si}）和资产流动性（λ_{si}）[3] 的 *TFPQ*

---

[1] 但这些研究中没有涉及企业内部资本市场误配置因素。

[2] 提出"物质生产率（physical productivity）"和"收入生产率（revenue productivity）"的概念，并为 *TFPQ* 和 *TFPR*。

[3] 该部分详见第五章相关内容。

和 *TFPR* 公式，分析 s 行业 i 企业的 *TFPQ* 和 *TFPR*，并分析与行业均值的偏离度。s 行业 i 企业的 *TFPQ* 和 *TFPR* 为：

$$TFPR_{si} = P_{si}A_{si} = \frac{P_{si}Y_{si}}{K_{si}^{\alpha_{si}}(wL_{si})^{1-\alpha_{si}}} \tag{7.9}$$

$$TFPQ_{si} = A_{si} = \frac{Y_{si}}{K_{si}^{\alpha_{si}}(wL_{si})^{1-\alpha_{si}}} \quad A_{si} = \mu^{1-\alpha}\frac{(P_sY_s)^{\frac{1}{\sigma-1}}}{P_s}\frac{(P_{si}Y_{si})^{\frac{\sigma}{\sigma-1}}}{K_{si}L_{si}}$$
$$\tag{7.10}$$

式中，μ 是一个等于 $w^{1-\alpha_0}\frac{(P_sY_s)^{\sigma_1}}{p_s}$ 的常数。除非工厂面临扭曲的资本租金率或有差别的财务评级或资产流动性水平，否则对于每个行业，*TFPR* 是一个恒定的常数。在完整的金融市场下，更多的资本和劳动力也应该分配给 *TFPQ* 较高的工厂。假设资本的边际产出（marginal revenue product of capital）和劳动力的边际产出（marginal revenue product of labor）分别表示为 $MPRK_{si}$ 和 $MPRL_{si}$，可以证明企业 *TFPR* 与资本和劳动的边际收益产品的几何平均数成比例。

$$TFPR_{si} \propto (MRPK_{si})^{\alpha_s}(MRPL_{si})^{1-\alpha_s} \propto (1+\gamma_{si})^{\alpha_s} \tag{7.11}$$

此外，对于融资约束企业，具有 $\gamma_{si} > 0$[①]，

$$TFPR_{si} \propto (MRPK_{si})^{\alpha_s}(MRPL_{si})^{1-\alpha_s} \propto [1+\tau_{si}(1-\theta_{si})(1-\lambda_{si})]^{\alpha_s}$$
$$\tag{7.12}$$

对于融资约束的企业，$TFPR_{si}$ 随着资本租金率的扭曲增加而增加，但随着财务评级提高和金融资产的流动性加大而减少。

利用 $C-D$ 函数，可以得出 s 行业整体全要素生产率公式：

$$TFP_s = \left[\sum_{i=1}^{M_s}\left(A_{si}\frac{\overline{TFPR_s}}{TFPR_{si}}\right)^{\sigma-1}\right]^{\frac{1}{\sigma-1}} \tag{7.13}$$

式中，$\overline{TFPR_s} = \left[\frac{R}{\alpha_s}\sum_{i=1}^{M_s}(1+\gamma_{si})\left(\frac{p_{si}Y_{si}}{p_sY_s}\right)\right]^{\alpha_s}\left[\frac{1}{1-\alpha_s}\sum_{i=1}^{M_s}\left(\frac{p_{si}Y_{si}}{p_sY_s}\right)\right]^{1-\alpha_s}$
$$\tag{7.14}$$

s 行业融资约束（$\gamma_{si} > 0$）的 i 企业 $TFPR_{si}$ 为：

$$TFPR_{si} = \left(\frac{R}{\alpha_s}\right)^{\alpha_s}\left(\frac{1}{1-\alpha_s}\right)^{1-\alpha_s}[1+\tau_{si}(1-\theta_{si})(1-\lambda_{si})] \tag{7.15}$$

s 行业无融资约束（$\gamma_{si} < 0$）的 i 企业 $TFPR_{si}$ 为：

$$TFPR_{si} = \left(\frac{R}{\alpha_s}\right)^{\alpha_s}\left(\frac{1}{1-\alpha_s}\right)^{1-\alpha_s}(1+\gamma_{si}) \tag{7.16}$$

---

① 详见第五章。

赫赛尔和卡兰诺（2009）等认为，当 *TFPQ* 和 *TFPR* 为联合对数正态分布时，全行业的总 *TFP* 为：

$$\log TFP_s = \frac{1}{1-\sigma}\log\left[\sum_{i=1}^{M_s}(A_{si}^{\sigma-1}) - \frac{\sigma}{2}\mathrm{var}(\log TFPR_{si})\right] \qquad (7.17)$$

利用 *s* 行业 *i* 企业 *TFPR_{si}* 和 *s* 行业 $\overline{TFPR_s}$ 的离差值，判断是否存在资本误配置。

$$\Delta TFPR = TFPR_{si} - \overline{TFPR_s}^* \qquad (7.18)$$

式中，$\Delta TFPR$ 为差异值；$\overline{TFPR_s}^*$ 为资本配置效率高的行业均值。

第三节　资本误配置多维度监测体系的实证检验

一、基于熵（Entropy）权的模糊综合评价研究

（一）样本选择及分析步骤

1. 样本选择

为提高上市公司资本误配置多维度监测体系的可靠性以及评价方法的实用性，本节基于熵权的模糊综合评价的研究中，选取 1200 多个观测点（1995～2015 年）（见图 7-2）。观测点的选取满足如下标准进行筛选：（1）31734 个观测点中，资本误配置（KLD）值较高的区域中选400 个，资本误配置（KLD）值中间区域中选 400 个（为提高分类的准确性，进行了模糊聚类分析，见表 7-2 和表 7-3）；资本误配置（KLD）值低的区域中选 400 个。（2）把样本分为三个组，第一组为资本误配置较高的组（有不同同年份和行业），第二组为中间组（存在和不存在资本误配置的观测点），第三组为资本配置较高的组。

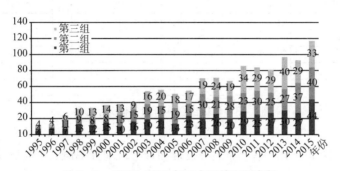

图 7-2　1995～2015 年三个组的观测点数

表7-2　　　　　　资本误配置（KLD）值中间区域模糊聚类分析结果

变量名	第一类				第二类			
	最小值	最大值	标准差	参数B	最小值	最大值	标准差	参数B
融资维度（A）	10.390	45.000	14.256	20.162	3.940	42.500	13.710	19.389
资本运营维度（B）	1.459	39.737	9.071	12.829	0.566	45.000	13.492	19.080
投资维度（C）	7.055	11.578	1.112	1.573	6.841	12.522	1.673	2.365

表7-3　　　　　　　　各个待判样本的归类结果

样本序号	最大值	最贴近的类号	样本序号	最大值	最贴近的类号
1	1	1	11	1	2
2	1	1	12	1	1
3	1	1	13	1	1
4	1	1	14	1	2
5	1	1	15	1	1
6	1	1	16	1	2
7	1	1	17	1	1
8	1	1	18	1	1
9	1	1	19	1	1
10	1	2	20	1	1

注：（1）最贴近的类号中，1为资本误配置的样本群，2为不存在资本误配置的样本群；
（2）2为重新归类为1的样本。

2. 分析步骤

为检验基于熵权的多层次模糊综合评价方法对上市公司资本误配置多维度监测的有效性，具体实证分析步骤如下（见图7-3）：

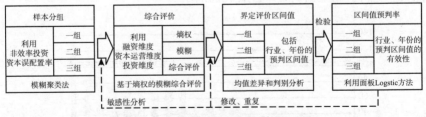

图7-3　模糊综合评价的实证分析步骤

（1）样本分组。基于非效率投资和资本误配置率值，不同行业、年份中选取400家左右上市公司。通过模糊聚类法，进一步规范样本的分类。

（2）综合评价。基于熵权的模糊综合评价法，利用"融资、资本运营和投资"维度的指标，综合评价不同行业、年份的样本上市公司，并与资本误配置率进行比较分析。

（3）界定评价区间值。利用不同行业和年份的样本上市公司综合评价，通过均值差异和判别分析，界定不同行业和年份的优秀组（没有资本误配置的样本）、第二组为左偏组（投资不足、左偏和非安全区域）和第三组为右偏组（投资不足、右偏和非安全区域）的评价区间值。

（4）区间值预判率。根据界定评价区间值，利用面板 *Logit* 方法，对不同行业和年份的样本上市公司进行预判率分析。如预判率较低，通过敏感性分析，探究预判区间值。

（二）上市公司资本误配置的模糊综合评价

1. 基于熵权的各指标权重

（1）资本误配置多维度监测体系框架。利用表 7 - 1 的框架，建立了上市公司资本误配置多维度监测体系。监测体系共 3 个一级指标，21 个二级指标，其中融资维度 7 个指标，资本运营维度 7 个指标，投资维度 7 个指标。因为评价指标值及评价标准值的计量单位一样，而本书是运用熵权的多层次模糊综合评价方法来对指标值及标准值进行评价，所以所需要的数据不用再进行标准化处理。但对于部分逆指标转化成正指标时，需采用取逆指标〔资产负债率、期限匹配能力、Ln（调整资本成本）和非效率投资绝对值〕的倒数来实现。

（2）熵值法客观赋权。具体计算步骤依据公式 7.5、7.6 和 7.7 的熵值的赋权过程。表 7 - 4 是全行业、制造业和其他行业的权重和熵值。由该表可知，全行业①中，权重较大的指标有融资依赖程度、融资约束、债务结构比率、财务流动性、期限匹配能力、宏观经济周期、货币政策、财务信用评级等（见图 7 - 4）。制造业上市公司指标权重较大的指标有融资依赖程度、融资约束、债务结构比率、财务信用评级、财务流动性、期限匹配能力、宏观经济周期、行业前景等②。每个行业截面分

---

① 全行业计算时，共选取了 7 大行业 160 家上市公司的 2001～2015 年的数据。为得到可靠性数据，随机组合 4 个组，进行了反复测算。各指标的权重值较相近。

② 制造业和其他行业权重值较相近。

析①时发现，除财务流动性指标外，大部分指标的（见图 7 - 5 和附录 7.1）权重较平稳。可以借鉴各指标的权重，计算除各维度下上市公司综合评价值。

表 7 - 4　　　　　　　　各维度指标的权重（2001 ~ 2015 年）

维度		变量	全行业		制造业		其他行业			
			熵值	权重	熵值	权重	均值	最大值	最小值	熵值
资本误配置多维度监测体系	融资（A）	(A_1) D 资产负债率②	0.983	2.61	0.981	0.95	2.06	3.87	0.84	0.965
		(A_2) 利率水平（%）	0.978	3.44	0.983	2.70	2.45	2.99	1.34	1.000
		(A_3) 货币政策	0.968	5.02	0.981	2.57	2.49	2.86	2.00	1.000
		(A_4) 融资成本	0.997	0.48	0.985	0.73	0.59	0.91	0.43	0.990
		(A_5) 债务结构比率（%）	0.897	16.07	0.721	13.66	13.92	15.46	12.09	0.752
		(A_6) 融资约束	0.906	14.69	0.293	29.29	28.73	30.94	24.31	0.426
		(A_7) 融资依赖程度	0.870	20.35	0.333	32.67	29.06	32.67	20.27	0.387
	资本运营（B）	(B_1) 财务流动性	0.919	12.70	0.933	0.47	2.95	6.67	0.47	0.944
		(B_2) 财务信用评级	0.978	3.43	0.899	4.90	5.42	6.72	3.54	0.902
		(B_3) 创新绩效	0.997	0.46	0.995	0.24	0.32	0.93	0.19	0.995
		(B_4) 盈利增长能力	0.999	0.13	0.996	0.16	0.14	0.23	0.05	0.997
		(B_5) 期限匹配能力	0.935	10.19	0.951	2.36	2.66	4.14	2.17	0.953
		(B_6) Ln（调整资本成本）	0.995	0.79	0.989	0.54	0.49	0.98	0.38	0.992
		(B_7) Ln（资产规模）	0.999	0.12	0.990	0.48	0.55	1.68	0.25	0.991
	投资（C）	(C_1) 宏观经济周期	0.962	5.88	0.946	2.43	2.45	2.89	1.90	1.000
		(C_2) 外部融资（%）	0.998	0.33	0.962	1.83	1.39	3.88	0.22	0.977
		(C_3) Ln（净现金流）	0.999	0.14	0.994	0.27	0.30	1.18	0.05	0.995
		(C_4) Ln（固定资产投资）	0.997	0.54	0.992	0.38	0.43	1.48	0.20	0.993
		(C_5) 行业前景	0.987	2.02	0.965	2.99	3.06	3.45	2.45	1.000
		(C_6) 投资绩效	0.998	0.36	0.995	0.20	0.35	0.57	0.11	0.994
		(C_7) 非效率投资	0.998	0.25	0.996	0.18	0.19	0.25	0.14	0.997

---

①　截面分析时，货币政策、融资依赖程度、财务信用评级和宏观经济周期是虚拟变量（最大值和最小值相等），导致无法计算熵值。为计算货币政策、融资依赖程度、财务信用评级和宏观经济周期的权重，选用了前一年和当年的值。

②　资产负债率（差分）= 资产负债率$_t$ - 资产负债率$_{t-1}$。

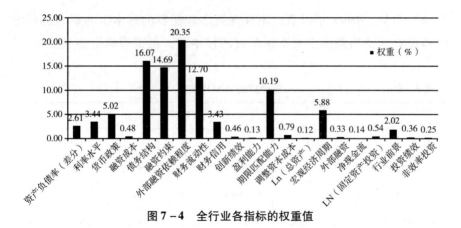

图 7 - 4　全行业各指标的权重值

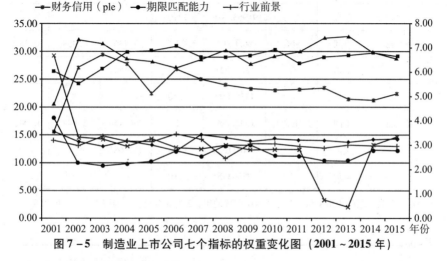

图 7 - 5　制造业上市公司七个指标的权重变化图 (2001～2015 年)

2. 上市公司资本误配置评判区间研究

通过上节的分析，可以确定上市公司资本误配置多维度监测体系中各维度的指标权重。为研究资本误配置评判区间，利用模糊综合评价和聚类分析，进一步对"融资、资本运营和投资"维度的评价值进行分析。

（1）各个维度综合值描述统计。

基于模糊综合评价法计算的三个组"融资、资本运营和投资"维度的评价值中（见附录 7.2）可知，最大值、最小值和均值缺少规律性，但 ANOVA 分析中，三个组的融资维度和资本运营维度有显著性差异（见表 7 - 5）。由存在和不存在资本误配置的样本组的三个维度趋势图①（见图

_____

① 附录 7.2 的数据中，剔除上下 10% 数据后，求出的平均值的趋势图。

7-6）可知，1998 年以后，不存在资本误配置的样本组的资本运营维度和投资维度均值大于资本误配置的样本组，但很难确定临界值。

表 7-5　　　　　　　　　　三个组的 ANOVA 表

			平方和	df	均方	F	显著性
融资 * d2	组间	（组合）	1290.579	2	645.290	3.381	0.034
	组内		230558.79	1208	190.860		
	总计		231849.37	1210			
资本运营 * d2	组间	（组合）	758.427	2	476.213	2.873	0.0432
	组内		91935.190	1208	126.105		
	总计		91963.616	1210			
投资 * d2	组间	（组合）	6.871	2	3.436	0.959	0.384
	组内		4329.221	1208	3.584		
	总计		4336.092	1210			
总计 * d2	组间	（组合）	1532.299	2	766.150	3.044	0.048
	组内		304031.21	1208	251.681		
	总计		305563.51	1210			

注：d2 为分组的虚拟变量（1 为资本误配置的组；2 为混合组；三为资本配置高的组）。

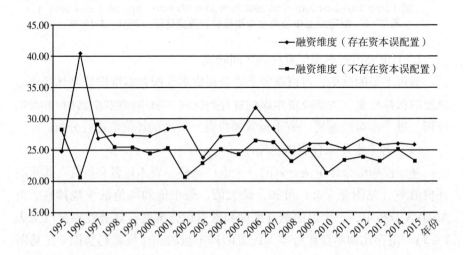

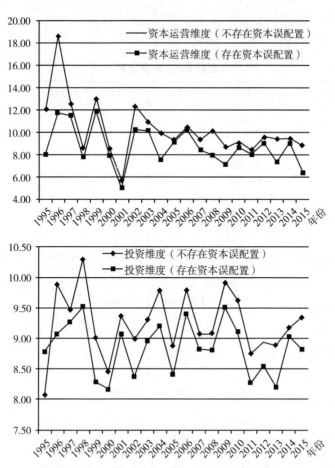

图 7 – 6　存在和不存在资本误配置样本组的三个维度趋势图（1995～2015 年）

（2）各个维度的时滞性影响和预判率。

为探究三个维度对资本误配置率值的影响和预判率，利用面板 *Logit* 模型，选取不同年份和样本，进行了实证分析①。由表 7 – 6 可知②，自变量为 A_{t-1}（融资维度）、B_t（资本运营维度）和 C_t（投资维度）时，三个系数都显著（B_t 和 C_t 果显著为负，A_{t-1} 为显著为正）。其他结果中，都存在个别自变量的系数不显著的情况。由表 7 – 7 可知，资本误配置上市公司预判准确率达 83.7，非资本误配置上市公司预判准确率达 85.1%，总计预判率为 84.4%。虽然得出了较高的预判率，但样本的分类、财务指标的科学性、模糊综合评价的合理性等还应进一步探讨和模

---

① 　资本误配置率设为二元变量。资本误配置的设为1，不存在的设为0。

② 　剔除每个维度的上下限10%的数据后，计算得该结果。

拟检验。

表 7 – 6　　　　　　　　　　面板 Logit 分析结果

变量	KLD	KLD	KLD	KLD	KLD
A_t（融资维度）	– . 0014 * （ – 1. 712）				
B_t（资本运营维度）	0. 0026 （0. 947）				– 0. 0372 ** （ – 2. 081）
C_t（投资维度）	0. 0083 （1. 35）		0. 0072 （0. 949）	0. 0075 （0. 903）	– . 0485 * （ – 1. 721）
A_{t-1}（融资维度）		0. 0025 ** （2. 163）	0. 0025 ** （2. 156）	0. 0025 ** （2. 147）	0. 0118 * （1. 773）
B_{t-1}（资本运营维度）		0. 0009 （0. 535）	0. 0009 （0. 523）	0. 0032 * （1. 837）	
C_{t-1}（投资维度）		– 0. 0142 * （ – 1. 676）			
常数项	0. 0721 （1. 152）	0. 0922 （1. 0122）	0. 0687 ** （2. 034）		– 0. 0651 （ – 1. 224）
Ind（行业）	yes	yes	yes	yes	yes
Year（年份）	yes	yes	yes	yes	yes
Obs	17882	15321	15321	15321	15321
R^2	0. 4035	0. 3986	0. 4532	0. 4021	0. 4785
Prob > chi2	0. 0437	0. 0511	0. 0588	0. 0496	0. 0573

注：（1）　*** 为显著性 1%，** 为显著性 5%，* 为显著性 10%；（2）括号为 T 值；（3）计算滞后阶影响时，样本数据中存在缺失值。

表 7 – 7　　　　　　　　　　分类表（Classification Table）

已观察	已观察		
	是否为资本误配置		百分比校正
	资本误配置	非资本误配置	
是否为资本误配置资本误配置	7769	1513	83. 7
非资本误配置	902	5137	85. 1
总计百分比			84. 4

（3）各个维度资本误配置判断区间。

为探究资本误配置判断区间，利用准确预判的样本①中抽出 10 个组合，进行了模糊聚类分析。判断区间的设定使用 Mx 为 0.98 和 0.99 区间（见图 7 - 7 和表 7 - 8）。

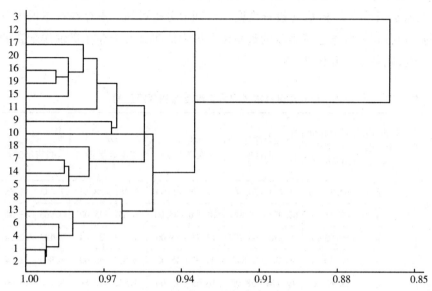

图 7 - 7　三个维度下资本误配置分类动态聚类谱系图

表 7 - 8　　　　　　　　　　不同水平下的联结情况

$I =$	1	$J =$	2	$Mx =$	0.99	$I =$	5	$J =$	18	$Mx =$	0.98
$I =$	1	$J =$	4	$Mx =$	0.99	$I =$	11	$J =$	15	$Mx =$	0.97
$I =$	16	$J =$	19	$Mx =$	0.99	$I =$	9	$J =$	10	$Mx =$	0.97
$I =$	1	$J =$	6	$Mx =$	0.99	$I =$	9	$J =$	11	$Mx =$	0.97
$I =$	7	$J =$	14	$Mx =$	0.99	$I =$	1	$J =$	8	$Mx =$	0.96
$I =$	15	$J =$	16	$Mx =$	0.98	$I =$	5	$J =$	9	$Mx =$	0.96
$I =$	15	$J =$	20	$Mx =$	0.98	$I =$	1	$J =$	5	$Mx =$	0.95
$I =$	5	$J =$	7	$Mx =$	0.98	$I =$	1	$J =$	12	$Mx =$	0.94
$I =$	1	$J =$	13	$Mx =$	0.98	$I =$	1	$J =$	3	$Mx =$	0.86
$I =$	15	$J =$	17	$Mx =$	0.98	$I =$	5	$J =$	18	$Mx =$	0.98

① 8671 个（见表 7 - 8）观测点。

根据 Mx 为 0.98 和 0.99 区间值，利用 10 个组合观测点，得出了上市公司资本误配置判断区间值（见表 7 - 9）。由表 7 - 9 可知，整体行业综合评价值在 54. 763 ~ 60. 762 区间，说明上市公司存在资本误配置，综合评价值在 63. 972 ~ 79. 825 区间，说明上市公司不存在资本误配置现象。从对整体样本、制造业、信息产业和其他行业的 A_{t-1}（融资维度）、B_t（资本运营维度）和 C_t（投资维度）区间值分析可知，不存在资本误配置的上市公司的资本运营维度的最小值和最大值明显大于存在资本误配置的上市公司数据（见图 7 - 8）。

表 7 - 9　　　　　　　　上市公司资本误配置多维度监测判断区间

行业	是否存在资本误配置	综合评价临界值 $(A+B+C)$	综合评价判断区间	A_{t-1}（融资维度）	B_t（资本运营维度）	C_t（投资维度）
整体	是	62. 32 ± σ	54. 763 ~ 60. 762	17. 70 ~ 45. 00	2. 281 ~ 28. 41	7. 483 ~ 13. 55
	否	62. 41 ± σ	63. 972 ~ 79. 825	10. 220 ~ 45. 00	6. 857 ~ 45. 00	7. 963 ~ 13. 64
制造业	是	61. 83 ± σ	56. 246 ~ 60. 284	17. 71 ~ 45. 00	3. 763 ~ 21. 41	7. 483 ~ 12. 24
	否	62. 40 ± σ	63. 96 ~ 79. 843	11. 37 ~ 45. 00	6. 857 ~ 45. 00	6. 963 ~ 12. 64
信息软件	是	58. 992 ± σ	49. 774 ~ 58. 99	16. 65 ~ 45. 00	3. 522 ~ 20. 86	8. 776 ~ 13. 06
	否	63. 921 ± σ	64. 023 ~ 77. 633	17. 71 ~ 45. 00	7. 164 ~ 45. 00	8. 668 ~ 15. 02
其他行业	是	60. 807 ± σ	53. 98 ~ 59. 286	16. 41 ~ 43. 76	3. 075 ~ 26. 76	6. 975 ~ 12. 99
	否	64. 770 ± σ	66. 389 ~ 78. 325	15. 673 ~ 45. 00	6. 966 ~ 44. 86	7. 155 ~ 13. 16

　　注：（1）σ 为标准差；（2）所有数据选择是 99% 置信水平上。

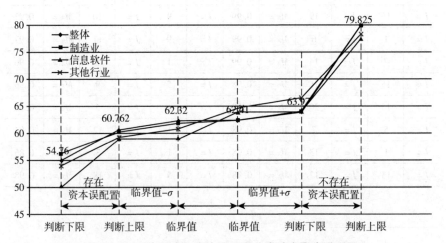

图 7 - 8　三个维度下资本误配置分类动态聚类谱系图

二、基于全要素生产率（TFP）监测方法的检验

为监测融资、资本运营和投资维度的资本误配置损失率的影响，借鉴福斯特等（2008）、赫赛尔和卡兰诺（2009）及布拉克（2014）等研究，构建 TFPQ 和 TFPR 的监测模型①并对上市公司资本误配置多维度监测进行模拟应用，检验监测区间的有效性。

（一）数据来源

选取 2004～2014 年沪、深两市的 A 股非金融行业上市公司为初始样本，并按如下标准进行筛选：（1）剔除了公司财务数据中存在较多缺失值的样本；（2）剔除会计数据、股价变化百分比异常及公司资产价值无变动的公司；（3）剔除上市不满一年和盈利能力波动较大公司。此外，对所有的连续变量在上下 1% 分位数上进行了缩尾处理。最后，获得了 646 家企业上市公司 11 年共 7096 个观测点（见表 7-10）②。

表 7-10　　　　　　　　　　各行业样本观测数

行业	流通业	石油化工	电子行业	医药医疗	机械机电	采矿业	综合类
观测点	788	1203	856	985	1321	627	1316

（二）实证分析

1. 各行业 $LnTFPRs$、$LnTFPs$ 和 $\bar{\tau}$（资本租金扭曲）。表 7-11 是利用公式 7.16、7.17 和 7.18，计算各行业生产率和资本租金（capital rental）扭曲的界面数据。由表 7-11 可知，各行业之间，$LnTFPRs$、$LnTFPs$ 和 $\bar{\tau}$③ 差异值较大，$LnTFPRs$ 和 $LnTFPs$ 最小的是医药医疗行业，最大的是综合类行业。$\bar{\tau}(st.\,dev)$ 大的原因是每个行业都存在着融资约束（$\gamma_{si}>0$）和无融资约束（$\gamma_{si}<0$）的上市公司。

图 7-9 是 $LnTFPs$ 和 $LnTFPRs$ 的散点图。由该图可知，两者之间存在着正相关。$Pearson$ 相关系数为 0.759（p 值为 0.048），存在着显著性正相关，但两者与 $\bar{\tau}$ 不存在显著相关性。

---

① 详见公式 7.9～7.18。

② 本部分实证研究是 2016 年完成的。

③ $\tau_{si}=\dfrac{\gamma_{si}}{(1-\lambda_{si})(1-\theta_{si})}$，$\bar{\tau}=\dfrac{\sum\limits_{i=1}^{n}\tau_{si}}{n}$（详见第五章）。

表 7 - 11 各行业生产率和资本租金扭曲

	LnTFPRs	LnTFPs	$\bar{\tau}$	$\bar{\tau}$ (st. dev)
流通业	2.136	1.557	6.41	5.37
石油化工	1.451	1.976	7.12	5.72
电子行业	1.797	1.633	6.85	6.11
医药医疗	0.674	0.495	1.73	3.44
机械机电	1.463	1.067	2.37	3.01
采矿业	2.067	1.883	3.76	3.04
综合类	2.131	2.915	7.41	5.34

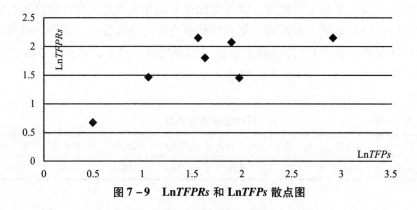

图 7 - 9 **Ln*TFPRs* 和 Ln*TFPs* 散点图**

2. TFPRS 的反事实的实验（Counterfactual experiment）

（1）融资约束条件下 Ln*TFPRs*、Ln*TFPs* 和 $\bar{\tau}$。由表 7 - 11 可知，每个行业存在着融资约束（$\gamma_{si} > 0$）和无融资约束（$\gamma_{si} < 0$）的上市公司。表 7 - 12 是融资约束和无融资约束企业的 Ln*TFPRs*、Ln*TFPs* 和 $\bar{\tau}$。由该表可知，无融资约束样本的 Ln*TFPRs* 和 Ln*TFPs* 高于融资约束样本，$\bar{\tau}$ 低于融资约束样本值。说明融资约束公司资本租金扭曲程度大于无融资约束的上市公司。

表 7 - 12 融资约束条件下各行业生产率和资本租金扭曲

	无融资约束（$\gamma_{si} < 0$）					融资约束（$\gamma_{si} > 0$）				
	LnTFPRs	LnTFPs	$\bar{\tau}$	$\bar{\tau}$(st. d)	n	LnTFPRs	LnTFPs	$\bar{\tau}$	$\bar{\tau}$(st. d)	n
流通业	2.483	1.936	5.76	2.28	37	1.791	1.332	6.93	4.98	35
石油化工	1.728	2.132	5.87	3.31	64	1.106	1.976	7.12	5.72	46
电子行业	1.887	1.686	5.73	3.69	19	1.443	1.570	6.15	5.37	29

	无融资约束($\gamma_{si}<0$)					融资约束($\gamma_{si}>0$)				
	LnTFPRs	LnTFPs	$\bar{\tau}$	$\bar{\tau}(st.d)$	n	LnTFPRs	LnTFPs	$\bar{\tau}$	$\bar{\tau}(st.d)$	n
医药医疗	1.152	0.773	1.32	0.877	61	1.839	1.352	2.18	2.93	29
机械机电	1.641	1.115	2.03	1.63	66	1.112	0.894	2.86	3.46	54
采矿业	2.224	2.034	3.15	2.85	29	1.731	1.241	4.15	2.99	28
综合类	2.774	3.132	6.28	4.25	73	2.055	2.449	7.66	6.20	47

（2）反事实的实验（Counterfactual experiment）。为研究融资约束公司的财务信用级别[1]和财务流动性[2]变动对 TFPR 的影响，借鉴布拉克（2014）等研究，进行了三种反事实的实验。TFPR（%）损失是用公式7.16计算；财务信用计算公式为 $Log(Net\ Worth)*Log(Credit\ Rating)$；每一个企业的资本/劳动比率的选择是 $\overline{\gamma}_{si}=\tau_{si}(1-\theta_{si})$，不是 $\gamma_{si}=\tau_{si}(1-\theta_{si})(1-\lambda_{si})$。

反事实的实验1：上市公司财务信用级别降低到设定的最低水平。由表7-13可知，各行业假设的 $\overline{TFPR}$ 下，除石油化工业外，损失 TFPR 值都较高。因财务信用级别包含着企业未来预期收益，财务信用级别变动对 TFPR 的影响大，并且每个上市公司的财务信用级别影响行业的 TFPR。

表7-13　　　　财务信用级别降低到设定最低水平时，行业 TFPR 的变化情况

	假设 $\overline{TFPR}$	$TFPR(s.d)$	改变 TFPR（%）	损失 TFPR（%）	n
流通业	18.69	11.027	21.44	19.66	35
石油化工	15.76	12.24	-8.35	-6.44	46
电子行业	7.165	2.871	63.57	33.19	29
医药医疗	5.882	3.042	78.21	55.63	29
机械机电	12.94	8.833	83.55	58.66	54
采矿业	14.65	6.778	66.85	33.72	28
综合类	20.25	15.56	88.55	51.32	47

反事实的实验2：上市公司财务流动性降低到设定的最低水平。由表7-14可知，各行业假设的 $\overline{TFPR}$ 下，除石油化工业外，损失 TFPR 值都较

---

[1]　本研究中财务信用级别包含着企业未来预期收益（即投资预期），详见第五章内容。

[2]　财务流动性包含着融资和资本运营信息。

高，但低于表 7 - 13 中的损失值。因财务流动性包含着融资和资本运营信息，财务流动性变动对 *TFPR* 的影响大，并且每个上市公司的财务流动性影响行业的 *TFPR*，但影响度小于财务信用级别①。

表 7 - 14　　　　　财务流动性降低到设定最低水平时，行业 *TFPR* 的变化情况

	假设$\overline{TFPR}$	$\overline{TFPR}(s.d)$	改变 TFPR（%）	损失 TFPR（%）	n
流通业	17.32	9.433	19.87	14.22	35
石油化工	14.88	10.11	-5.31	-3.76	46
电子行业	6.858	2.126	50.33	27.25	29
医药医疗	5.355	2.759	65.56	42.25	29
机械机电	12.26	7.735	65.62	45.75	54
采矿业	13.64	5.992	61.25	31.06	28
综合类	18.96	13.62	76.65	44.86	47

反事实的实验 3：上市公司财务信用级别和流动性降低到设定的最低水平。由表 7 - 15 是财务信用级别和流动性降低到设定最低水平时，行业 *TFPR* 的变化情况。由表 7 - 15 可知，各行业$\overline{TFPR}$值假设下，损失 *TFPR* 值高于表 7 - 13 和表 7 - 14 中损失值。说明上市公司财务信用级别和财务流动性的同时变动对 *TFPR* 的影响更大，不能忽略两者的变动对 *TFPR* 的影响，同时，通过 *TFPR* 变动和临界值，可以监测上市公司资本误配置状况。

表 7 - 15　财务信用级别和流动性降低到设定最低水平时，行业 *TFPR* 的变化情况

	假设$\overline{TFPR}$	$\overline{TFPR}(s.d)$	改变 TFPR（%）	损失 TFPR（%）	n
流通业	17.04	10.54	23.75	22.83	35
石油化工	14.45	10.63	-3.073	-1.642	46
电子行业	6.662	2.115	76.05	45.35	29
医药医疗	5.155	2.755	77.55	43.68	29
机械机电	12.02	7.887	88.91	61.65	54
采矿业	13.35	7.285	70.74	36.86	28
综合类	18.68	13.72	66.97	48.77	47

---

①　第五章的财务信用级别计算中不仅包含着资本运营信息，还包含着投资预期值。

3. 构建上市公司资本误配置监测区域

通过反事实的实验中可知，通过 *TFPR* 变动和临界值，可以监测上市公司资本误配置状况。为构建基于 *TFPR* 的上市公司资本误配置监测值和区域，研究步骤如下：

（1）编制 *TFPR* 的敏感性数据。选取上市公司财务信用级别和流动性指标，通过两个指标的变动，编制 *TFPR* 的数据表（见表 7 – 16）①。由表 7 – 16 可知，财务信用级别和流动性增加有助于 *TFPR* 值增加。

表 7 – 16　　　　　　　机械行业财务信用级别和流动性下 *TFPR* 值

信用 流动性	0.45	0.50	0.55	0.60	0.65	0.70	0.75	0.80
0.45	1.75	2.26	3.64	4.11	4.59	5.26	6.03	6.91
0.50	2.82	2.43	3.85	4.34	4.87	5.52	6.44	7.41
0.55	3.68	3.92	4.91	5.73	6.15	6.41	7.85	8.06
0.60	4.14	4.81	5.35	6.54	7.07	7.77	8.43	8.98
0.65	4.83	5.57	6.72	7.04	7.76	8.02	9.43	9.77
0.70	5.64	6.12	6.95	7.72	8.02	8.65	9.62	10.16
0.75	6.21	6.83	7.76	8.13	8.80	9.13	10.06	10.77
0.80	6.85	7.38	8.14	8.76	9.23	9.67	10.34	11.28

（2）构建基于 *TFPR* 的上市公司资本误配置监测值和区域。基于机械行业的财务信用级别和财务流动性视角下的 *TFPR* 值描述统计，确定监测区域和临界值②。表 7 – 17 是机械行业财务流动性不同水平下 *TFPR* 监测区间和临界值。由表 7 – 17 可知，财务信用级别和流动性增加有助于 *TFPR* 值增加，但监测区间和临界值要求也很高。

表 7 – 18 是机械行业财务信用不同水平下 *TFPR* 监测区间和临界值。由该表可知，财务信用级别和流动性增加有助于 *TFPR* 值增加，但监测区间和临界值要求也很高。流动性相对稳定时，财务信用变动对监测区间和临界值要求更高。

---

① 财务信用级别和流动性数据区间是根据描述统计数据设定的。

② *TFPR*＊是借鉴样本描述统计，资本误配置接近于 0 时，财务信用级别和财务流动性来确定。

表 7 –17　　机械行业财务流动性不同水平下 *TFPR* 监测区间和临界值

流动性 \\ 信用	$TFPR^* - \left(\dfrac{\delta}{2}\right)$	0.60	$TFPR^*$	$TFPR^* + \left(\dfrac{\delta}{2}\right)$	监测区间和临界值
0.45	4.085	4.11	4.925	5.765	[4.085, 5.765]
0.50	4.355	4.34	5.195	6.035	[4.355, 6.04]
0.55	5.44	5.73	6.28	7.12	[5.44, 7.12]
0.60	6.58	6.54	7.42	8.26	[6.58, 8.26]
0.65	7.05	7.04	7.89	8.73	[7.05, 8.73]
0.70	7.495	7.72	8.335	9.175	[7.49, 9.17]
0.75	8.125	8.13	8.965	9.805	[8.15, 9.80]
0.80	8.61	8.76	9.45	10.29	[8.61, 10.29]

表 7 –18　　机械行业财务信用不同水平下 *TFPR* 监测区间和临界值

信用 \\ 流动性	$TFPR^* - (\delta/2)$	0.65	$TFPR^*$	$TFPR^* + (\delta/2)$	监测区间和临界值
0.45	4.41	4.83	5.235	6.06	[4.41, 6.06]
0.50	5.02	5.57	5.845	6.67	[5.02, 6.67]
0.55	6.01	6.72	6.835	7.66	[6.01, 7.66]
0.60	6.555	7.04	7.38	8.205	[6.55, 8.21]
0.65	7.065	7.76	7.89	8.715	[7.07, 8.71]
0.70	7.51	8.02	8.335	9.16	[7.51, 9.16]
0.75	8.7	9.43	9.525	10.35	[8.70, 10.35]
0.80	9.14	9.77	9.965	10.79	[9.14, 10.79]

第四节　本章小结

　　构建上市公司资本误配置多维度监测体系的关键是科学合理地确定资本误配置判断区间、监测辨识参数、一级和二级权重、指标选取、临界值区域等。本章利用熵权的多层次模糊综合评价方法和全要素生产率（TFPR）指标，构建了上市公司资本误配置多维度监测体系和全要素生产率监测方法。实证结果如下：

　　（1）利用熵权模糊综合评价法，以 A_{t-1}（融资）、B_t（资本运营）和

C_I（投资）维度构建的上市公司资本误配置多维度监测体系的总预判率为84.4%。虽然得出了较高的预判率，但样本的分类、财务指标的科学性、模糊综合评价的合理性等还应进一步探讨和模拟检验。

（2）基于全要素生产率（TFPR）指标的监测方法研究中发现，融资约束公司的财务信用级别和流动性变动对 TFPR 的影响是显著的，可以用 TFPR 值确定资本误配置监测区间和临界值。因为本研究中财务信用级别包含着企业未来预期收益（即投资预期）的信息，财务流动性包含着融资和资本运营信息。

本章的研究还存在着很多不足之处：一是上市公司资本误配置多维度监测体系构建中，权重和指标选取问题需进一步规范；二是全要素生产率（TFPR）指标的监测方法研究中，未能考虑上市公司财务信用级别和财务流动性的动态影响问题。

本章附录

附录 7.1

制造业上市公司多维度监测体系权重（2001～2015 年）

年份	2001	2002	2003	2004	2005	2006	2007	2008	2009	2010	2011	2012	2013	2014	2015
资产负债率	3.87	3.06	2.26	1.92	1.97	2.19	1.83	2.32	2.27	2.06	1.97	2.46	0.95	0.84	1.01
利率水平	1.34	1.62	2.19	2.06	2.56	2.68	2.43	2.99	2.66	2.69	2.69	2.76	2.70	2.71	2.72
货币政策	2.32	2.18	2.00	2.73	2.44	2.11	2.86	2.66	2.52	2.54	2.64	2.59	2.57	2.59	2.60
融资成本	0.91	0.63	0.56	0.48	0.46	0.44	0.45	0.43	0.52	0.71	0.51	0.54	0.73	0.67	0.80
债务结构	15.46	13.80	12.94	13.80	13.20	12.09	14.99	14.46	13.80	14.25	14.00	14.00	13.66	14.11	14.22
FC	26.44	24.31	26.96	29.88	30.22	30.94	28.90	28.94	29.19	30.31	27.75	28.95	29.29	29.73	29.09
EFD	20.27	32.09	31.38	28.58	28.15	27.00	28.46	30.14	27.57	29.09	29.89	32.37	32.67	29.67	28.59
财务流动性	6.67	3.34	3.26	2.96	3.26	2.90	2.84	2.99	2.82	2.83	2.83	0.77	0.47	3.00	3.34
ple	3.54	6.19	6.72	6.36	5.12	6.10	5.71	5.47	5.33	5.27	5.28	5.35	4.90	4.84	5.14
创新绩效	0.93	0.24	0.45	0.33	0.34	0.28	0.33	0.21	0.31	0.19	0.25	0.23	0.24	0.29	0.25
盈利能力	0.05	0.16	0.19	0.18	0.15	0.14	0.18	0.12	0.10	0.10	0.23	0.14	0.16	0.12	0.15
期限匹配能力	4.14	2.28	2.17	2.24	2.33	2.75	2.54	2.97	3.00	2.57	2.56	2.38	2.36	2.79	2.76
调整资本成本	0.98	0.47	0.45	0.41	0.40	0.39	0.42	0.38	0.38	0.40	0.38	0.53	0.54	0.59	0.64
Ln总资产 Kit	1.68	0.63	0.80	0.72	0.39	0.38	0.25	0.35	0.45	0.40	0.44	0.41	0.48	0.50	0.40
宏观经济周期	2.40	2.23	2.73	2.56	2.33	2.73	2.89	1.90	2.46	2.49	2.43	2.32	2.43	2.42	2.40

年份	2001	2002	2003	2004	2005	2006	2007	2008	2009	2010	2011	2012	2013	2014	2015
外部融资	3.88	1.97	0.34	0.39	2.28	2.15	0.43	0.22	2.61	0.25	2.01	0.25	1.83	0.25	1.95
净现金流	0.08	0.61	0.09	0.20	0.25	0.35	0.33	0.05	0.18	0.27	0.25	0.10	0.27	1.18	0.23
Ln（固定资产投资）	1.48	0.80	0.38	0.30	0.30	0.27	0.20	0.25	0.36	0.20	0.30	0.35	0.38	0.40	0.41
行业前景	3.20	2.98	3.37	3.17	3.14	3.45	3.26	2.45	3.07	3.06	2.96	2.88	2.99	2.97	2.95
投资绩效	0.11	0.17	0.57	0.52	0.51	0.50	0.52	0.47	0.22	0.14	0.46	0.46	0.20	0.18	0.15
非效率投资	0.24	0.25	0.20	0.20	0.20	0.16	0.18	0.21	0.17	0.17	0.15	0.15	0.18	0.14	0.21

注：（1）*** 为显著性1%，** 为显著性5%，* 为显著性10%；（2）括号为 T 值；（3）EFD（3）为企业外部融资依赖程度高，EFD（2）为企业外部融资依赖程度一般，EFD（1）为企业外部融资依赖程度低。

附录7.2

基于模糊综合评价分析的量大样本组的三个维度描述统计

分类	年份 指标	1995 均值	最大	最小	1996 均值	最大	最小	1997 均值	最大	最小	1998 均值	最大	最小	1999 均值	最大	最小	2000 均值	最大	最小	2001 均值	最大	最小
不存在	融资	24.5	42.25	12.77	40.5	42.85	38.45	26.8	45.00	12.11	27.3	45.00	9.73	26.6	45.00	7.84	27.2	45.00	6.62	28.4	45.00	11.20
	资本运营	11.7	27.67	3.77	14.0	18.68	9.91	9.58	20.11	2.48	8.49	37.82	2.62	13.1	45.00	2.98	8.61	45.00	3.60	5.64	21.53	2.22
	投资	8.04	9.22	6.70	7.99	8.90	7.10	9.46	14.36	6.76	10.3	14.11	6.38	8.99	14.39	7.11	8.44	11.65	6.91	9.37	16.62	6.97
资本误配置	融资	28.2	45.00	12.81	20.6	44.70	4.04	29.0	45.00	10.95	25.4	44.28	5.87	20.3	45.00	9.51	24.4	45.00	5.90	25.3	43.18	11.60
	资本运营	8.02	21.13	2.97	11.7	45.00	1.95	11.5	45.00	2.23	7.70	21.41	1.46	11.9	45.00	2.80	8.64	22.73	2.31	5.67	8.97	1.31
	投资	8.78	11.14	7.59	9.07	11.84	6.87	9.27	11.41	7.24	9.52	17.65	7.25	8.48	10.31	7.13	8.60	12.66	6.79	9.08	12.03	7.54

分类	年份 指标	2002 均值	最大	最小	2003 均值	最大	最小	2004 均值	最大	最小	2005 均值	最大	最小	2006 均值	最大	最小	2007 均值	最大	最小	2008 均值	最大	最小
不存在	融资	28.8	43.64	9.94	23.6	43.70	3.94	27.2	45.00	9.79	21.4	45.00	6.72	31.8	45.00	5.60	28.2	45.00	8.80	24.5	45.00	9.06
	资本运营	7.38	24.20	2.42	10.9	24.27	1.21	9.88	45.00	-0.18	9.14	45.00	1.00	10.4	45.00	1.02	9.28	45.00	0.42	10.1	45.00	-0.80
	投资	8.60	12.45	6.57	9.29	16.42	7.16	9.81	20.00	6.80	8.85	11.67	7.09	9.12	15.41	6.95	9.07	14.52	6.69	9.06	17.04	6.69
资本误配置	融资	20.7	45.00	7.36	22.9	45.00	4.14	25.2	45.00	10.67	29.3	45.00	10.82	26.5	45.00	5.74	30.3	45.00	7.27	25.1	45.00	4.91
	资本运营	11.3	38.99	2.11	10.9	45.00	3.10	7.53	45.00	2.12	9.83	45.00	0.12	10.3	45.00	1.23	8.39	35.35	1.72	7.92	30.70	-0.33
	投资	9.16	12.06	6.42	8.96	12.20	7.20	9.20	13.46	6.69	10.4	20.00	7.66	10.2	20.00	7.19	8.82	14.95	6.83	9.18	15.77	6.52

分类	指标	2009			2010			2011			2012			2013			2014			2015		
年份		均值	最大	最小	均值	最大	最小	均值	最大	最小	均值	最大	最小	均值	最大	最小	均值	最大	最小	均值	最大	最小
不存在	融资	26.0	45.00	5.52	26.1	45.00	5.76	25.2	45.00	4.60	22.8	45.00	4.39	25.8	45.00	4.91	26.0	45.00	3.80	25.8	45.00	7.29
	资本运营	8.60	27.71	0.57	8.44	45.00	2.14	8.36	27.72	1.33	9.59	45.00	0.86	9.40	45.00	0.84	9.48	45.00	0.17	8.86	45.00	1.04
	投资	8.93	12.80	6.42	9.03	18.19	6.26	8.74	14.14	6.06	8.35	12.64	5.58	8.89	13.88	6.46	9.19	19.84	6.42	9.24	15.34	7.18
资本配置误置	融资	26.0	45.00	7.84	21.2	44.32	8.01	23.4	45.00	5.21	24.0	45.00	5.69	26.2	45.00	6.56	25.1	45.00	7.69	23.3	45.00	4.17
	资本运营	7.14	45.00	0.86	9.71	45.00	0.89	10.2	45.00	0.02	9.59	36.34	2.14	7.34	26.98	1.35	9.36	45.00	2.28	6.42	17.04	1.17
	投资	9.51	20.00	7.62	9.11	16.04	6.96	8.78	19.65	6.15	9.01	11.56	6.43	8.98	16.82	6.42	9.04	13.55	7.27	8.82	12.56	6.95

第八章 结　论

本研究以提升上市公司资本配置为目标，从"融资、资本运营和投资"视角，以理论论证、上市公司相关资料汇总、模型构建、实证分析等研究范式，围绕上市公司资本误配置形成机理、度量、影响因素和多维度关联性分析及监测体系研究等问题，按照立足于理论分析和实证结果、着眼于实践运行、加强模型验证、借鉴国外先进经验的基本要求，对上市公司资本误配置多维度监测机制的理论与实践进行了深入、系统的研究。本章将对全书进行一个总结。具体的结构安排如下：第一节是对本书主要研究结论的总结；第二节是上市公司资本误配置监测体系制度安排；第三节是对本书的局限性分析，并指出需要进一步研究的问题。

第一节　主要研究结论

本研究基于我国上市公司资本误配置特征事实，从"融资、资本运营和投资"维度，实证研究资本误配置形成机理、影响因素和特征，科学合理地确定多维度指标体系和关联性，系统构建上市公司资本误配置多维度监测体系和指数。本研究总体框架由四部分构成：（1）上市公司资本配置总体状况、误配置现状和形成机理实证研究。（2）上市公司资本误配置多维度监测理论与方法研究。（3）"融资、资本运营和投资"维度指标体系和关联性研究。（4）资本误配置多维度监测体系稳健性和合理性研究。综合前面各章的研究，主要结论如下：

一、上市公司资本误配置类型和动态特征研究结论

1. 非效率投资视角下资本误配置类型和动态特征中发现：（1）财务结构中，除资本存量率以外，都与非效率投资显著相关。（2）非流动负债率与非效率投资当期、前一期与滞后一期显著性正相关，但权益比率与非

效率投资（除前一期）相关系数的显著性一般。说明上市公司投资主要来源是非流动负债。（3）财务结构变动与非效率投资相关性中，除流动负债率外，其他都不显著，资本存量率的交叉相关系数存在负显著。说明流动负债率和资本存量率变动也影响着非效率投资。（4）非效率投资视角下融资模式、财务结构变动中存在着误配置现象。误配置类型主要有债务结构型、债务期限结构型、权益融资型和留存分配型。

2. 资本结构视角下资本误配置类型和动态特征中发现：（1）七大行业偏离临界值的企业观测数特别多，除机械行业的临界值以内企业数为1631家（38.83%），观测数中偏离度最少外，60%以上的企业存在偏离目标资本结构现象。（2）上市公司资本结构改变不仅意味着融资方式的改变，可能更多考虑股东利益最大化和公司价值的提升。但众多研究发现，我国上市公司的资本结构对股东利益与公司价值不一定有显著正影响。

3. 资本运营视角下资本误配置类型和特征中发现：（1）盈利能力的短期性和过多的资本支出是引起资本误配置的关键，约占40%。（2）因未能遵循期限匹配原则，偿付压力不断增加是引起资本误配置的主要原因，约占27%。（3）因对预期过于乐观或资本成本不断增加，引起预期期望值高于实际值是引起资本误配置的主要原因，约占18%。

二、上市公司资本误配置形成机理实证研究结论

1. 融资决策、动态投资与对企业资产研究中发现：（1）国有企业盈利能力过于依赖于投资，但非国有企业的经营现金流和长期股权投资变动值不存在显著性相关并变动幅度小于国有企业。（2）金融危机后，经营环境的恶化导致我国国有上市公司通过短期债务弥补营运资本的缺口，但非国有企业的资产、流动负债、长期负债和权益变动幅度明显小于国有企业。（3）国有企业的最优目标值均大于非国有企业，说明国有与非国有企业相比，经营环境好、企业资产规模大并盈利能力强，易获得银行借款和股权融资。（4）国有企业的资产价值没有达到最优目标值的百分比远远高于非国有企业，说明非国有企业融资与投资决策优于国有企业，资产质量好于国有企业，这有待从营运资本成本的角度思考。

2. 企业增长与盈利能力动态相互影响研究中发现：（1）当期的权益和总资产增加，会引起企业增长和盈利能力的增加。（2）盈利能力面板单位根检验结果，滞后一阶显著正相关，但滞后二阶和三阶显著负相关，这与众多国外研究相一致。（3）企业增长有助于企业盈利能力的提高。（4）企业前期的增长不利于本期的增长，同时盈利能力不一定影响企业增长。

（5）如果权益和总资产是提高企业增长和盈利能力的主要影响因素，该问题有待投资效率和营运资本角度思考。

3. 上市公司债务期限结构动态特征及影响因素研究中发现：（1）国有企业的债务期限结构明显高于非国有企业，表明国有企业的融资环境好于非国有企业。（2）资产规模大并盈利能力较好的企业资产负债率高，权益比重大的企业资产负债率低。（3）长期债务比率和资产负债率与经济预期、货币政策、金融限制与税率变动有关。（4）金融危机后，经营环境的恶化导致我国众多上市公司通过短期债务弥补营运资本的缺口。（5）我国上市公司的应付账款主要靠长期负债来解决，这有待从营运资本成本的角度思考。

三、上市公司资本误配置影响因素研究结论

1. 融资结构与公司的投资水平具有显著的正相关，但与投资变动值的序列相关性结果中发现，国有上市公司的投资增量与流动负债的增加额相关程度最高，其次是权益的增加额对投资增量的影响，而非国有上市公司的投资增量却与权益的增加额相关性最高，与非流动负债的增加额相关程度最小，说明我国上市制造业公司存在非效率投资问题。

2. 我国上市制造业公司整体存在投资不足的现象。国有上市公司非效率投资行为更多地表现为过度投资，而非国有上市公司的投资不足程度远远高于国有上市公司。

3. 我国上市制造业公司不同的融资来源结构对非效率投资行为均产生了一定程度的影响。研究发现，短期负债可以抑制上市公司的非效率投资行为，而非流动负债对于非效率投资的约束力相对较弱。同时，股权融资、自由现金流量以及资本存量系数显著为负，说明过度的股权融资和资本存量容易导致投资过度的行为。

4. 不同行业资本误配置（$KLDistort_{it}$）描述统计中发现，1995～2015年18个行业的均值、中位数和四分位50%的资本误配置数大于0，说明一半以上企业存在资本误配置情况。

5. 影响上市公司资本误配置的主要因素是企业财务流动性和财务信用评级。实证分析中发现，虽不同外部融资依赖程度下，回归系数显著性有所差异，但回归系数显著为负和正。

6. 劳动密集型企业一般创新能力差，易引起资本误配置。实证分析中发现，创新能力强的企业一般具有更强的盈利能力、更好的财务流动性和信用级别，可以降低企业资本误配置。

7. 还有国内众多研究发现，我国资产规模大并盈利能力强的上市公司易获得银行借款和股权融资，但违背资产匹配原则。

四、上市公司资本误配置多维度影响因素及关联性研究结论

1. 公共因子维度探寻分析中发现，主因子 F_1 中，资产负债率、利率水平、货币政策、债务结构比率、外部融资依赖程度（FED）、融资约束的贡献值和频数最高，这些指标符合融资维度的影响因素，F_1 称之为融资维度因子。但文献中的外部融资依赖程度（FED）属于 F_4（待定）的比重也较高。主因子 F_2 主要有财务流动性、财务信用评级、创新绩效、期限匹配能力、盈利增长能力、Ln（调整资本成本）和 Ln（总资产）所决定，F_2 称之为资本运营维度因子。但文献中的期限匹配能力属于 F_4 的比重也较高。主因子 F_3 中，宏观经济周期、外部融资、Ln（净现金流）、Ln（固定资产投资）、行业前景、投资绩效和非效率投资贡献最多，F_3 称之为投资维度因子，但投资绩效属于 F_4 的比重也较高。

2. 四个维度和 KLD 灰色关联度分析中发现，虽不同行业关联序中 F_1、F_2 和 F_3 的关联系数稍有差异，但融资维度（F_1）、资本运营维度（F_2）和投资维度（F_3）与资本误配置率（KLD）关联性最强，可以忽略 F_4。

3. 进一步检验四个维度对资本误配置率的影响的分析中，在截面回归和固定效应结果中可知，F_1、F_2 和 F_3 的系数显著为正负，但 F_4 系数不显著。说明可以构建基于"融资（F_1）、资本运营（F_2）和投资（F_3）"维度的资本误配置率监测体系。

五、上市公司资本误配置多维度监测体系构建研究结论

1. 利用熵权模糊综合评价法，以 A_{t-1}（融资）、B_t（资本运营）和 C_t（投资）维度构建的上市公司资本误配置多维度监测体系的总预判率为 84.4%。虽然得出了较高的预判率，但样本的分类、财务指标的科学性、模糊综合评价的合理性等还应进一步探讨和模拟检验。

2. 基于全要素生产率（TFPR）指标的监测方法研究中发现，融资约束公司的财务信用级别和流动性变动对 TFPR 的影响是显著的，可以用 TFPR 值确定资本误配置监测区间和临界值。因为本研究中财务信用级别包含着企业未来预期收益（即投资预期）的信息，财务流动性包含着融资和资本运营信息。

第二节　上市公司资本误配置监测体系制度安排

一、上市公司资本误配置监测体系制度设计原则

上市公司资本配置是融资、资本运营和投资环节的组合过程，它有不可逆、时间周期长、不确定性等特征。把这个组合过程当作一个项目时，其中很重要的一个过程就是对项目投入运行后保证项目平稳有序实施的制度保障。而制度保障首先要讨论的就是制度设计原则，它要求制度的制定、建立和完善必须依据原则来进行，本书设计的原则必须充分结合上市公司资本配置的内在要求和外在环境约束，上市公司资本误配置监测体系制度的设计要切实履行该原则。

（1）有效防范和控制风险的原则。有效防范和控制风险是实现经营效益的基础。因此，上市公司的管理制度必须与投资项目风险的特点相适应。同时，制度的设计要体现中国特色和符合中国国情，在制度允许的范围内，再结合上市公司内外经营环境等情况，选择性地借鉴国外先进的管理模式，创造出属于自己的制度。有效防范和控制风险的原则还包括其他的一些内容，主要有：一方面管理制度的设计应不留漏洞和行之有效，另一方面设计的制度不能太烦琐，这样容易增加投资项目风险管理的成本，最终达不到预期的效果。

（2）注重效率的原则。"效率"是指在确定的资本投入和技术支持的情况下，对经济资源进行了最大程度的利用。所以，效率就是尽量节约成本，有效利用有限的资源达到最好的效果。对于上市公司投资项目风险管理来说，只有不断提高投资项目评审质量，才能有效防范融资和资本运营风险，但对投资项目的管理也不能过度集中，要尽量优化各审批流程，提高投融资效率。效率在贷款绩效管理中还表现在资金分配的时效性和合理性，只有通过设计科学合理的资本配置管理制度，上市公司才能够有效地分配资金，拓宽资金的投资渠道，最终获得最大收益。

（3）贯彻责权利统一的原则。上市公司如果没有很好地控制风险，必定会带来惨痛的损失，有损失就必须有人来承担责任，而责任是权力运用的结果。所以，上市公司的治理结构不够完善的背景下，只有通过加强管理者的监督与激励、优化股权结构、健全信息披露机制、强化证券监管机构的监督、积极发挥负债的治理作用，上市公司资本误配置监测体系制度

的制定必须依据权责对等的原则进行，最大限度地减少风险发生的可能性，最终达到责权利对等。

二、上市公司资本误配置监测系统建设

上市公司资本配置效率水平高低的重要标志是上市公司资本误配置监测体系是否健全。对于我国的上市公司资本误配置监测体系而言，资本配置效率管理系统由以下四大部分构成，它们分别是：宏观信息系统、资本误配置监测系统、资本配置风险预警系统和资产管理绩效评价系统。

（1）宏观信息系统。主要是通过搜集及积累相关的资料和政策动向，主要包括经济政策信息、各个行业的发展状况及市场情况等，这主要是为了保证上市公司在融资、资本运营和投资方面的主动性，防止由于掌握信息不全面而导致做出决策的盲目性和被动性。

（2）资本误配置监测系统。该系统的主要功能就是实现融资、资本运营和投资环节的监测，提高资本配置效率以及投资决策的正确性。它是通过采用计量分析方法，构建贷款误配置监测指标，然后进行量化得出。它同时负责对项目权责的法律严密性以及有关文本的规范性起到把关的作用。

（3）资本配置风险预警系统。该系统主要通过两个方面产生效应，一方面是动态监控资本配置过程，另一方面是预测资本配置风险，从而能保证风险监控的时效性。

（4）资产管理绩效评价。上市公司资产管理绩效的评价结果不但涉及资产管理机构而且也会涉及管理者和投资者的切身利益，所以选择什么样评价标准就显得十分重要。该系统主要包括两个方面，一个是上市公司内部进行绩效评价，另一个是利益相关者对上市公司进行的外部评价。通过评价发现问题，找出差距，提高上市公司资本配置决策的科学性，防止盲目而产生的风险，从而为上市公司资本配置进行全面动态监管提供了可靠的保证。

第三节　研究的局限性和未来研究方向

一、研究的局限性

上市公司资本误配置研究是一个内涵丰富的研究课题，虽然本书的研

究在某些方面取得了一些进展，但仍有诸多不足之处，有不少问题需要进一步研究。我们在研究中发现主要有以下三个问题尚待解决：

（1）如何正确监测上市公司资本误配置。资本市场的各种不完美性会导致资本流动存在障碍、地区或产业间资本拥挤和稀缺，不能以边际产出相等原则进行，从而产生了资本误配置（capital misallocation），它包括企业内部和外部资本市场误配置。虽然众多研究提出了资本误配置度量方法，但整合"融资、资本运营和投资"维度的度量方法十分有限。本研究虽提出了资本误配置度量指标，但没能考虑动态影响。

（2）定量研究方法的局限性。资本误配置度量模型为量化方面提供了有力的定量工具，但是资本误配置监测临界值和区间研究中最大争议是如何确定资本结构、调整资本成本、上市公司财务信用评级、资本误配置参数等，如何确定反映上市公司资本误配置状况的参数是本研究的难点。

（3）如何构建上市公司资本误配置多维度监测体系问题。现有文献中从"融资、资本运营和投资"整体维度进行实证研究十分少见。为探究资本误配置判断区间、监测辨识参数指标计算、权重和临界值问题，利用熵权的多层次模糊综合评价方法和全要素生产率（TFP）指标监测方法等，实证研究了监测体系和指数，但仍存在着权重不规范、模型参数的不科学性、财务信用级别和财务流动性的动态影响等问题，缺少系统的分析。要在这方面取得进展还需要在理论、方法和数据等方面有较大的突破。

二、未来研究方向

本书对上市公司资本误配置多维度监测体系问题仅仅是初步的研究，今后随着我国证券市场的不断完善、投融资决策、公司治理和系统监测模型研究的不断深入，还须从聚合更多维度对上市公司资本误配置形成机理、影响因素和监测等问题进行更为深入的研究。

（1）上市公司资本误配置监测研究中目前还没有聚合"融资、资本运营和投资"多维度滞后性和累积效应指标体系，"融资、资本运营和投资"多维度进行实证研究十分匮乏。这为资本误配置形成环节监测和防范策略从理论研究过渡到现实应用带来一定的难度。

（2）信息类型和信息含量。信息类型包括很多方面，比如，公开信息与非公开信息、企业信息与宏观经济信息、会计信息与市场信息、有利信息与不利信息等。本研究中信息只分为财务信息与市场信息，来研究影响上市公司资本误配置的信息因素。好坏信息、经营者异质预期、经济社会政治等宏观信息等也影响着上市公司资本误配置，这也需要进一步的研究。

（3）系统监测模型的研究。本研究中，利用熵权的多层次模糊综合评价方法和全要素生产率指标监测方法等，探究了资本误配置判断区间、监测辨识参数指标计算、权重和临界值问题等，但仍存在着指标的合理性、一级和二级权重不规范、模型参数的科学性和指标的动态时滞性影响等问题，这需要更科学地模拟演绎、稳健性和有效性检验。

参 考 文 献

[1] 白俊、连立帅：《信贷资金配置差异：所有制歧视抑或禀赋差异?》，载《管理世界》，2012 年第 6 期，第 30 ~ 41 页。

[2] 陈永伟、胡伟民：《价格扭曲、要素错配和效率损失：理论和应用》，载《经济学季刊》，2011 年第 4 期，第 1401 ~ 1422 页。

[3] 程新生、谭有超、刘建梅：《非财务信息、外部融资与投资效率》，载《管理世界》，2012 年第 7 期，第 137 ~ 150 页。

[4] 崔学刚：《企业增长、盈利能力与价值创造——基于电信与计算机行业上市公司的实证证据》，载《当代财经》，2008 年第 8 期，第 125 ~ 129 页。

[5] 杜江：《企业成长与盈利能力：来自中国上市公司的证据》，载《四川大学学报（哲学社会科学版）》，2008 年第 1 期，第 73 ~ 79 页。

[6] 段云、国瑶：《政治关系、货币政策与债务结构研究》，载《南开管理评论》，2012 年第 5 期，第 84 ~ 94 页。

[7] 韩忠雪、周婷婷：《产品市场竞争、融资约束与公司现金持有：基于中国制造业上市公司的实证分析》，载《南开管理评论》，2011 年第 4 期，第 149 ~ 160 页。

[8] 郝颖、林朝南、刘星：《股权控制、投资规模与利益获取》，载《管理科学学报》，2010 年第 7 期，第 68 ~ 88 页。

[9] 何青、李皓鹏：《融资约束、现金持有量与企业投资时机选择》，载《南开经济研究》，2013 年第 3 期，第 67 ~ 82 页。

[10] 洪功翔：《国有企业存在双重效率损失吗》，载《经济理论与经济管理》，2010 年第 11 期，第 24 ~ 32 页。

[11] 简泽：《银行债券治理、管理者偏好与国有企业的绩效》，载《金融研究》，2013 年第 1 期，第 135 ~ 148 页。

[12] 姜付秀、屈耀辉、陆正飞、李焰：《产品市场竞争与资本结构

动态调整》，载《经济研究》，2008 年第 4 期，第 99 ~ 111 页。

[13] 靳庆鲁、孔祥、侯青川：《货币政策、民营投资效率与公司期权价值》，载《经济研究》，2012 年第 5 期，第 96 ~ 106 页。

[14] 靳庆鲁、李荣林、万华林：《经济增长、经济政策与公司业绩关系的实证研究》，载《经济研究》，2008 年第 8 期，第 90 ~ 101 页。

[15] 孔东民、代昀昊、李阳：《政策冲击、市场环境与国企生产效率：现状、趋势与发展》，载《管理世界》，2014 年第 8 期，第 4 ~ 17 页。

[16] 李汇东、唐跃军、左晶晶：《用自己的钱还是用别人的钱创新？——基于中国上市公司融资结构与公司创新研究》，载《金融研究》，2013 年 2 期，第 170 ~ 183 页。

[17] 李君平、徐龙炳：《资本市场错误定价、融资约束与公司投资》，载《财贸经济》，2015 年第 3 期，第 88 ~ 102 页。

[18] 李科、徐龙炳：《资本结构、行业竞争与外部治理环境》，载《经济研究》，2009 年第 6 期，第 116 ~ 128 页。

[19] 李楠、乔榛：《国有企业改制政策效果的实证分析——基于双重差分模型的估计》，载《数量经济技术经济研究》，2010 年第 2 期，第 3 ~ 22 页。

[20] 李青原、王建红：《货币政策、资产可抵押性、现金流与公司投资—来自中国制造业上市公司的经验证据》，载《金融研究》，2013 年第 6 期，第 31 ~ 45 页。

[21] 李延喜，曾伟强，马壮：《外部治理环境、产权性质与上市公司投资效率》，载《南开管理评论》，2015 年第 1 期，第 25 ~ 31 页。

[22] 李增福、顾燕、连玉君：《税率变动、破产成本与资本结构调整》，载《金融研究》，2012 年第 5 期，第 136 ~ 150 页。

[23] 刘瑞、彭媛、罗勇、周有德、陈收：《现金持有在企业投资支出中的平滑作用 - 给予融资约束的视角》，载《中国管理科学》，2015 年第 1 期，第 10 ~ 16 页。

[24] 刘瑞明、石磊：《国有企业的双重效率损失与经济增长》，载《经济研究》，2010 年第 1 期，第 127 ~ 137 页。

[25] 陆正飞、韩非池：《宏观经济政策如何影响公司现金持有的经济效应？——基于产品市场和资本市场两重角度的研究》，载《管理世界》，2013 年 6 期，第 43 ~ 60 页。

［26］ 马文超、胡思玥：《货币政策、信贷渠道与资本结构》，载《会计研究》，2012 年第 11 期，第 39 ~ 48 页。

［27］ 毛其淋：《要素市场扭曲与中国工业企业生产率——基于贸易自由化的分析》，载《金融研究》，2013 年第 2 期，第 157 ~ 169 页。

［28］ 庞明川：《中国的投资效率与过度投资问题研究》，载《财经问题研究》，2007 年第 7 期，第 46 ~ 53 页。

［29］ 钱雪松：《企业内部资本配置效率问题研究——基于融资歧视和内部人控制的一般均衡视角》，载《会计研究》，2013 年第 10 期，第 43 ~ 50 页。

［30］ 饶品贵、姜国华：《货币政策、信贷资源配置与企业业绩》，载《管理世界》，2013 年 3 期，第 12 ~ 22 页。

［31］ 邵军、刘志远：《公司治理与企业集团内部资本配置效率——基于我国集团控股公司的实证检验》，载《财经问题研究》，2014 年第 1 期，第 80 ~ 87 页。

［32］ 邵挺：《金融错配、所有制结构与资本回报率：来自 1999 ~ 2007 年我国工业企业的研究》，载《金融研究》，2010 年第 9 期，第 51 ~ 68 页。

［33］ 申香华：《银行风险识别、政府财政补贴与企业债务融资成本——基于沪深两市 2007 ~ 2012 年公司数据的实证检验》，载《财贸经济》，2014 年第 9 期，第 62 ~ 71 页。

［34］ 盛明泉、张敏、马黎珺、李昊：《国有产权、预算软约束与资本结构动态调整》，载《管理世界》，2012 年第 3 期，第 151 ~ 157 页。

［35］ 覃家琦、齐寅峰、李莉：《微观企业投资效率的度量：基于全要素生产率的理论分析》，载《经济评论》，2009 年第 2 期，第 133 ~ 141 页。

［36］ 王化成、李春玲、卢闯：《控股股东对上市公司现金股利政策影响的实证研究》，载《管理世界》，2007 年第 1 期，第 122 ~ 127 页。

［37］ 万良勇、廖明情、胡璟：《产融结合与企业融资约束——基于上市公司参股银行的实证研究》，载《南开管理评论》，2015 年第 2 期，第 64 ~ 72 页。

［38］ 王林辉、袁礼：《资本错配会诱发全要素生产率损失吗》，载《统计研究》，2014 年第 8 期，第 11 ~ 18 页。

[39] 王文、孙早、牛泽东：《产业政策、市场竞争与资源错配》，载《经济学家》，2014 年第 9 期，第 22～32 页。

[40] 徐明东、陈学彬：《中国工业企业投资的资本成本敏感性分析》，载《经济研究》，2012 年第 3 期，第 40～52 页。

[41] 许敏、冒乔玲、陆晓晔：《资本配置效率研究综述》，载《南京工业大学学报第（社会科学版）》，2009 年第 2 期，第 45～49 页。

[42] 肖作平：《公司治理影响债务期限水平吗？——来自中国上市公司的经验证据》，载《管理世界》，2008 年第 1 期，第 143～188 页。

[43] 肖作平：《行业类别和公司债务期限结构选择——来自中国上市公司的经验证据》，载《证券市场导报》，2009 年第 7 期，第 50～56 页。

[44] 嫣萍：《资本误配置的影响因素初探》，载《经济学季刊》，2012 年第 2 期，第 489～519 页。

[45] 杨林岩、赵驰：《企业成长理论综述——基于成长动因的观点》，载《软科学》，2010 年第 24 期，第 106～110 页。

[46] 余雪飞、宋清华：《"二元"信贷错配特征下的金融加速器效应研究——基于动态随机一般均衡模型的分析》，载《当代财经》，2013 年第 4 期，第 48～58 页。

[47] 战明华、王晓君、应诚炜：《利率控制、银行信贷配给行为变异与上市公司的融资约束》，载《经济学季刊》，2013 年第 4 期，第 1255～1276 页。

[48] 张福明、孟宪忠：《基于系统广义矩估计的中国制造业上市公司企业成长与盈利能力关系实证研究》，载《现代管理科学》，2011 年第 4 期，第 31～33 页。

[49] 张佩、马弘：《借贷约束与资源错配——来自中国的经验证据》，载《清华大学学报（自然科学版）》，2012 年第 9 期，第 1303～1308 页。

[50] 赵晨、章仁俊：《股权结构特征与企业成长关系研究》，载《统计与决策》，2010 年第 13 期，第 147～149 页。

[51] 郑祥风：《中国上市公司动态最有资本结构的理论模型》，载《中国管理科学》，2015 年第 3 期，第 47～55 页。

[52] 周伟贤：《投资过度还是投资不足——基于 A 股上市公司的经验证据》，载《中国工业经济》，2010 年第 9 期，第 151～160 页。

[53] 周煜皓、张盛勇：《金融错配、资产专用性与资本结构》，载《会计研究》，2014 年 8 月，第 75~80 页。

[54] 黄玖立、范皓然：《资源配置效率与地区比较优势》，载《经济学动态》，2016 年第 4 期，第 70~84 页。

[55] 岑维、童娜琼：《投资效率、公司治理与 CEO 变更》，载《投资研究》，2015 年第 7 期，第 46~64 页。

[56] 苏坤：《管理层股权激励、风险承担与资本配置效率》，载《管理科学》，2015 年第 5 期，第 14~25 页。

[57] 刘彬彬：《控股权性质、上市企业定向增发与资本配置效率研究》，载《商业经济与管理》，2015 年第 5 期，第 59~68 页。

[58] 聂名华、张鹏：《我国上市公司运营危机与生命周期分析》，载《商业经济与管理》，2014 年第 7 期，第 107~124 页。

[59] 张志强：《微观企业全要素生产率测度方法的比较与应用》，载《数量经济技术经济研究》，2015 年第 12 期，第 107~122 页。

[60] Akihko Nakano, Donghun Kim, "Dynamics of Growth and Profitability", *The Case of Japanese Manufacturing Firms. Global Economics Review*, 2011, 40 (1), 67–81.

[61] Allen, F., J. Qian, C. Zhang, and M, Zhao, "China's Financial System: Opportunities and Challenges", *working paper*, *University of Pennsylvania*, *Boston College and University of Alberta*, 2011.

[62] Almeid, H., M. Campello, and M. S. Weisbach, "The Cash Flow Sensitivity of Cash", *Journal of Finance*, 2004, 59 (4), 1777–1804.

[63] Almeida, H., Wolfenzon, D., "The effect of external finance on the equilibrium allocation of capital", *Journal of Financial Economics*, 2005, Vol. 75, 133–164.

[64] Antunes, A., Cavalcanti, T., Villamil, A., "The effect of financial repression and enforcement on entrepreneurship and economic development", *Journal of Monetary Economics*, 2008, 55 (2), 278–297.

[65] Aswath Damodaran 著，芮萌等译，《应用公司财务》，中国人民大学出版社，2012.

[66] Atanasova, C. V., & Wilson, N., "Disequilibrium in the UK corporate loan market", *Journal of Banking and Finance*, 2004, 28,

595 – 614.

[67] Bain. A. D, "The Economics the Financial System" [M], *Wiley – Blackwell*, 1992, 33 – 49.

[68] Baltagi, B. H. & Pesaran, M. H, "Heterogeneity and cross section dependence in panel data models: Theory and applications introduction", *Journal of Applied Econometrics*, 2007, 22, 229 – 232.

[69] Bany – Ariffin, A. N. , Mat, Nor F. & McGowan, C. B. , Jr, "Pyramidal structure, firm capital structure exploitation and ultimate owners dominance", *International Review of financial Analysis*, 2010, 19, 151 – 164.

[70] Bemanke, B. , Gertler, M. and S. Gilchrist, "The Financial Accelerator and the Flight to Quality", *Review of Economics and Statistics*, 1996, 78, 1 – 15.

[71] Bo, H. , Lensink, R. and Sterken E, "Uncertainty and Financing Constraints", *European Finance Review*, 2003, 7, 297 – 321.

[72] Bougheas, S. , Mizen, P. & Yalcin C. , "Access to external finance: Theory and evidence on the impact of monetary policy and firm-specific characteristics", *Journal of Banking and Finance*, 2006, 30, 199 – 227.

[73] Brandon N. Cline, Jacqueline L. Garner, Adam S. Yore, "Exploitation of the Internal Capital Market and the Avoidance of Outside Monitoring", *Journal of Corporate Finance*, 2013, 10, 1016 – 1044.

[74] Burak R. Uras, "Corporate financial structure, misallocation and total factor Productivity", *Journal of Banking & Finance*, 2014, 39, 177 – 191.

[75] Čepin M, Volkanovski A. , "Consideration of ageing within probabilistic safety assessment models and results", *Kerntechnik*, 2009, 74, 140 – 159.

[76] Chen, J. , & Strange R, "The determinants of capital structure: Evidence from Chinese listed firms", *Economic Change and Restructuring*, 2005, 38, 11 – 35.

[77] Clear. Y. , "Sean1 The Relationship between Firm Investment and

Financial Status", *Journal of Finance*, 1999, 54 (2), 673 – 692.

[78] Coad, A. , "Testing the principle of 'growth of the fitter': the relationship between profits and firm growth", *Structural Change and Economic Dynamics*, 2007. 18, 370 – 386.

[79] Cooper, R. , J. Haltiwanger, "On the Nature of Capital Adjustment Costs", *Review of Economics Studies*, 2006, 73 (3), 611 – 633.

[80] Dang, V. A. , Garrett, I. , & Nguyen, C. , "Asymmetric partial adjustment toward target leverage: International evidence", *FMA annual meetings*, *working paper: University of Manchester*, 2011.

[81] David C. Mauer and Alexander J. , "Triantis, Interactions of Corporate Financing and Investment Decisions: A Dynamic Framework", *The Journal of finance*, 1994, 49, 1253 – 1277.

[82] Davidsson, P. , Steffens, P. , Fitzsimmons, J. , "Growing profitable or growing from profits: putting the horse in front of the cart?", *Journal of Business Venturing*, 2009, 24, 388 – 406.

[83] Demirguc. Kunt, A. , and V. Maksimovic, "Law, Finance, and Firm Growth", *Journal of Finance*, 1998, 53 (6), 2107 – 2137.

[84] Denis David J. , Sibilkov Valeriy, "Financial Constraints, Investment, and the Value of Cash Holdings", *The Review of Finance Studies*, 2010, 23 (1), 247 – 269.

[85] Dhaene, J. , Tsanakas, A. , Valdez, E. , Vanduffel, S. , "Optimal capital allocation principles", *Journal of Risk and Insurance*, 2012, 79, 1 – 28.

[86] Dollar David and Kui – Wei, "Das (Wasted) Kapital: Firm Ownership and Investment Efficiency in China", *IMF Working Paper*, 2007.

[87] Donald H. Chew, Jr. , 《新公司金融理论与实践》, 中信出版社, 2007.

[88] Dotan, A. , and S. A. Ravid, "On the interaction of real and financial decisions of the firm under uncertainty", *Journal of Finance*, 1985, 44, 501 – 517.

[89] Duško Kančev, Marko Čepin, Blaže Gjorgiev, "Development and application of a living probabilistic safety assessment tool: Multi-ob-

jective multi-dimensional optimization of surveillance requirements in NPPs considering their ageing", *Reliability Engineering and System Safety*, 2014, 131, 135 – 147.

[90] Eberhart A C, MaxwellW F, Siddique A. R, "An examination of long-term abnormal stock returns and operating performance following R&D increases", *Journal of Finance*, 2004, 59, 623 – 650.

[91] Eilat H, GolanyB, ShtubA, "Constructing and evaluating balanced portfolios of R&D projects with interactions: a DEA based methodology", *European Journal of Operational Research*, 2006, 172, 1018 – 1039.

[92] Emery, G. W. , "Cyclical demand and the choice of debt maturity", *Journal of Business*, 2001, 63, 71 – 91.

[93] Fama, E. F. & French, K. R. , "Testing trade-off and pecking order predictions about dividends and debt", *Review of Financial Studies*, 2002, 15, 1 – 33.

[94] Faulkender Michael, Wang Rong, "Corporate Financial Policy and the Value of Cash", *Journal of Finance*, 2006, 61 (4), 1957 – 1990.

[95] Faulkender, M. W. , Flannery, M. J. , Hankins, K. W. & Smith, J. M. , "Cash flows and leverage adjustments", *Journal of Financial Economics*, 2012, 103, 632 – 646.

[96] Faulkender, M. & Petersen, M. A. , "Does the source of capital affect capital structure?", *The Review of financial Studies*, 2006, 19, 45 – 79.

[97] Fazzari S. M, Hubbard. R. G, Petersen, B. C, " Financing constraints and corporate investment", *Brookings Papers on Economic Activity I*, 1988, 141 – 195.

[98] Flannery, M. J. & Rangan, K. P. , "Partial adjustment toward target capital structures", *Journal of Financial Economics*, 2006, 79, 469 – 506.

[99] Foster, Lucia, Haltiwanger, John, Syerson, Chad, " Reallocation, firm turnover, and efficiency: selection and productivity or profitability?", *American Economic Review*, 2008, 98, 394 – 425.

[100] Frankfurter, G. M. & Philippatos, G. C. , Financial theory and

the growth of scientific knowledge: From Modigliani and Miller to "an organizational theory of capital structure", *International Review of Financial Analysis*, 1992, 1, 1 – 15.

[101] Frostig, E. , Zaks, Y. , Levikson, B. , "Optimal pricing for a heterogeneous portfolio for a given risk factor and convex distance measure", *Insurance: Mathematics and Economics*, 2007, 40, 459 – 467.

[102] Gaud, p. , Hoesli, M. & Bender, A, "Debt-equity choice in Europe", *International Review of Financial Analysis*, 2006, 16, 201 – 222.

[103] Giorgio Canarellaa, Stephen M. Miller, Mahmoud M. Nourayi, "Firm profitability: Mean-reverting or random-walk behavior?", *Journal of Economics and Business*, 2013, 66, 76 – 97.

[104] Goddard, J. , McMillan, D. , Wilson, J. , "Do firm sizes and profit rates converge? Evidence on Gibrat's Law and the persistence of profits in the long run", *Applied Economics*, 2006, 38, 267 – 278.

[105] Goddard, J. , Molyneux, P. , Wilson, J. , "Dynamics of growth and profitability in banking. Journal of Money", *Credit & Banking*, 2004, 36, 1069 – 1091.

[106] Hadlock, C. J. and J. R. Pierce, "New Evidence on Measuring Financial Constraints: Moving Beyond KZ Index", *Review of Financial Studies*, 2010, 23 (5), 1909 – 1940.

[107] Hanousek, J. & Shamshur, A. , "A stubborn persistence: Is the stability of leverage ratios determined by the stability of the economy?", *Journal of Corporate Finance*, 2011, 17, 1360 – 1376.

[108] Harris, R. D. F. & Tzavalis, E. , "Inference for unit roots in dynamic panels where the time dimension is fixed", *Journal of Econometrics*, 1999, 91, 201 – 226.

[109] Hennessy, C. A. , and T. M. Whited, "Debt dynamics", *Journal of Finance*, 2005, 60, 1129 – 1165.

[110] Hennessy, C. A. , Whited, T. M. , "How costly is external financing? Evidence from a structural estimation", *Journal of Finance*, 2007, 62, 1705 – 1745.

[111] Hsieh, C. T. , and J. P. Klenow, "Misallocation and Manufactur-

ing TFP in China and India", *Quarterly Journal of Economics*, 2009, 124 (4), 1403 - 1448.

[112] Kančev D. , "Multi-objective optimization of testing and mainte-nance in nuclear power plants considering component ageing", *Slovenia: Faculty of Mathematics and Physics – University of Lju-bljana*, 2012, 137 + 148.

[113] Kayo, E. , & Kimura, H. , "Hierarchical determinants of capital structure", *Journal of Banking and Finance*, 2011, 35, 358 - 371.

[114] Klapka J, PinosP. , "Decision support system for multicriterial R&D and information systems projects selection", *European Journal of Op-erational Research*, 2002, 140, 434 - 446.

[115] Konstantions Voutsinas, Richard A. werner, "Werner, Credit sup-ply and corporate capital structure: Evidence from Japan", *Inter-national Review of Financial Analysis*, 2011, 20, 320 - 334.

[116] Konstantions Voutsinas, Richard A. Werner, "Credit supply and corporate capital structure: Evidence from Japan", *International Review of Financial Analysis*, 2011, 20, 320 - 334.

[117] Kraus, A. , & Litzenberger, R. H. , "A state-preference model of optimal financial leverage", *Journal of Finance*, 1973, 28, 911 - 922.

[118] Leary, M. T. Bank loan supply, "lender choice, and corporate capital structure", *The Journal of Finance*, 2009, 64, 1143 - 1185.

[119] Leary, M. T. , and M. R. Roberts, "Do firms rebalance their cap-ital structures?", *Journal of finance*, 2005, 60, 2575 - 2619.

[120] Wurgler, J. , "Financial markets and the allocation of capital", Journal of Financial Economics, 2000, 58 (1 - 2), 187 - 214.

[121] Leland, H. , "Corporate debt value, bond covenants, and opti-mal capital structure", *Journal of Finance*, 1994 (49), 1213 - 1252.

[122] Levin, A. , Lin, C. F. , & Chu, C. S. J. , "Unit root tests in panel data: Asymptotic and finite-sample properties" . *Journal of Econometrics*, 2002. 108, 1 - 24.

[123] Li, K., Yue, H. And Zhao, L., Ownership, "Institutions, and Capital Structure: Evidence from China", *Journal of Comparative Economics*, 2009, 37, 471−490.

[124] Maochao Xu, Tiantian Mao, "Optimal capital allocation based on the Tail Mean − Variance model", *Insurance: Mathematics and Economics*, 2013, 53, 533−543.

[125] Mark J. F, Kristine W. H., "Estimating dynamic panel models in corporate finance", *Journal of Corporate Finance*, 2013, 19, 1−19.

[126] Matsuyama, Kiminori, "Credit traps and credit cycles", *American Economic Review*, 2007, 97.

[127] Midrigan, Virgiliu, and Daniel Yi Xu, "Finance and Misallocation: Evidence from Plant − Level Data", *American Economic Review*, 2014, 104 (2), 422−458.

[128] Minsky, H. P., "Stabilizing an Unstable Economy", *McGraw Hill New York*, 2008. 89−93.

[129] Myers S C, "Determinants of Corporate Borrowing", *Journal of Financial Economics*, 1977, 5 (1), 147−175.

[130] Myers, S. C., Read Jr., J. A., "Capital allocation for insurance companies", *Journal of Risk and Insurance*, 2001, 68, 545−580.

[131] Oliver Zhen Li, Xijia Su, and Zhifeng Yang, "State control, access to capital and firm performance", *China Journal of Accounting Research*, 2012, 5, 101−125.

[132] Özlem Karsu, AlecMorton, "Incorporating balance concerns in resource allocation decisions: A bi-criteria modelling approach", *Omega*, 2014, 44, 70−82.

[133] Pesaran, M. H., "A simple panel unit root test in the presence of cross-section dependence", *Journal of Applied Econometrics*, 2007, 22, 265−312.

[134] Philosophov, L. V., & Philosophov, V. L, "Optimization of corporate capital structure: A quantitative approach based on a probabilistic prognosis of risk and time of bankruptcy", *International Review of Financial Analysis*, 2005, 14, 191−209.

[135] Rajan, Raghuram G. , Zingales, Luiggi, "Financial dependence and growth", *The American Economic Review*, 1998, 88.

[136] Restuccia, Diego, Rogerson, Richard, "Policy distortions and aggregate productivity with heterogeneous plants", *Review of Economic Dynamics*, 2008, 11 (4), 707 – 720.

[137] Richardson. S. , "Over-investment of Free Cash Flow", *Review of Accounting Studies*, 2006, 11, 2 – 3.

[138] Saaty, "The Analytic Hierarchy Process", *McGrow – Hill Company*, 1980.

[139] Santiago Bazdresch, "The role of non-convex costs in firms' investment and financial dynamics", *Journal of Economic Dynamics & Control*, 2013, 37, 929 – 950.

[140] Serena Sordi, Alessandro Vercelli, "Heterogeneous expectations and strong uncertainty in a Minskyian model of financial fluctuations", *Journal of Economic Behavior & Organization*, 2012, 83, 544 – 557.

[141] Song, Z. , K. Storesletten, F. Zilibotti, "Growing Like China", *American Economic Review*, 2011, 101 (1), 196 – 233.

[142] SooCheong Jang, Kwangmin Park. , "Inter-relationship between firm growth and profitability", *International Journal of Hospitality Management*, 2011, 30, 1027 – 1035.

[143] Steffens, P. , Davidsson, P. , Fitzsimmons, J. , "Performance configurations over time: implications for growth and profit oriented strategies" . *Entrepreneurship Theory and Practice*, 2009, 33, 125 – 148.

[144] Stewart T J, "A multi-criteria decision support system for R&D project selection" . *The Journal of the Operational Research Society*, 1991, 42 (1), 17 – 26.

[145] Strebulaev, I. A. , "Do tests of capital structure theory mean what they say?", *Journal of Finance*, 2007, 62, 1747 – 1787.

[146] M. C. Jensen, "Some Anomalous Evidence Regarding Market Efficiency", Journal of Financial Economics, 1978, 6, 103 – 126.

[147] SuKun, Zhangjunrui, "Ultimate Controlling Rights and Capital Structure Policies", *Chinese Journal of Management*, 2012, 3,

466 – 472.

[148] Suresh Sundaresan, and Neng Wang, "Dynamic Investment, Capital Structure, and Debt Overhang", *working paper*, *Columbia University*, 2007.

[149] Titman, S. , & Wessels, R, "The determinants of capital structure choice", *The journal of finance*, 1988, 43, 1 – 19.

[150] Titman, S. , and S. Tsyplakov, "A dynamic model of optimal capital structure", *working paper*, *University of Texas at Austin*, 2005.

[151] Tsanakas, A. , "To split or not to split: capital allocation with convex risk measures", *Insurance: Mathematics and Economics*, 2009, 44, 268 – 277.

[152] Vassalou, M. and K. Apedjinou, "Corporate innovation, price momentum, and equity returns," *Working Paper*, 2004, 1 – 54.

[153] Vaurio JK, "On the time-dependent availability and maintenance optimization of standby units under various maintenance policies", *Reliab Eng Syst Saf*, 1997, 56, 79 – 89.

[154] Vercelli, A. , "A perspective on Minsky moments: revisiting the core of the financial instability hypothesis", *Review of Political Economy*, 2011, 23, 49 – 67.

[155] Viet Anh Dang, Minjoo Kim, Minjoo Kim, "Asymmetric adjustment toward optimal capital structure: Evidence from a crisis", *International Review of Financial Analysis*, 2014, 33, 226 – 242.

[156] Whitesell. R, "Industrial Growth and Efficiency in the United States and the Former", *Comparative Economic Studies*, 1994, 36 (4), 47 – 77.

[157] Wurgler, J. , "Financial market and the allocation of capital", *Journal of Financial Economics*, 2000 (58), 1 – 2, 187 – 214.

[158] Xunan – Feng. , "Debt and Expropriation: Evidence from China's Family – Controlled Listed Firms", *China Economic Quarterly*, 2012, 4, 943 – 968.

[159] Jeffrey M. Wooldridge. "On estimating firm-level production functions using proxy variables to control for unobservables", *Economics Letters*, 104 (2009) 112 – 114.

[160] Santiago Bazdresch. The role of non-convex costs in firm's investment and financial dynamics [J]. *Journal of Economic Dynamics and Control*, 2013, (37): 929 –950.

[161] Fazzari Steven, R. Glenn Hubbard, Bruce Petersen. Financing Constraints and Corporate Investment [J]. *Brooking Papers on Economic Activity*, 1988, (31): 141 –195.

[162] d'Artis Kancsa, B. Siliverstovs, "R&D and non-linear productivity growth", *Research Policy*, 2016 (45), 634 –646.

[163] Ozlem Kars, Alec Morton. Incorporating balance concerns in resource allocation decisions: A bi-ctiteria modelling approach [J]. Omega, 2014, 44, 70 –82.

[164] Abiad A, Oomes N, Ueda K, "The Quality Effect: Does Financial Liberalization Improve the Allocation of Capital", Journal of Development Economics, 2008, 87 (2): 270 –282.

后　记

　　强化市场机制在资源配置中的决定作用、提高资本配置效率是促进我国实体经济发展的重要突破口。然而，由于我国资本市场发展滞后导致了资本流动存在障碍、地区或产业间资本供给出现扭曲，且不能以边际产出相等的原则进行，从而产生了资本误配置（capital misallocation）。所谓企业资本误配置，即融资、资本运营和投资过程中偏离帕累托最优状态的程度。在我国上市公司获得了更多的信贷、权益融资等，但债务不断提升、权益融资盲目性、资本运营低效性和投资低效益等导致资本误配置。近年来，相关研究在资本误配置的影响因素及其对全要素生产率的影响等领域取得了突破性的进展，但却忽视了"融资、资本运营和投资"多维度下资本误配置形成机理及监测体系研究。基于此，本研究以上市公司资本配置优化机制为目标，从"融资、资本运营和投资"视角：采用理论论证、问卷调研、模型构建、实证分析等研究范式，围绕上市公司资本误配置形成机理、度量、影响因素和多维度关联性的分析及监测体系等问题，按照立足于理论分析和实证结果、着眼于实践运行、加强模型验证，对上市公司资本误配置多维度监测机制的理论与实践进行深入、系统的研究。

　　2015 年年初，我完成了本书的初稿，随后在浙江财经大学财富管理与量化投资创新中心论坛、浙江财经大学金融学院学术会议上进行了广泛交流，并进行多次修改后开始着手申报国家社科基金。非常幸运的是，最终获得了 2015 年第三批国家社科后期资助项目（15FJY009）。根据基金审稿专家意见，又经过 10 个多月的修改和完善，最后形成了呈现在读者面前的这本书。

　　在本项目的研究过程中，浙江财经大学的王俊豪教授、李永友教授和陈荣达教授对第六章和第七章的框架、监测方法和监测体系提出了宝贵的意见。本书在写作过程中参考借鉴了部分国内外有代表性的研究成果，作者尽可能将其列在参考文献中，在此对这些研究学者表示真挚的感谢！在校研究生缪彬彬、何蕾、汤显炜、肖赵华、沈芳艳、贾吉妮、洪思晴、刘勇、陆烨、郑凯丽等参与了项目数据的搜集和整理、外文资料的汇总工作，在此也深表感谢！

朴哲范

2017 年 10 月

图书在版编目（CIP）数据

上市公司资本误配置多维度监测体系研究/朴哲范著.
—北京：经济科学出版社，2017.10
国家社科基金后期资助项目
ISBN 978 - 7 - 5141 - 8624 - 6

Ⅰ.①上…　Ⅱ.①朴…　Ⅲ.①上市公司 - 资本经营 -
监测 - 研究 - 中国　Ⅳ.①F279.246

中国版本图书馆 CIP 数据核字（2017）第 271263 号

责任编辑：李　雪
责任校对：王肖楠
责任印制：邱　天

上市公司资本误配置多维度监测体系研究
朴哲范　著
经济科学出版社出版、发行　新华书店经销
社址：北京市海淀区阜成路甲 28 号　邮编：100142
总编部电话：010 - 88191217　发行部电话：010 - 88191522
网址：www. esp. com. cn
电子邮件：esp@ esp. com. cn
天猫网店：经济科学出版社旗舰店
网址：http://jjkxcbs. tmall. com
固安华明印业有限公司印装
710×1000　16 开　18 印张　280000 字
2017 年 10 月第 1 版　2017 年 10 月第 1 次印刷
ISBN 978 - 7 - 5141 - 8624 - 6　定价：58.00 元